母子世帯の居住貧困

葛西 リサ
KUZUNISHI Lisa

日本経済評論社

本書は「一般財団法人 住総研」の2016年度
出版助成を得て出版されたものである。

はじめに　居住の視点から母子世帯問題に迫る

1. 母子世帯をめぐる問題状況

「女は三界に家なし」という言葉がある。これは、女性は未婚の間は親に、結婚後は夫に、そして、老いてからは子に従うほかなく、その一生において安住の場所がないという様を表現したものである。言い換えれば、扶養者がいない女性たちの生活は厳しいものにならざるをえず、定まる家を確保することも難しいということを意味している。

女性の高学歴化、専門職化は進行し、経済的に自立する女性も大幅に増えた。未婚女性をターゲットにした分譲マンションも売れ行きは上々のようで、女性が自分名義の家を所有するということはいまや珍しい時代ではなくなった。こういった状況だけを見ると、「女は三界に家なし」などという言葉は、すでに「死語」のように感じられるが、実際はその影で貧困の女性化はじわじわと進行している。

女性の労働力率は相対的に上昇傾向にあるものの、その多くが、不安定な非正規労働に従事している。二〇一三年の国税庁の「民間給与実態統計調査」によると、非正規の女性の平均年収は一四三万円と、完全にワーキングプアの状態に陥っていることがわかる。さらに、二〇一一年には国立社会保障人口問題研究所（社人研）が未婚単身女性の三人に一人が貧困状態にあるというショッキングなデータを公表した。これに煽られるように、メディアなどでも女性の貧困にかんする特集が盛んに組まれるようになった。睡眠時間を削って低賃金の職をいくつもかけもちし、光熱費や食費を切り詰め、社会の底辺を生きる女性たち。こういった女性たちは「貧困女子」と揶揄される。いずれにしても、この「貧困女子」に共感を覚える女性たちは少なくないようで、二〇一四年にNHKが特集した番組には、大きな反響が寄せられたという。しかし、これまでも女性たちは一貫して貧困だったはずである。むしろ、女性の就業率はこの三十年間で大幅に伸びているし、日本女性の労働力率を示すM字曲線のカーブも緩やかになり、生涯働き続ける女性の割合も増大している。では、なぜ、ここにきて「貧困女子」が取り沙汰されるのか。その最大の要因は、未婚、離婚者数の増大である。つまり、女性の生活を生涯に渡り保障してきた「結婚」というセーフティネットがうまく機能しなくなったことで、女性の貧困が露呈されてきたのである。

そのなかでも、本書で取り上げる母子世帯の貧困率は群を抜いている。二〇一一年の厚生労働省（厚労省）「全国母子世帯等調査」（全母調）によると、母子世帯総数は一二四万世帯と推計され、なんと、その半数以上が貧困状態にあるという。日本の母子世帯の八割が就業しているが、うち六割は非正規労働に従事している。そのため、彼女らの平均年収は手当を含め一般世帯の約三分の一程度でしかないのだ。このように切迫した生活状況であっても、生活保護を受給する母子世帯は全体の一割程度と少なく、それがセーフティネットとして十分に機能していない実情が伺える。(1)

生活のため、不安定就労をいくつも掛け持ちする、いわゆる「ダブルワーク」、「トリプルワーク」をこなす母子世帯も珍しくなく、無理な働き方から体を壊してしまうケースさえある。フルタイム労働に匹敵する長時間労働をこなし、家事、育児と孤軍奮闘する母子世帯にとって、ゆったりと子と向き合う時間など残されてはいない。母子世帯の仕事時間と育児時間の国際比較を行った田宮遊子、四方理人［二〇〇七］の研究でも、「日本のシングルマザーは欧米各国との比較において顕著に仕事時間が長く、育児時間が短い」ことが証明されている。

2．母子世帯施策のズレ

日本における母子世帯施策は、戦中・戦後に増大した死別母子世帯、いわゆる「戦争未亡人」の貧困問題を背景として始まった。そしてその焦点は、主に、生活保護、児童扶養手当などの所得保障や労働問題に絞られてきたきらいがある。時代の流れとともに、女性の意識やライフスタイルの変化などから、母子世帯の発生要因が死別から離婚を原因とする生別へと移行しても、相変わらず彼女らは貧困問題を引きずったままである。

二〇〇五年に、ＯＥＣＤ（経済協力開発機構）が日本の母子世帯の子どもの貧困実態を取り上げたことを契機に、母子世帯問題にようやく光が当たりはじめた。その過酷な生活実態はメディアなどでも頻繁に取り上げられるようになり、彼女らに対する社会のまなざしは、「特殊な人々の問題」から「身近な問題」へと徐々にシフトしてきているように感じられる。

厚労省は、「福祉から就労へ」をスローガンに、母子世帯の就労支援に力点を置き始めており、社会保障人口問題研究所等でも、彼女らの就労、所得保障、育児支援、父の扶養義務など、多角的な視点から調査研究を実施している。

しかし、母子世帯を取り巻く状況は改善するどころか、日々深刻化しているようにさえ感じられる。就業訓練メニューは充実化され、スキルを磨けば正社員の階段を上がることができるという一見魅力的とも思える支援制度の利用率はそれほど高くない。むしろ「母子世帯は正社員になることを望んでいない」という意外なデータもある。(2)正確に言えば、正社員になりたくてもなれない理由があるのだ。その大きな理由は、育児支援の不備である。

ひとり親に対しては、保育所の入所に際する優遇措置もあるが、地域によっては空きがない場合もある。また、うまく入所できたとしても、子の発熱、ケガ等、不測の事態が発生するたびに対応が求められる。欠勤が続けば、職場での立場も悪くなる。さらに、保育所等の閉開所時間にあわせると、残業や早朝出勤も難しく、出張などは到底こなせない。結果、母子世帯は融通が利かないと、責任のある仕事から外されたり、最悪の場合にはクビを切られたりということにもつながりかねない。このため、母子世帯の多くは、実家等に支援を求めることによって、なんとか就労環境を整備しているのである。ただし、その環境は、支援の内容や程度によって大きく左右され、また、支援者の状況変化によっていとも簡単に崩れてしまう非常に脆弱なものである。また、私的支援者のいない母子世帯の生活状況はより一層深刻なものとなる。

つまり、いくらスキルを磨いて、条件のよい職を与えられても、安定的な育児の支援がなければ、母子世帯は働けないのである。

3. なぜ住まいの視点からのアプローチなのか

本書では、住生活を軸に、母子世帯施策の再構築を図ろうとするものである。

標準的な家族モデルを描きづらくなった昨今、ライフコースは一様ではなくなり、住まいに求められる機能も多様化し始めている。家族の形や在り方が変わったことで、家庭内で処理しきれなくなったケアワークをいかに解決するかが急務の課題となっているのである。孤独死、家庭内事故、買い物難民など、ケアの不備が招く生活問題が散見され、育児の不備から、就労困難に陥るという問題は、ひとり親のみならず、共働き世帯にも共通して見られる普遍的なものである。つまり、物理的な住宅を数多く供給しても、そこにケアが付随していなければ生活が成り立たない世帯の問題が顕在化し始めているのである。

このような状況をいかに打破するのか。来たる超高齢化社会に向けて、また、ノーマライゼーション（共生）の観点から見ても、個人の潜在的条件（介護、育児、家事支援者の有無）に関わらず、望む地域での住み続けを保障することはこれからの重大なテーマであると言える。

しかし、現行の母子世帯施策には、「居住」という視点は一切出てこない。しかし、この「居住」こそは、あらゆる生活の基盤であり、すべての生活行為が重なるプラットフォームである。むしろ、この「居住」に、就労等、上記の要素は規定されるといっても過言ではない。安価で少しでも良質な住宅を確保したい、しかし、そこに育児施設や働く場所がなければ、その生活は成り立たない。また、条件のよい仕事があっても、そこに恒常的な育児や安定した住まいがなければ、働くことはできないのである。しごく当然のことなのであるが、母子世帯のほとんどがこのトラップ（わな）にはまっている。

つまり、現行のひとり親向けの施策は、母子世帯の自立にとって不可欠な要素（就労支援、育児支援等と住まい）がまばらに羅列されるに留まっており、それがゆえに、その成果も不振に終わっているとも言える。こういった状況を鑑み、本書では、主に以下の三点について検討を進める。

（1）母子世帯の居住実態を網羅的に明らかにする。
（2）母子世帯に対する適切な居住保障の欠落が、母子世帯の生活行為を大きく制限し、結果的に彼女らを経済、居住の両面で貧困に貶めているメカニズムを証明する。
（3）住生活を軸とした母子世帯施策の再構築の可能性を提示する。

4．本書の構成

第1章では、官庁統計を使用して、母子世帯の全体像（数の増減、発生要因、就労、年収、貧困率等）および、「児童扶養手当法」の変遷等、彼女らを取り巻く制度状況を整理した。

第2章では、官庁統計および筆者の独自のアンケート調査を用いて、とくに、離婚母子世帯の居住不安について検討した。離婚を機に住まいを喪失する母子世帯が多いが、その時期に対応する居住支援がないため、不安定な居住状況に置かれながら、安定居住に移行していくさまを説明している。また、子の生育環境を優先せざるを得ないという特殊な居住地選考が、彼女らを居住、経済の両面で貧困に陥れることを証明した。

第3章では、一般世帯との比較により、母子世帯の住まいの質が低位にあることを明らかにした。なお、ここでは、死別か、生別かの発生要因により、母子世帯の住宅事情が大きく異なる事実や、最低居住水準、住居費負担率という指標を用いることで、彼女らの居住の質を数値的に明らかにしている。

第4章では、母子世帯の中でも、より深刻な居住問題を抱えるＤＶ（ドメスティック・バイオレンス 配偶者や内縁関係の間の家庭内暴力）被害者の住生活実態について明らかにした。二〇〇一年に施行された「配偶者からの暴力の防止及び被害者の保護等に関する法律」（ＤＶ防止法）に基づく支援の流れの中で、被害者がいかにして安定居住へ移行するのかをつぶさに観察し、施策上の課題を指摘した。加えて、地域生活移行後の被害者の孤立問題を可視化し、それを支えるＮＰＯ（民間非営利組織）等の役割についても紹介している。

第5章では、住まいに窮する母子世帯の実情を、実際のインタビュー調査をもとに詳細に紹介している。離婚後、どのような理由から住まいを退去し、いかにして安定居住へ移行していったのか。その時々に直面した課題は何なのか。また、本章では、二〇一六年四月に発生した熊本地震において被災した母子世帯の住まいの問題や、ＤＶ被害者の実相についても具体的事例を用いて紹介している。

第6章では、実態調査により、父子世帯の育児環境整備の方法とそれが就労に与える影響について検証した。母子世帯との比較から、父子世帯化後の住生活環境の特徴をとらえ、転居の有無や私的育児支援者の存在が、彼らの就労継続に多大な影響を与えている事実を確認した。

第7章では、全体を通して得られた根拠をもとに、彼女らの生活実態を軸とした母子施策の再構築に向けて、どのような可能性があるかを提示した。近年では、増大する空き家と住宅確保要配慮者をつなぐ仕組みが出てきている。そのなかで、主に、ひとり親の育児と仕事の両立を可能とする住まいのあり方、いわゆる「シェア居住」の可能性を検討した。ひとり親のシェアハウスに対する潜在的ニーズやその暮らしがもたらす効果、また、その住まい方が成立するための諸条件を整理している。

注

（1）厚労省［二〇一四］。

（2）周燕飛［二〇一四］。

参考文献

厚生労働省雇用均等・児童家庭局［二〇一二］「平成二三年度全国母子世帯等調査結果の概要」（調査の年度と発表された年は異なる。文献表記の［　］内は発表年）。
厚生労働省［二〇一三］『国民生活基礎調査』
厚生労働省［二〇一四］「ひとり親家庭の支援について（平成二六年三月）」（http://www.mhlw.go.jp/bunya/kodomo/pdf/shien_01.pdf　二〇一六年二月六日にアクセス）

国税庁［二〇一三］『民間給与実態統計調査』
周燕飛［二〇一四］『母子世帯のワーク・ライフと経済的自立』ＪＩＬＰＴ研究双書、労働政策研究・研修機構
田宮遊子、四方理人［二〇〇七］「母子世帯の仕事と育児――生活時間の国際比較から」『季刊社会保障研究』四三（三）、国立社会保障人口問題研究所

母子世帯の居住貧困

目　次

目　次

第1章　わが国の母子世帯のすがた

1．母子世帯という存在のとらえにくさ

母子世帯とは、文字通り、母と子から成る世帯を指す。「母子及び父子並びに寡婦福祉法」第六条によると、母子世帯とは、「配偶者のない女子」、つまり、配偶者と死別、あるいは離別したもののほか、配偶者の生死が明らかでないケースや、配偶者がいても、事実上遺棄されている場合なども、その定義にあたる。(1) なお、配偶関係については「事実婚」も含まれる。

これらのうち、国の報告書等では、夫を亡くした死別、離婚した離別、子の父と婚姻関係を結ばずに子を養育する未婚の三つが代表的な母子世帯のグループとして扱われることが多い。また、統計調査の中には、死別母子世帯以外の母子世帯を「生別母子世帯」と総称して分析を進めているものもある。

本章では、こういったカテゴリーを前提として、母子世帯の数やその構成割合の実情や傾向等を見ていく。ただし、この母子世帯の扱いや集計方法が、各種統計調査によって異なるため、公表数値が大きく異なる点に注意を要する。

母子世帯数が把握できる代表的な統計調査には、総務庁の「国勢調査」（全数調査）、厚生労働省の「全国母子世

表1－1　主な調査の母子世帯数の推移
（1973～2011年）

（単位：世帯）

調査名 ＼ 定義	総務省	厚生省・厚生労働省	
	「国勢調査」	「国民生活基礎調査」	「全国母子世帯等調査」
母親の年齢	制限なし	65歳未満	制限なし
子の年齢	20歳未満	20歳未満	20歳未満
母子以外の世帯員	認めない	認めない	認めない
母子世帯数 ＼ 年		（推計値）	（推計値）
1973			626,200
75	[1)]	374,000	
78			633,700
80	444,045	439,000	
83			718,100
85	548,554	508,000	
88			849,200
90	551,977	543,000	
93			789,900
95	529,631	483,000	
98			954,900
2000	625,904	597,000	
03			1,225,400
05	749,048	691,000	
06			1,517,000
10	1,081,699 [2)](755,972)	708,000	
11			1,237,000
15	◆	◆	

注1）母子世帯数が公表されていない。
　2）うち同居母子世帯数を除外した世帯数。
出所：下夷美幸「2008」の表1-1を加筆して作成。

帯等調査」（以下、全母調。標本調査）、同じく、厚労省の「国民生活基礎調査」（標本調査）がある（表1－1）。このうち、一九五二年の調査開始以来、一貫して、同居の母子世帯を集計対象としているのは、全母調のみである。古くより「出戻り」という言葉があるように、母子世帯の一定数が、実家等に身を寄せて暮らしており、その数は決して軽視できる範囲のものではない。二〇一一年の全母調の推計値は一二三万八千世帯であり、うち、四割が同居母子世帯である。この数値は、同居母子世帯を排除している二〇一〇年の「国民生活基礎調査」の推計値（七〇万八千世帯）の約一・七倍に相当する。なお、「国勢調査」（総務省）は、二〇一〇年にようやく同居母子世帯の集計を開始しており、その実数は、一〇八万二千世帯（うち同居母子世帯は三二万六千世帯）である。これにより、それ以前は多くても十万前後であった母子世帯の増加数が二〇〇五年から二〇一〇年にかけて三三万世帯も増加している。国勢調査は全数調査であり、信頼性の高いデータと言えるが、同居母子世帯の数が経年的に確認できないことや、未婚母子を集計対象から除外している調査年度[2]があるなど、その全体像を把握することが難しいという課題があった。このため、省庁関係者や研究者らからは、より実情に即した数値として、全母調が多用されてきたという経緯がある。ただし、全母調についても、推計値であることや、年度によって調査客体や抽出方法、さらには調査項目が異なるなど、単純にその増減を読み取ることができない点で注意を要する。

2. 離婚率の上昇と母子世帯

では、各種統計調査の限界に留意しながら、母子世帯数の経年的変化を見てみよう。いずれの統計調査を見ても、母子世帯数は概ね増加傾向にあり、その増加率は過去三十年間で、国勢調査が七〇・二%、国民生活基礎調査%が六一・三%、全母調では九五・四%である。

この増加の主要な要因は、離別母子世帯の急増である。表１－２は全母調における、死別、生別割合を経年的に示したものである。これを見ると、一九五二年に八五%を占めていた死別割合が年々減少し、一九七八年には、死別、生別割合がほぼ同レベルとなっている。

一九五二年から一九六七年では、戦争死というカテゴリーがある。一九五二年の戦争死は全体の四割であり、これが、この時期の死別割合を高めている一因と言えるだろう。その後、戦争死の割合は徐々に減少し、一九六七年（一・七%）を最後に、そのカテゴリーはなくなっている。他方で生別母子世帯は、増加し続け、二〇一一年には九

表1−2　全国母子世帯等調査における母子世帯の発生要因の経年的変化

（単位：％）

年	死別総数	病死内訳			生別総数	生別内訳		
		病死	戦争死	その他		離婚	未婚	その他
1952	85.0	43.1	38.2	3.7	14.9	7.6	1.6	5.8
56	77.9	47.6	26.1	4.2	22.1	14.6	1.9	5.6
61	77.1	56.2	14.1	6.8	22.9	16.8	1.9	4.2
67	68.1	57.3	1.7	9.1	31.9	23.7	1.8	6.4
73	61.9	48.1	−	13.8	38.2	26.4	2.4	9.4
78	49.9	38.2	−	11.7	50.2	39.7	4.8	7.5
83	36.1	28.1	−	8.0	63.9	49.1	5.3	9.5
88	29.7	23.2	−	6.5	70.3	62.3	3.6	4.4
93	24.6	−	−	−	73.2	64.3	4.7	4.2
98	18.7	−	−	−	79.9	68.4	7.3	4.2
2003	12.0	−	−	−	87.8	79.9	5.8	2.2
06	9.7	−	−	−	89.6	79.7	6.7	3.8
11	7.5	−	−	−	92.5	80.8	7.8	3.9

出所：厚生省、厚労省［1953］〜［2012］より筆者作成。

割を超えるに至る。

人口動態調査によると、二〇一五年度の離婚件数は、二二万五千件と推計される。離婚件数は二〇〇二年の二九万件をピークに低下傾向にあるが、この四十年間で、二倍に増加している。わが国においては、法律上、離婚後は単独親権が原則である。一九五〇年代以前は、父親が親権を取る割合が高かったが、一九六六年を境に、その割合は逆転し、二〇一二年には、母親が親権を取る割合が八割を超えている[3]。こういった傾向も、母子世帯増加の一因と言える。

しかし、国際的な水準から見ると、子どものいる世帯に占める母子世帯の割合は低いと言われている。周燕飛［二〇一四］によると、欧米諸国では、全有子世帯に占める母子世帯の割合が二割を超える国がほとんどである。これに対して、二〇一〇年の国勢調査における未成年の子どものいる世帯数に比する同居を含む母子世帯数の割合は、八・四％にとどまっている。この要因としてよく指摘されるのが、日本の未婚母子世帯の割合の低さである。全母調によると、二〇一一年の未婚母子世帯の割合は一割に満たず、一九九八年調査からたったの二・五％しか増加していない。厚労省「国民生活基礎調査」の報告によると、欧米諸国などでは、四～五割が婚外子、つまり、未婚母子世帯であるという。日本で未婚母子世帯が増加しない背景には、非摘出子に対する根強い差別視の風潮や、女性が一人で子育てをすることが困難な社会条件が根底にあると考えられる。

母子世帯全体から見ると、低い割合で推移している未婚母子世帯ではあるが、その実数は急増傾向にあるとする調査結果もある。国勢調査の再集計により、未婚率の動向を見た西文彦［二〇一二］の報告によると、二〇〇五年から二〇一〇年にかけて、未婚母子世帯は四万三千人増であり、その増加率はなんと四八・二％であるという。たしかに、二〇一一年の全母調では、はじめて、未婚母子世帯が死別母子世帯の割合を上回った。

今後、この未婚母子世帯の増加が、母子世帯数をさらに増加させる要因になる可能性は充分にある。

3．同居母子世帯という存在

同居する母子世帯という存在は極めて「見える化」しにくい。これは、統計調査の多くが世帯主を軸として各世帯を分類しており、親らと同居する母子世帯などは、「親と未婚の子」あるいは「その他の親族世帯」としてカウントされてしまうためである。

全母調では、一九九八年度より同居する母子世帯の割合を独立して集計しているが、それによると、三～四割が親やきょうだい、祖父母らと同居をしている。

第二章、第三章では、母子世帯が住まいの確保の際に「同居」へ移行するプロセスを確認するが、その理由はさまざまである。「行き場がなくやむを得ず」という理由が主流とはいえ、山田昌弘［二〇〇五］が指摘するパラサイトシングルの延長のようなケースもかなりあるのではないかと筆者は推察する。少子化や未婚化の流れの中で、親子関係やそのあり方は激変している。筆者が出会ったシングルマザーの中には、「実家にきょうだいはいるが、未婚なので同居していても気兼ねがない」というケースや「(自分が) 一人っ子なので、いずれは同居を考えていた。親も孫と一緒に暮らせることを喜んでいるし、夫がいない方が気を遣わなくていいとも言っている」などというものもあった。ただし、こういったケースの生活は、親の経済基盤を前提として成り立っており、親の高齢化等も含め、いつまで、どこまでそこに依存し続けられるのかという課題がつきまとう。つまり、「同居」=「支援の不要な母子世帯」ととらえるのではなく、「同居」=「単なる貧困の先延ばし」という視点でその現状を総合的にとらえていく必要がある。

なかには、親が高齢化しており、その面倒を見なくてはならないという、育児と介護の「ダブルケア」に陥っているケースもある。実際に出会ったケースの中にも、当初は、親に育児を任せていたが、親が要介護となったことで育児支援が得られないどころか、親の介護も引き受けざるを得なくなったという回答も複数あった。阿部彩［二〇〇八］によると、同居母子世帯の三二%が最多所得者であるという。この数字からも、同居先に依存する母子世帯ばかりではない実情が伺える。

この「同居」という形態は、欧米諸国などではあまり見られず、日本の母子世帯の大きな特徴とも言える。また、良くも悪くも「同居」は母子世帯住まいの大きな受け皿となっており、住宅分野から彼女らの実情を俯瞰する際には外せない重要なキーワードでもある。

4. 母子世帯の経済的貧困

母子世帯が増加する上で、問題視されるのは、彼女らの経済力の低さである。二〇一三年の国民生活基礎調査によると、社会保障給付費や元配偶者からの養育費等を含む母子世帯の平均所得は二四三万円である。これは、全世帯（五三七万円）の四五％、児童のいる世帯（六七三万円）の三六・一％でしかない。このうち、母子世帯の平均稼働所得はたったの一八三万円という状況である。

では、貧困状態にある母子世帯は、わが国にどの程度存在するのであろうか。近年では、貧困指標の一つとして相対的貧困率が多用されている。これは、等価可処分所得の中央値の半分を貧困線とし、これに満たない世帯の割合を算出するという方法で確認できる。前掲の国民生活基礎調査における貧困線は一二二万円であり、それ以下の世帯の割合、つまり、相対的貧困率は一六・一％であった。これを、一八歳未満の子どもがいる現役世帯（親が一八歳以上六五歳未満）に絞ってみると、全体では一五・一％と全世帯平均よりもやや低くなるものの、ひとり親のそれは五四・六％と極端に高くなる。ひとり親の八割以上が母子世帯である[4]。よって、この数値は、おおよそ母子世帯の問題状況を示しているといってもいいだろう。

諸外国でも、母子世帯は経済的な課題を抱え、さまざまな社会的サポートを必要とするグループとして認知されている。その中でも、日本のひとり親の貧困率は上位に位置する。二〇〇九年に厚労省が公表したデータ[5]によると、OECD加盟国中、日本のひとり親の相対的貧困率は五八・七％と最も高く、第二位のアメリカ（四七・五％）を一〇％以上も引き離す結果となっている。では、なぜ、日本の母子世帯はこれほどまでに貧困なのだろうか。

日本の母子世帯の就業率は八割を超えている。この数字は諸外国と比較してもかなり高い。つまり、母子世帯を貧困に貶めている最大の要因は、彼女らの多くが不安定な低賃金労働に依存していることにあると言える。二〇一一年の全母調では、正規の職に従事している割合は四割足らずであり、パートや臨時職などが多数を占める。

働きたくても育児のためにフルタイムでは働けないという声は多く聞かれる。前掲の全母調によると、半数以上が母子世帯になった当時に、手のかかる未就学児童を抱えている。筆者のインタビュー調査でも「保育所の空きがない」といった悩みや、一旦正規の職についたが、仕事と育児の両立に苦悩し、結果的に不安定であるが、制約の少ないパートに移行したという事例は少なくなかった。また、そもそも、結婚時に無業、いわゆる専業主婦や、働いていてもパート労働等についているものの割合が高く、母子世帯化後に家計を支えうる職に就くことが難しいという課題もある。

5. 父親からの扶養義務

子の父親からの養育費はどうか。二〇〇二年の母子寡婦福祉法（二〇一四年母子及び父子並びに寡婦福祉法に改称）改正時には、扶養義務の履行が盛り込まれた。その中身は、

児童を監護しない親は、養育費を支払うように努めること
児童を監護する親は、養育費を確保できるように努めること
国や地方自治体は、養育費確保のための環境整備に努めること

という内容である。これ以降、養育費の不払いに対応するための強制執行の改善や、簡便に養育費を算出できる算定表の提示、さらには、養育費にかかわる相談員の養成を目的とした養育費相談支援センターの設置など、養育費確保のための制度は徐々に整備されつつあるが、それによる効果はほぼ見られないという。その証拠に、前掲の全母調によると、離婚時に養育費の取り決めをしたものは全体の三七・七％と少なく、現在も引き続き養育費を受け取っているという回答は二割に満たないという惨憺たる結果である。

そもそも、日本の離婚のおおよそ九割が双方の合意で離婚を成立させる協議離婚である。(6) この際、養育費等に関する正式な取り決めを怠るケースが多いことが養育費支払いを低位に至らしめている原因と言われてきた。もちろん、元夫の借金やDVなど、養育費を確保することがままならないケースもあるにはあるが、全てがそういう事情にあるわけではないだろう。筆者の調査でも、「夫が養育費を支払うと言ったのに、支払ってくれない」という意見は多く聞かれていた。しかし、その内容は、何の法的拘束力もない、「口約束」程度のものが多かった。残念ながら、わが国においては、離婚後の子どもの養育の方針について双方が緻密に議論を重ね、それを実行していくという慣習は根付いていない。この背景には、単独親権制を採用する日本の制度的事情もあるだろうが、このままでは、子どもを引き取る側ばかりに負担が集中してしまう。

二〇一一年の民法改正時には、協議離婚の際、「子の監護に必要な事項」の具体的な例として、面会交流や養育費の分担が明示されることとなった。加えて、この協議については、子の利益を最優先して考慮することなどが明記された。二〇一二年からは、離婚届けに、面会交流や養育費に関する取り決めをしているか否かのチェック欄が設けられることとなった。しかし、取り決めをしていない場合でも、離婚届けは受理されることから、その実効性は極めて薄いのではないかという声も上がっている。

多くの先進諸国では、児童を監護しない親からの養育費支払いは義務化されており、デンマークなどでは、養育費徴収が難しい場合でも、行政がその肩代わりをすることで、子どもの利益を保障している。日本でもそのような議論がないわけではないが、残念ながら実行には至っていない。

そんななか、二〇一四年、明石市が、全国に先駆けて、子ども養育支援ネットワークなるものを創設している。これは、離婚を検討している夫婦に、養育費や面会交流の頻度など、子どもの養育方針の取り決めを促すことを目的に始まった取り組みである。具体的には、専門家による相談窓口の創設や離婚届けと併せて、

養育費の額や支払い方法

面会交流の頻度や方法

それらを書き込む養育プランとその合意書を別紙として配布する

などである。この別紙は、市への提出を義務化するものではないが、公正証書を作成する場合の基礎資料として活用することができるという。こういった取り組みを通し、これまで置き去りにされがちであった、子どもの養育問題に目を向ける親が少しでも増えてくれればと願うばかりである。

6．母子世帯に対する所得保障

夫と死別した者に対しては、遺族年金が準備されている。うち、遺族基礎年金（国民年金）は、死亡した者によって生計を維持されていた、子を有する配偶者と子が受給できるものであり、子が一八歳になるまで受け取ることができる。この給付額は、年間七八万一〇〇円と第二子まではそれぞれ二二万四五〇〇円、第三子以降は、七万八四九九円がそれぞれ加算される仕組みである（二〇一六年四月以降の数字である）。遺族厚生年金は、加入者の平均給与と年金加入月数により、支給額がはじき出されるため、支給額はケースによって異なる。いずれにしても、遺族年金を受けられる死別母子世帯は年間最低でも一〇〇万円ほどの給付を受け取ることができるのである。ちなみに、二〇一四年の四月以降は、父子世帯も遺族基礎年金を受給できるようになった。

これに対して、離婚や未婚による母子世帯に対しては、児童扶養手当が支給される。受給者数は母子世帯数の増加に伴い増加し、二〇一三年には九七万六九二九件、過去十年間で二〇万件も増加している。(7) 支給額は、所得と子どもの数から算出され、子一人の母子世帯で満額四万二千円が支給される。二人目は一万円、三人目以降は六千円が加算される（二〇一六年一二月以降の数字である）。同制度には厳しい所得制限がある。それにも関わらず、一部支給を含めて約八割もの世帯がこれを受け取っているのである。四カ月に一度支給されるこの手当により何とか生活ができているという母子世帯がほとんどである。日々の生活だけで精一杯の母子世帯にとって貯蓄などする余裕はない。熊本地震で被災し、パートの仕事ができなくなった母子世帯は、タイミングよく児童扶養手当が入っていたため「何とかしのげました」と回答している。多くの母子世帯が日給月給で働き、子どもの病気など不測の事態が生じると、月給が激減するなどのケースは多い。綱渡り状態の生活の中で、同手当は、彼女らが生きていくために欠かせない命綱と言っても過言ではないのである。

しかし、受給者の増大と、財政難を理由に、同制度は何度も削減の危機に直面してきた。二〇〇二年には、母子世帯施策の焦点を福祉から就労へとシフトさせることを名目に、児童扶養手当の所得制限の大幅な引き下げなど、支給要件の厳格化が図られた。これにより、一人当たりの受給額は大幅に減ったと報告されている。加えて、受給から五年目以降は、支給額の二分の一を支給停止にするという信じがたいルールまで設けられた。その背景には、母子世帯の福祉依存への批判があったのではないか、つまり、手当を受給するために、所得を低く抑えている母子世帯の就労意欲を掻き立てようとしたのではないかという見解もある。しかし、そもそも、母子世帯の就労率は高く、時間的にも肉体的にもこれ以上働けないという臨界点まで達している彼女らの実情を鑑みると、この制度改革はあまりにも現実からかけ離れたものと言える。その後、五年のリミットについては、多くの反対運動に合い、凍結という状況に据え置かれている。当初の予定通り、二〇〇三年からは、高等技能訓練促進費制度などを含む就業支援事業がスタートしているが、周知度、利用率ともに低いなどの課題を抱え、目に見える成果は挙がっていないとも言われている(8)。

生活保護はどうだろうか。母子世帯の貧困率は高いにも関わらず、生活保護受給率は、一割程度と低位で推移している。この理由として、赤石千衣子［二〇一四］は、生活保護に対するスティグマ、自動車保有の困難、親きょうだいなど扶養義務者への扶養照会を避ける、水際作戦の主に四点を挙げている。たしかに、こういった事情を理由に生活保護を受給していない、受給できていないものは多い。

なかでも、水際作戦についてはよく聞かれる。着の身着のまま逃避してきたDV被害者についても、「若く、健康で稼働能力が十分にある」という理由からか、施設に入所し、働くことを指導されたというケースは多い。さらに、筆者が最近出会ったケースの中には、なんとか生活保護を受給せずに踏ん張ろうと、終業時間いっぱいまで働いたり、ダブルワーク、トリプルワークなどをこなしたりしたが、いよいよ肉体的に苦しくなり、生活保護の相談に出向いていた。その先で、銀行通帳のお金の出入りを一つひとつ確認されたという。この千円の収入は何か。「何かの返還金があったんです。自分でもそれが何かわからなくて。すごく威圧的に内容を問い詰められて。たった千円ですよ。もう、いいかって」

ラストセーフティネットである生活保護すらこのありさまである。制度に頼れず、なんとか生活を立て直そうと、低賃金の仕事をかけもちし、時間いっぱいまで働き続け、結果、体を壊してしまうケースも少なくないのである。

7. 離婚の原因とDV母子世帯の苦悩

離婚原因の中で、夫からの暴力（DV）という割合は増えてきている。最高裁［二〇一四］によると、離婚要因のうち、性格の不一致四五・六％とずば抜けているものの、その他、暴力をふるう（二七・二％）、精神的に虐待する（二三・二％）、生活費を渡さない（二五・三％）などの割合の高さが目立つ。暴力とは、決して身体的なものに限られるものではない。「配偶者からの暴力の防止及び被害者の保護等に関する法律」（以下、ＤＶ防止法）では、身体的暴力のほか、精神的暴力、性的暴力などが暴力として定義されている。

怒鳴ったり、罵ったりという事例のほか、「お前はできない人間だから何でも俺に相談しろ」など、自信を喪失させる言葉を浴びせたり、着る物、買う物、交友関係まで、コントロールされるなどの事例もこれに当てはまる。筆者が出会ったケースの中には、「お前はこっちの家に嫁いだ身だろ」などと、親の葬儀にすら参列させてもらえなかったという信じがたい事例もあった。精神的暴力や性的暴力については、目に見えにくく、緊急性が低いなどの理由から、かつては、軽視されがちであった。しかし、最近では、有名人の離婚騒動の際、モラルハラスメントという言葉を用いて、その抑圧された生活実態が暴かれるなど、ことの深刻さは少しずつではあるが周知され始めている。

このような暴力被害女性たちが、パートナーと離別し、新たな生活をスタートさせることは、たやすいことではない。被害者に異常なまでの執着を示す加害者たちは、執拗なつきまといや嫌がらせを繰り返し、被害者を極限まで追い詰める。最悪の場合には命の危険にさらされる深刻な問題だからである。

二〇〇一年には、被害者の救済と保護を目的として、ＤＶ防止法が施行された。これにより、ようやく、被害女性の支援は行政の責務とされたのである。法施行以降、被害相談は、右肩上がりに増加し、二〇一四年には一〇万件を超えた［内閣府 二〇一五］。この数字は、法律が施行された翌年の二〇〇二年（三万五九四三件）の数字の約三倍に相当する。この増加は、ＤＶ支援制度の拡充と、その周知が広がっていることによるところが大きい。つまり、被害女性が救済を求めて声を上げやすくなったということである。これは、法施行の大きな成果と言える。

筆者は法施行以前に逃避した女性に話を聞くことができた。その女性に対する元夫からの暴力は聞くに堪えないものであった。

「日常的に殴られるのは当たり前。ある時には、いきなり、お前は物なんだから、トランクに乗れと。暗い夜道で車から降ろされトランクに入れられました。寒い冬に玄関で寝かされたこともあります。もちろん布団なんか与えてもらえませんでした」

彼女が最も辛かったのは、子どもの前で酷い暴力を振るわれることであった。そういった生活に耐えられず、逃げ出すこと複数回。一度は、行政に相談に行くも、DVに関する知識のない担当者は「旦那さんに確認を取らせてもらいます」という始末である。民間支援団体の訴えで、行政からの支援を得ようとしても、「配偶者のいる人を母子寮（母子生活支援施設）に入れるのもね。ちゃんと夫さんがいて生活できているわけだから」と八方塞がりの状態が続いたという。法律が整備されていなかった当時、このような有配偶の暴力被害女性が得られる公的支援は、皆無に等しい状態だったのである。彼女に出会ったのは、DV被害者を支援するNPOの自助グループであった。暴力に悩まされた時期にこのような支援があったら、どれほど救われただろうと悔しがる彼女は、逃避から二〇年以上経過してもなお、深刻な精神疾患に犯されていた。うつやパニック障害などに苦しみ、瞬時に当時の惨状がフラッシュバックするのだという。彼女のようなケースは珍しいものではない。筆者は、二〇〇六年、二〇一三年の二度に渡り、計四〇名のDV被害女性に聞き取り調査を実施したが、さしたる精神的な課題もなく、就労自活している事例は数えるほどであった。多くが心療内科に通い、就労することもままならず、生活保護を受給していた。さらに、暴力を目の当たりにしてきた子どもたちへの影響も無視することはできない。不登校になった、突然パニックを起こす、自傷行為を繰り返す、家族に暴力をふるうなど、深刻な状態に陥っている子どもたちの実情は悲惨としか言いようがない。

母子世帯の中には、少なくない割合でこういった女性たちが含まれているのである。

次章以降は、このように、さまざまな課題を抱える母子世帯が、どのような住宅問題に直面し、どのような居住環境に置かれているのか。多角的な視点から、その実態について検証していきたい。

注

（1）このほか、配偶者が海外にいるためその扶養を受けることができない女子や、配偶者が精神または身体の障害により長期にわたって労働能力を失っている女子等が挙げられる。

（2）「国勢調査」は、一九八〇年から母子世帯の集計を開始しているが、一九八〇年、一九八五年調査では、未婚母子世帯を集計から外している。

（3）厚労省大臣官房［二〇一四］。

（4）厚労省［二〇一二］の母子世帯の推計値は一二三七万七千世帯、父子世帯は二二三万三千世帯である。

（5）厚労省［二〇〇九］。

（6）厚労省［二〇一三c］。

（7）厚労省［二〇一五］。

（8）周［二〇一四］。

参考文献

厚生省児童局［一九五三］「昭和二七年 全国母子世帯調査結果報告書」
厚生省児童局［一九五七］「昭和三一年 全国母子世帯調査結果報告書」
厚生省児童局［一九六二］「昭和三六年 全国母子世帯調査結果報告書」
厚生省児童家庭局［一九六八］「昭和四二年度 全国母子世帯実態調査結果報告」
厚生省児童家庭局［一九七四］「昭和四八年度 全国母子世帯等実態調査結果の概要」
厚生省児童家庭局［一九七九］「昭和五三年度 全国母子世帯等調査結果の要約」
厚生省児童家庭局［一九八四］「昭和五八年度 全国母子世帯等調査結果の概要」
厚生省児童家庭局［一九九〇］「昭和六三年度 全国母子世帯等調査結果の概要」

厚生省児童家庭局［一九九五］「平成五年度 全国母子世帯等調査結果の概要」

厚生労働省雇用均等・児童家庭局［二〇〇一］「平成一〇年度 全国母子世帯等調査結果の概要」

厚生労働省雇用均等・児童家庭局［二〇〇五］「平成一五年度 全国母子世帯等調査結果報告」

厚生労働省雇用均等・児童家庭局［二〇〇七］「平成一八年度 全国母子世帯等調査結果報告」

厚生労働省雇用均等・児童家庭局［二〇一二］「平成二三年度 全国母子世帯等調査結果の概要」

（平成一〇年度版より「政府統計の総合窓口」https://www.e-stat.go.jp/SG1/estat/GL08020101.do?_toGL08020101_&tstatCode=000001024522&requestSender=dsearch

全母調については、調査の年度と発表された年は異なる。文献表記の［ ］内は発表年）

厚生労働省［二〇〇九］『子どもがいる現役世帯の世帯員の相対的貧困率の公表について』報道資料、二〇〇九年一一月一三日

厚生労働省［二〇一〇］『国民生活基礎調査』

厚生労働省［二〇一三a］『国民生活基礎調査』

厚生労働省［二〇一三b］『厚生労働白書』

厚生労働省［二〇一三c］『人口動態調査』

厚生労働省［二〇一五］『厚生統計要覧 平成二七年度』

厚生労働省大臣官房統計情報部［二〇一四］『平成二六年 我が国の人口動態』

最高裁判所［二〇一四］『司法統計』

総務省統計局［二〇一〇］「国勢調査」

内閣府［二〇一五］「配偶者暴力相談支援センターにおける配偶者からの暴力が関係する相談件数等の結果について（平成二六年度分）」（http://www.gender.go.jp/policy/no_violence/e-vaw/data/pdf/2014soudan.pdf 二〇一六年六月三〇日にアクセス）

赤石千衣子［二〇一四］『ひとり親世帯』岩波新書

阿部彩［二〇〇八］『子どもの貧困――日本の不公平を考える』岩波新書

葛西リサ［二〇一三］「デンマークのひとり親施策から学ぶ」上野勝代、吉村恵、室崎生子、葛西リサ、吉中季子、梶木典子編『あたりまえの暮らしを保障する国デンマーク』第七章、ドメス出版

下夷美幸［二〇〇八］『養育費政策にみる国家と家族』勁草書房
周燕飛［二〇一四］『母子世帯のワーク・ライフと経済的自立』ＪＩＬＰＴ研究双書、労働政策研究・研修機構
西文彦［二〇一二］「シングル・マザーの最近の状況（二〇一〇年）」（http://www.stat.go.jp/training/2kenkyu/pdf/zuhyou/single4.pdf 二〇一六年一月二三日にアクセス）
山田昌弘［二〇〇五］『迷走する家族――戦後家族モデルの形成と解体』有斐閣

第2章　離婚と住まい

女性の意識の変化やライフスタイルの多様化とともに、子を抱えて離婚するという選択は、女性の一つの生き方として社会的に容認されつつある。世間体や古い慣習にとらわれることなく、女性が自身の人生を決定できるようになったことは非常に喜ばしいことと言える。だが、前章でも確認したように、その選択と引き換えに、貧困というリスクをも同時に引き受けなければならないのが、日本の母子世帯の現実なのである。

そして、この貧困という魔物は、時として、生活の基盤としての住まいをも奪い去る。

二〇一四年九月、家賃滞納を理由に公営住宅から退去を迫られた母子世帯の母親が、退去の当日に娘を殺害するという痛ましい事件が起こった。ここ（公営住宅）を退去させられたら「生きていけなくなると思った」というのがその理由であり、自身も自殺するつもりであったという。退去勧告は、一万二八〇〇円の家賃を二年に渡り滞納したことへの社会的なペナルティである。たった一万数千円の支払いも滞るほど、この家族の生活は逼迫していた。元夫の作った借金を肩代わりしたことで、生活の歯車が狂い、いくら働いても楽にならない生活が続いていた。時給八五〇円のパートの給料と児童扶養手当を併せても、その生活は立ち行かず、足らずは、ヤミ金から借金をして賄うほかなかったという(1)。取り立ては日を追うごとにエスカレートし、母親は精神的に追い詰められていく。二度に渡り生活保護窓口に相談に行くも、受給には至っていない。「公営住宅法」では、家賃の減免措置も準備されているが、このケースにはそれが適用されておらず、また、退去後の生活保障、つまり、生活保護や施設情報が適切に提供されてはいなかった。

いかなる理由があろうとも、殺人という行為は決して許されるものではない。しかし、極貧生活から脱するすべもなく、適切な制度情報も頼る親類もいない。その上、住まいまで奪われては、生きる望みを失っても不思議ではないだろう。住まいは、雨露を凌ぐ「物理的な屋根」としての機能以外に、「生活の基盤」や「社会との接点」といった機能をも持ち合わせる。地域コミュニティも住まいを基軸に作り上げられる。居所を失ってしまえば、母親は求職活動をすることも、子どもが学区を定めることもできなくなる。何より、自身が何者であるのかも証明できなくなってしまうのだ。にわかに信じがたいことであるが、我が国には、経済的に困窮し、行き場を失う母子世帯が数多く存在する。

本章では、筆者の独自のアンケート調査およびインタビュー調査をもとに、母子世帯が離婚後に直面する住宅問題について明らかにしたい。

1．母子世帯のための住宅支援制度と課題

母子世帯に対する公的住宅制度はどのようなものがあるのだろうか。ここでは、住宅に困窮する母子世帯に対する制度として、母子生活支援施設、公営住宅優先入居制度、そして、母子・父子・寡婦福祉資金の中に位置づく住宅、転宅資金を取り上げ、その内容と課題について説明を加える。

(1) 母子生活支援施設

母子生活支援施設は、「児童福祉法」第三八条に基づく施設である。同施設は、一九二九年に「母子寮」という

名称で「救護法」に規定されて以降、「母子保護法」、児童福祉法へと根拠法を変えながら現在に至っている。戦後七〇年の間に、入所者の質や施設ニーズは大きく変化してきた。敗戦直後の住宅難の時代、「母子寮」は行き場を失った死別母子世帯の住まいの受け皿として極めて重要な役割を果たし、その数も大幅に増加した。(2) しかし、産業構造の変化による女性の雇用機会の増大や、戦後の住宅不足の解消などを理由に、単なる住宅事情を理由とする入所者数は徐々に減少することとなる。代わって、夫からの暴力、虐待、多重債務、障がいなど、特別なニーズを抱える母子世帯の入所割合が増え、施設は残余化の傾向を強めていく。こういったニーズに幅広く対応するため、一九九八年の児童福祉法改正時には、その目的が、単に、母子世帯を保護するというものから、母子世帯を保護し、生活を支援するというものに改められ、その名称も、母子生活支援施設へと改称されている。

二〇一四年の「全国母子生活支援施設実態調査報告書」によると、施設数は、年々減少しており、ピーク時の六五〇カ所から、二〇一四年の二四〇カ所にまで落ち込んでいる。この最大の理由は、やはり利用者数の低下である。二〇一一年の全母調によると、母子生活支援施設を利用したことがあると回答した世帯はたったの二％である。また、今後これを利用したいという割合も六・五％と低い。しかし、一方で、母子世帯の多くが経済的に困窮し、それがゆえに多大な住宅確保の問題に直面している。では、なぜ、施設へのニーズはこれほどまでに低いのか。

まず、考えられるのは、その周知度の低さである。前掲の全母調によると、施設を利用したことのない九八％のうち、施設を知らなかったという世帯は四割にものぼる。本章でも詳しく述べるが、住まいに窮している状況であっても役所等に相談に行くケースはごくわずかであり、ほとんどが自助努力によって急場を凌いでいる。このため、適切な制度情報にたどり着けない母子世帯は非常に多いのである。

ついで、施設入所に対する抵抗感が挙げられる。たとえば、施設に入所することで「周囲から偏見を持たれるのではないか」や、「施設はもっと大変な人が行くところだと思う」という意見はよく聞かれるし、「子どもが蔑視されないか」などを不安視する声もある。加えて、施設であるがゆえの硬直的な規則、たとえば、門限や入浴時間が厳格に定められていることなどを嫌って、入所を断念するというケースも少なくないと言われている[(3)]。このように、母子生活支援施設を「特殊な場所」ととらえる風潮が、入所の大きなハードルとなっている可能性は十分にある。

なお、施設環境が現代の居住ニーズから乖離しているという点も大きい。開設年度が浅い、あるいは、建て替えが完了したなどの施設では、概ね良好な居住環境を提供できているが、これはほんの一部である。古い施設でも、徐々に建て替えが進んできてはいるものの、築三〇年以上が経過している建物が未だ半数以上存在し、耐震面も含めて大きな課題となっている[(4)]。さらに、半数が共同風呂であり、なかには共同便所という施設もある。また、居室の規模は三〇㎡以下という施設が多く、世帯人数にかかわらず、同じ規格の居室を提供する施設も少なくないのが現状である。よって、この古くて、狭いという施設環境が入居を妨げる大きな要因となっている点は否めない。

では、施設へのニーズが全くないのかというとそうではない。たとえば、二〇〇一年の「配偶者からの暴力の防止及び被害者の保護等に関する法律」が施行されたことにより、同施設は、緊急保護先の一つとして位置づけられた。このため、近年ではDVを理由とする入所が増加傾向にあり、入所理由の半数が暴力を原因とするものになっている[(5)]。また、母子ともに障がいのあるケースは年々増加しており、二〇一五年の全国母子生活支援施設調査によると、母親に障がいがある割合が三〇・〇％、子に障がいがあるケースが一六・六％と、ともに過去最高となっている。このように、同施設は、特別なケアを必要とする世帯にとっては、貴重な社会資源として機能していると言えるが、広く、一般の母子世帯が単なる住宅事情を理由に気軽に利用できる類のものではないというのが実態である。

(2) 公営住宅優先入居制度

公営住宅優先入居制度とは、公営住宅入居申込み者のうち、一部住宅困窮度の高い者を一般住宅困窮者よりも優先して入居を認めるというもので、通達に基づき実施されている。

戦後の住宅不足の早期解消を目的として、一九五一年に公営住宅法が制定されたが、一般世帯ですら、住宅の確保が困難であったこの時期において、これに入居できた母子世帯はごくわずかであったと推察される。また、戦火で住まいを失った者はもちろん、立ち退きを迫られる母子世帯も数多く存在し、この救済を母子寮のみに求めることは不可能な状況であった[6]。この対策として、一九五五（昭和三〇）年一一月に初めて、公営住宅入居者選考の際に母子世帯を優先的に取り扱う旨の通達[7]が旧厚生省、旧建設省の協議により発令されている。

ただし、この優先入居制度は法的拘束力を有するものではないため、これを設けていない自治体も多く存在した。記録によると、一九五九年には、全国で千戸程度の母子世帯向け優先枠が設けられているが、当時の母子世帯の窮状を考えると、焼け石に水の状態であったと推測される[8]。

一九六〇年代に入っても、母子世帯に対する優先枠は一五〇〇戸程度と相変わらず低調であったが、敗戦後の住宅不足がある程度解消したことや、公営住宅ストック数自体が増加したことなどから、公営住宅に入居できる母子世帯数も増加する。全母調によると、一九五二年に〇・六％だった公営住宅割合は、一九六七年には七・一％へ、さらに、一九八八年には一四・七％へと倍増している。また、一九九六年には公営住宅法が改正され、家賃算定の基準に応能応益方式が導入された。これにより、公営住宅はそのターゲットをより低所得階層に絞ることとなる。二〇一一年全母調における公営住宅割合は一八・一％であり、この数値は、一般世帯と比較するとかなり高い。それでも、「何度応募してもあたらない」、「希望する団地に空きがでない」などの不満は、多くの母子世帯から聞かれる。アフォーダブルで良質な公営住宅へ母子世帯のニーズは非常に高いのであるが、未だ、母子世帯に対する公営住宅優先入居制度を設けていない地方自治体もあり、制度を導入していても優先枠は絶対的に不足しているのが実情なのである。もちろん、地域によっては空きのある団地もあるが、それらは、駅から遠い、近くに雇用機会がないなど、働く母子世帯の生活ニーズを満たすものにはなりにくい。加えて、公営住宅は応募から入居まで数カ月かかり、離婚直後の最も住宅の確保に窮迫している時期には利用できないという課題もある。

(3) 住宅資金、転宅資金の貸し付け

住宅資金、転宅資金は、「母子及び父子並びに寡婦福祉法」第十三条に基づく貸し付け事業である。まず、住宅資金は、現在住んでいる住宅の増築や補修、あるいは自ら居住する住宅の建設および購入費用に充てることができるもので、貸付限度額は一五〇万円である。また、転宅資金は転宅に必要な敷金、前家賃、引っ越しのための費用等に利用が可能で、貸付限度額は二六万円となっている。いずれの資金も、連帯保証人を確保できない場合には、年利一・五％が加算される仕組みである。ただし、この利用に際しては、収入や生活状況等を含めた返済能力の厳しい査定やそれを踏まえた上での償還期限が設定される。よって、真に生活に困窮する母子世帯にとっては利用し難いものとなっているのが実情である。

二〇一一年度の全母調によると、同事業を含む、母子福祉資金の利用経験者は六・三％と低く、これを利用したことがない、九三・七％のうち、七割もの世帯がこの事業の存在を知らなかったと回答している。また、制度を知っていても、将来の見通しが立たない状況の中で、借金をすることに不安を覚えるケースは多い。支払いが滞ったり、償還期限内に返済ができなかったりといった場合には、延滞料金が発生するなどのペナルティも、利用の大きな障壁となっていると考えられる。

さらに、全母調の調査では、利用経験者の四割がこの制度に不満を感じているという。その主な理由は、「保証人がいない」というものが最も多く、「貸付額が低い」、「手続きが煩雑」などが続く。とくに、連帯保証人については、細かい要件や年収にかかわる必要書類の提示、さらには、面接を義務化している自治体もあるなど、その利

用は決して簡単なものではない。同制度は、貸し付け事業という性格上、返済能力に関わる調査の徹底等については、致し方ない部分もあるが、生活資金に困る母子世帯の救済を謳っているのであれば、より柔軟でスムーズな仕組みに転換していく必要があるだろう。

以上のように、いずれの公的住宅制度も、母子世帯のニーズに十分に対応しきれてはいない。このため、多くの母子世帯が自助努力によって住まいを確保していくほかないのである。

2. 住宅に留まる死別母子世帯、住宅を喪失する生別母子世帯

ここからは、筆者が大阪府、大阪市の母子世帯に対して実施したアンケート調査[9]を軸に、その根拠などをインタビュー調査で補いながら、母子世帯になった後の住宅移動の状況について見ていく。なお、アンケート調査世帯の概要は表2‒1、インタビュー調査世帯の概要は表2‒2にそれぞれ整理している。

死別母子世帯と離婚を主要因とする生別母子世帯とでは、住宅事情は大きく異なる。そこが夫の実家や夫の会社の社宅等、やむを得ない事情を除いて、死別の場合には、住み続けることを希望する場合、夫の死後も、婚姻時の住宅に住み続けることが可能である。たとえ、それがローンの残る持家であっても、多くの場合、住宅取得時に加入する生命保険によって負債は相殺される。また、筆者の調査では、夫の死亡時の生命保険により、新たな持家を購入するというケースもあった。そのため、死別母子世帯の持家率は、一般世帯とほぼ同レベル（六一・八%、うち本人名義四三・九%）となっているのである[10]。もちろん、死別母子世帯についても住宅問題がないわけではない。持家を所有していても、その修繕費用が捻出できないという声もある。筆者が実施したアンケートの自由記述欄にも「持家といってもいたみが激しくて、

表2−1　母子世帯調査（大阪府、大阪市）の概要（2004、2005 年）

Ⅰ基本属性

		大阪府	大阪市
発生要因（%）	死別	15.4	13.0
	生別	84.6	87.0
母親の年齢（%）	20 代	4.6	2.5
	30 代	55.8	35.0
	40 代	36.7	50.9
	50 代	2.9	11.3
	60 代	0	0.4
世帯構成員数（人）	全体平均	3.49	3.29
	同居	4.42	4.32
	非同居	3.14	2.92
子の人数（平均、人）		2.01	1.85
末子の年齢（平均、歳）		8.62	11.29
年収（平均、円）		2,054,343	2,513,668

		大阪府			大阪市		
			母子世帯化			母子世帯化	
		現在	直後	以前	現在	直後	以前
就業割合		83.7	70.8	54.0	91.5	76.5	57.7
就業形態（%）	正社員	34.3	21.1	21.4	40.5	27.9	26.5
	パート	57.2	70.2	62.6	45.1	59.5	48.8
	自営業等	5.5	5.3	13.7	5.8	7.9	22.2
	その他	3.0	1.2	0.0	8.6	5.8	2.5
収入内訳（複数回答）（%）	勤労収入	85.4			88.0		
	養育費	10.0			6.7		
	遺族年金	12.9			10.2		
	児童手当	19.6			26.5		
	児童扶養手当	71.3			67.8		
	生活保護	12.5			11.7		
	その他	5.4			4.6		
母子世帯化後の年数（年）		8.32			6.09		

出所：筆者調査 2004、2005 年。

注：児童扶養手当はひとり親を対象としたもの、また、児童手当は条件を満たす有子世帯すべてに提供されるものである。

表 2−2　インタビュー調査世帯の母子世帯化前後の転居と住宅移動（2003 年）

No	母子世帯化直後の転居	婚姻中の住宅	離婚直後の転居先	2003 年現在の住宅	本人の年齢（歳代）	子どもの数（人）	末子の年齢（歳）	
							現在	当時
1	なし	持家	−	−	40	3	14	6
2	なし	民間借家	−	−	50	2	17	8
3	なし	民間借家	−	−	30	1	1	0
4	なし	民間借家	−	−	40	2	14	10
5	なし	民間借家	−	−	40	1	2	1
6	なし	本人実家	−	−	40	2	6	0
7	なし	公団住宅	−	−	40	3	14	12
8	した	持家	民間借家	民間借家	40	1	16	12
9	した	持家	実家	公営住宅	50	2	20	4
10	した	持家	実家	実家	40	1	8	2
11	した	持家	民間借家	民間借家	20	1	2	0
12	した	持家	実家	持家	50	1	20	2
13	した	持家	実家	公営住宅	30	1	6	1
14	した	持家	実家	民間借家	40	3	4	2
15	した	持家	実家	公団住宅	20	1	1	0
16	した	民間借家	民間借家	実家	40	1	15	1
17	した	民間借家	知人宅	民間借家	30	1	5	1
18	した	民間借家	民間借家	公営住宅	40	1	14	0
19	した	民間借家	民間借家	公営住宅	50	1	20	1
20	した	民間借家	民間借家	公営住宅	40	1	18	2
21	した	民間借家	知人宅	民間借家	30	2	8	4
22	した	民間借家	実家	民間借家	30	1	4	1
23	した	民間借家	民間借家	持家	30	1	2	1
24	した	民間借家	実家	民間借家	30	2	7	0
25	した	民間借家	民間借家	民間借家	40	2	6	1
26	した	前夫実家	実家	実家	30	1	5	2
27	した	前夫実家	実家	実家	30	1	1	0
28	した	前夫実家	実家	民間借家	30	1	3	0
29	した	前夫実家	公団住宅	公団住宅	20	1	1	0
30	した	社宅	実家	実家	40	1	6	1

出所：筆者調査、母子世帯 30 名へのヒアリング調査の概要（2003 年現在）。

図2－1　死別、離婚（生別）後の転居状況（2004、2005年現在）

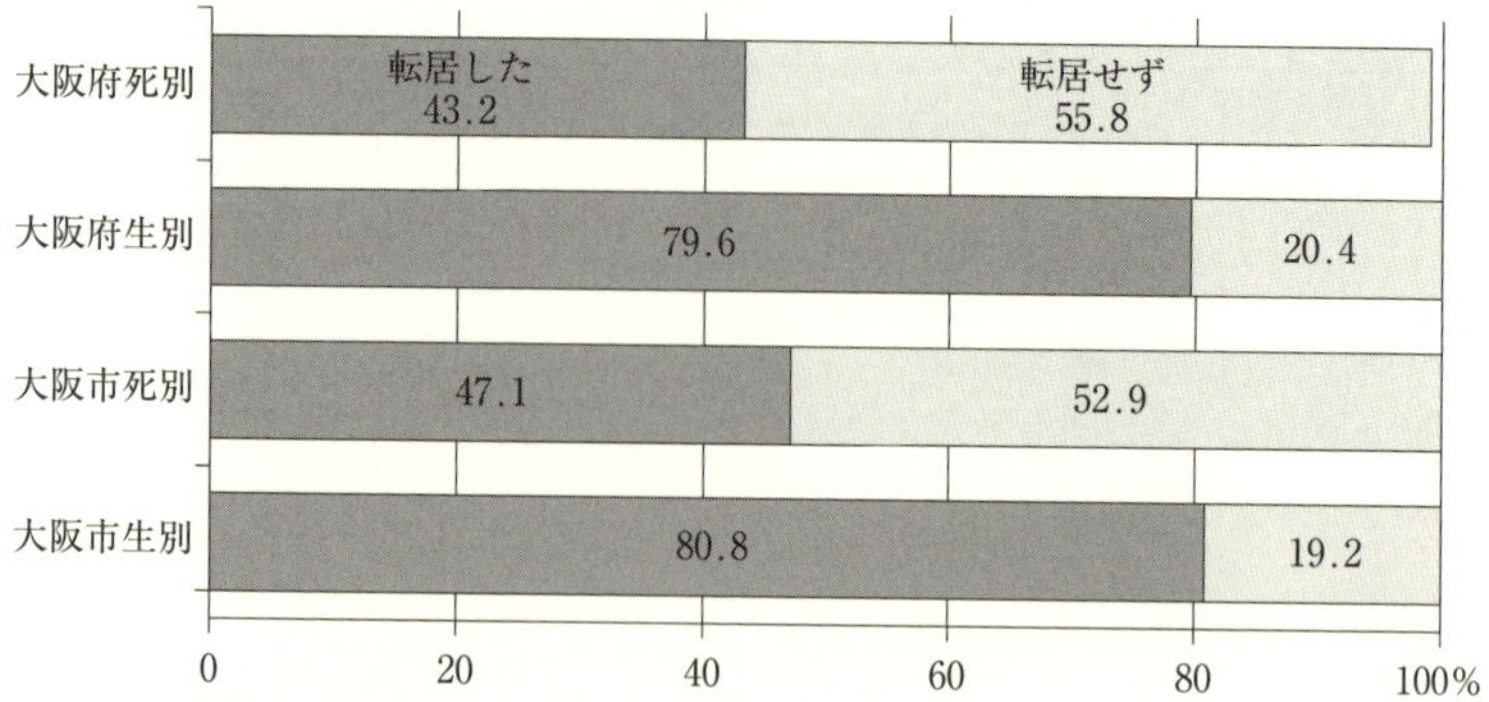

出所：筆者調査2004、2005年。

震災がきたらと不安でなりません。頑丈な賃貸住宅に移動したいとは思いますが、その転居資金がありません」といった記述が見受けられた。また、持家を所有している場合、生活に困窮しても生活保護が受給しにくいという課題もある。ただし、死別母子世帯の場合、生別母子世帯のように、急に「行き場を失う」といった危機に遭遇する確率が低いという点で「まだまし」と言えるだろう。

離婚に際しては、夫婦のいずれか、あるいは双方が転居することとなる。筆者の調査では、生別母子世帯の約八割が結婚時の住宅を出ていた（図2－1）。そのなかには、離婚成立前に家を出るケースも含まれている。

詳しく後述するが、婚姻時の住宅に留まることができる条件にあっても、実家に戻ることを理由に転居するケースは非常に多い。なお、第4章で触れる夫の暴力等により家を出るほかなかったなど、そこに留まりたくても、条件によってはそれが難しい場合も多々ある。

たとえば、婚姻時の住宅が夫の会社の社宅という場合には、離婚とともにそこを出ざるを得ないし、そこが夫の実家である場合も同様である。また、民間借家からの転居については「安いところに住み替えた」という理由が想定される。家賃は所得の低い母子世帯の家計を大きく圧迫する。これを少しでも節約したいと考えるのは当然のことだろう。同じ借

表2−3　母子世帯（大阪）の生別・死別と転居（2004、2005年現在）

（単位：件、%）

死別		大阪府死別			大阪市死別		
		転居せず	転居した	合計	転居せず	転居した	合計
婚姻時の住宅	持家	11	2	13	13	2	15
		84.6	15.4	100	86.7	13.3	100
	公営住宅	0	2	2	2	0	2
		0	100	100	100	0	100
	公団・公社	1	0	1	0	1	1
		100	0	100	0	100	100
	社宅	0	2	2	0	1	2
		0	100	100	0	100	100
	民間借家	2	6	8	8	1	9
		25.0	75.0	100	88.9	11.1	100
	同居	7	3	10	3	2	5
		70.0	30.0	100	60.0	40.0	100
	その他	0	1	1	0	1	1
		0	100	100	0	100	100
合計		21	16	37	26	8	34
		56.8	43.2	100	76.5	23.5	100

生別		大阪府生別			大阪市生別		
		転居せず	転居した	合計	転居せず	転居した	合計
婚姻時の住宅	持家	6	45	51	12	46	58
		11.8	88.2	100	20.7	79.3	100
	公営住宅	10	6	16	10	13	23
		62.5	37.5	100	43.5	56.5	100
	公団・公社	2	12	14	1	6	7
		14.3	85.7	100	14.3	85.7	100
	社宅	0	8	8	1	9	10
		0.0	100	100	10.0	90.0	100
	民間借家	14	56	70	10	79	89
		20.0	80.0	100	11.2	88.8	100
	同居	7	25	32	12	35	47
		21.9	78.1	100	25.5	74.5	100
	その他	0	1	1	0	1	1
		0	100	100	0	100	100
合計		39	153	192	46	189	235
		20.4	79.6	100	19.6	80.4	100

出所：筆者調査2004、2005年。

家でも、公営住宅からの転居は少ないのは、低家賃というメリットがあるためと言える（表2‐3）。

また、筆者の調査によると、婚姻時に持家に居住していたものの大多数が離婚後にそこを退去している。その理由としては、「夫がローンの債務者で、住宅が夫の名義だったから」というものが多い[11]。ローンが完済していない状態での名義変更については、金融機関の承認が得られない可能性が高い。なかには、夫名義のローンの残る持家に母子が残り、夫がローンを支払うことで折り合いがついたというケースもある。ただし、この場合には、何らかの事情でローン支払いが滞った場合、立ち退きを迫られるリスクも想定しておかなくてはならない。

共同名義である場合や妻が連帯債務者、あるいは保証人である場合には、それを売却して、財産を平等に分けるという選択肢もなくはない。しかし、買手がつかない、あるいは、アンダーローン、つまり、売却しても借金が残ってしまうというリスクもある。

筆者の調査でも、買い手がつかなかった持家に留まるか思案したというケースがあった。持家に留まれば、これまで通りの生活が保障されるが、「住宅ローンが支払えなくなった場合にどうするのか」や「生活が苦しくなり、売却しても借金が残ってしまうのではないか」などの不安から、自ら子を連れて家を出ることを決意していた。

3．住宅の確保を困難にする要因

多くの母子世帯が離婚をきっかけに転居を経験することとなるが、十分に転居準備をし、「行くあて」があるから家を出るというケースはむしろ少ないというのが筆者の印象である。しかし、経済的に困窮する母子世帯にとって住まいの確保は容易ではない。

筆者が出会った多くのケースが、行政に相談することなく、自力で住まいを確保している。また、相談しても、

「母子生活支援施設を勧められた」や、ひどいものでは、「さしあたりホテルや旅館を紹介された」などというケースもある。事実、行き場を失った母子に対して、行政が提供できる支援は、母子生活支援施設のほかにないのが現状であるが、上述したように、近年同施設に対する利用者ニーズは著しく低下している。なにより、これまで普通の暮らしをしてきた親子に対して、住まいに窮したからといって施設入居を推めるというのも、あまりにも乱暴な解決策と言えるだろう。このほか、公営住宅優先入居制度や母子寡婦福祉資金の貸付等は緊急に住まいの確保を要する母子世帯のニーズには合致していない。ここで一つ事例を紹介しよう。

佐藤和美さん（仮名）は突然の離婚により住まいを失い、三歳の子を連れて親類宅に仮住まいをした。当時、パート職に就いていた和美さんにとって、高額な一時金を必要とする民間の借家を借りることは難しかった。そこで、低家賃で借りることができる公営住宅に希望を見出す。しかし、行政に問い合わせをすると、「母子世帯には優遇措置があるが、倍率が高く、当選するとは限らない。当選しても、入居まで最短で五カ月を要する」と言われてしまう。

そこまで仮住まいはできないと、不動産業者を梯子するも、住宅探しは難航する。不動産業者には、幼い子を抱えた低所得母子世帯ということで、リスクの高い店子だと思われたのであろう。提示される物件は極めてお粗末なものばかりであった。ようやく気に入る物件が見つかるも、一時金の捻出がどうしてもできない。試行錯誤する中、転宅資金の貸付制度を見つける。早速役所に連絡するも、その利用に際しては、保証人がいることや、返済能力の審査等があり、すぐに借りられるものではないと説明を受ける。

結局、和美さんは、親類に借金をして一時金を支払っている。彼女は言う。「誰のための何のための制度なのか。簡単に、嫌な思いをせずにお金を貸してくれる消費者金融に手を出す人の気持ちがわかる」と。このような制度の利用のしにくさから、母子世帯の多くが自助努力で住まいの確保をするほかないのが実情なのである。

和美さんの事例は決して珍しくはない。筆者の調査でも、転居経験者の七割が「住宅の確保に際して困難があった」と回答している[12]。

とくに、和美さんの事例のように、転居資金の確保は、母子世帯にとって頭の痛い問題である。UR（都市再生機構）を含む民間の賃貸住宅を確保するとなると、前家賃や一時金など、まとまった資金が必要となる。また、新生活をスタートするにあたっての生活必需品の準備にも多額の費用がかかる。これを工面するために、借金をしたというようなケースも多く見受けられる。

続いて、住宅を確保する際に課題となるのが、保証人の問題である。「関係の貧困[13]」と言われるように、「何かあっても、助けてくれる家族や相談できる友人がいない」など、社会から孤立する母子世帯は少なくない。とくに、DVなどの場合には近しい人を頼ることができないという課題がある。保証人が確保できない者への連帯保証人代行サービスもあるが、個人的に保証人を立てられないことで、住宅選択の幅が狭まったというケースはよく聞かれる。なお、それほど数値は高くないが、母子世帯ということで入居を断られたという経験を持つものもいる。母子世帯＝低所得というイメージを抱く家主もおり、家賃支払いが滞ることを懸念して、入居に難色を示すということもある。ただし、近年、空き家が増大する中で、ターゲット層を広げようと努力する業者も増えてきている。安心賃貸住宅への登録など、積極的に母子世帯を受け入れようという業者も少なくない割合で登場しており、「入居差別」の問題は以前と比較すると改善してきているのではないかと思われる。

このほか、「子どもを転校させた」ことを困難に感じる母子世帯はとくに多い。小学校ともなると、友達との関係やクラブ、習い事など、子どもなりの生活環境がすでにできあがっている。そのため、子どもが「転校を嫌がる」という悩みはよく聞かれるし、親にとっても「転校させることで新たな環境に馴染めなかったらどうしよう」という不安や、「離婚という大きな環境変化に加えて、転校までさせては可哀そう」など、極力避けたい問題と言える。しかし、学区内に条件に合う住宅が見つからず留まることができず、望まない転校を受け入れざるを得なかったというケースは多く見受けられる。

4．居住不安に陥る

仕事も貯蓄もない状態で、家を出て路頭に迷う母子世帯は非常に多い。では、婚姻時の家を出た後、母子世帯はどこへ行くのか。

筆者の調査では、母子世帯の転居時期を離婚成立前（事前転居）、離婚成立直後（同時転居）、そして、離婚後しばらくして（事後転居）という三期に分けてその移動先を見た（図２－２）。緊急性が高いと考えられる、事前転居では、実家や親類宅に移動する割合が最も高い。なお、同時転居については、民間の借家に移動する割合が高まるものの、依然として、親類知人宅へ移動する者も四割程度存在する。他方、事後転居の場合には、時間の余裕があるためか、公営住宅や持家など転居先の選択肢が広がる。ただし、持家への転居については、自らの経済力で取得したというよりは、実家や親類等の所有する空き家を提供してもらったというような事例がほとんどであった。

いずれの段階においても、親類宅への移動については、同居のためのスペースが充分に確保され、「実家に帰った方が楽だから」や「親が帰ってこいと勧めてくれた」など、恵まれたケースもある。しかし、思うように住宅が確保できず、「やむを得ず」というネガティブな同居も少なくない。実家といえども「親子関係が悪い」、「実家に兄弟、姉妹の家族も一緒に住んでいる」、「親が再婚している」など、同居しにくい理由は多分にある。また、すぐに行き場を見つけるつもりで親類や友人宅に身を寄せるも、思うように住宅が確保できずに、仮住まいを繰り返すというケースもある。筆者の調査では、親類・知人宅に移動したものの半数が定住できず、三割が一年未満でそこ

図2−2　母子世帯（大阪）の1回目の転居時期と転居先
（2004、2005年現在）

（単位：世帯、%）

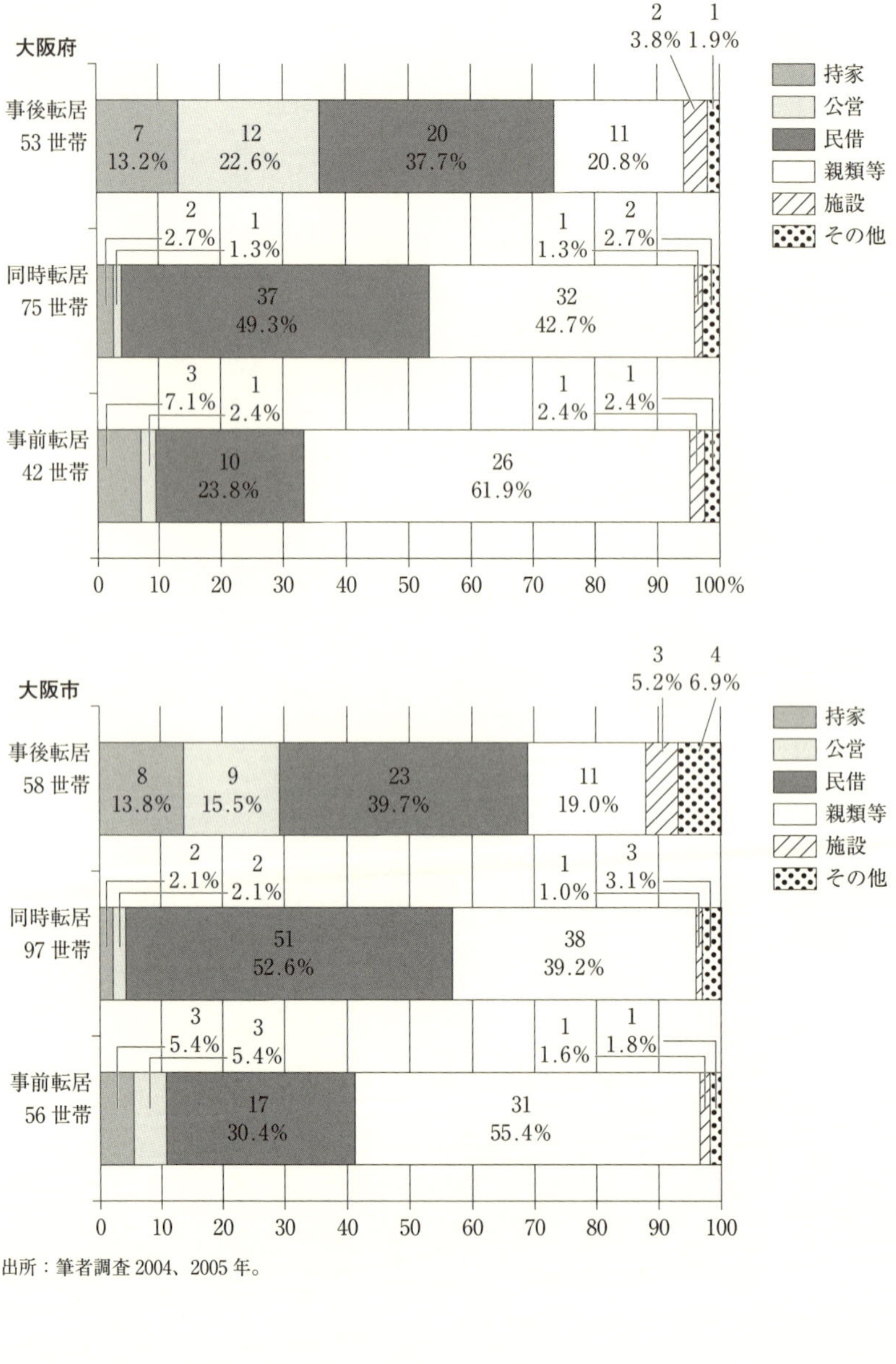

出所：筆者調査2004、2005年。

図２−３　母子世帯（大阪）の１回目の転居先とそこでの居住期間
（2004、2005 年現在）

（単位：件、％）

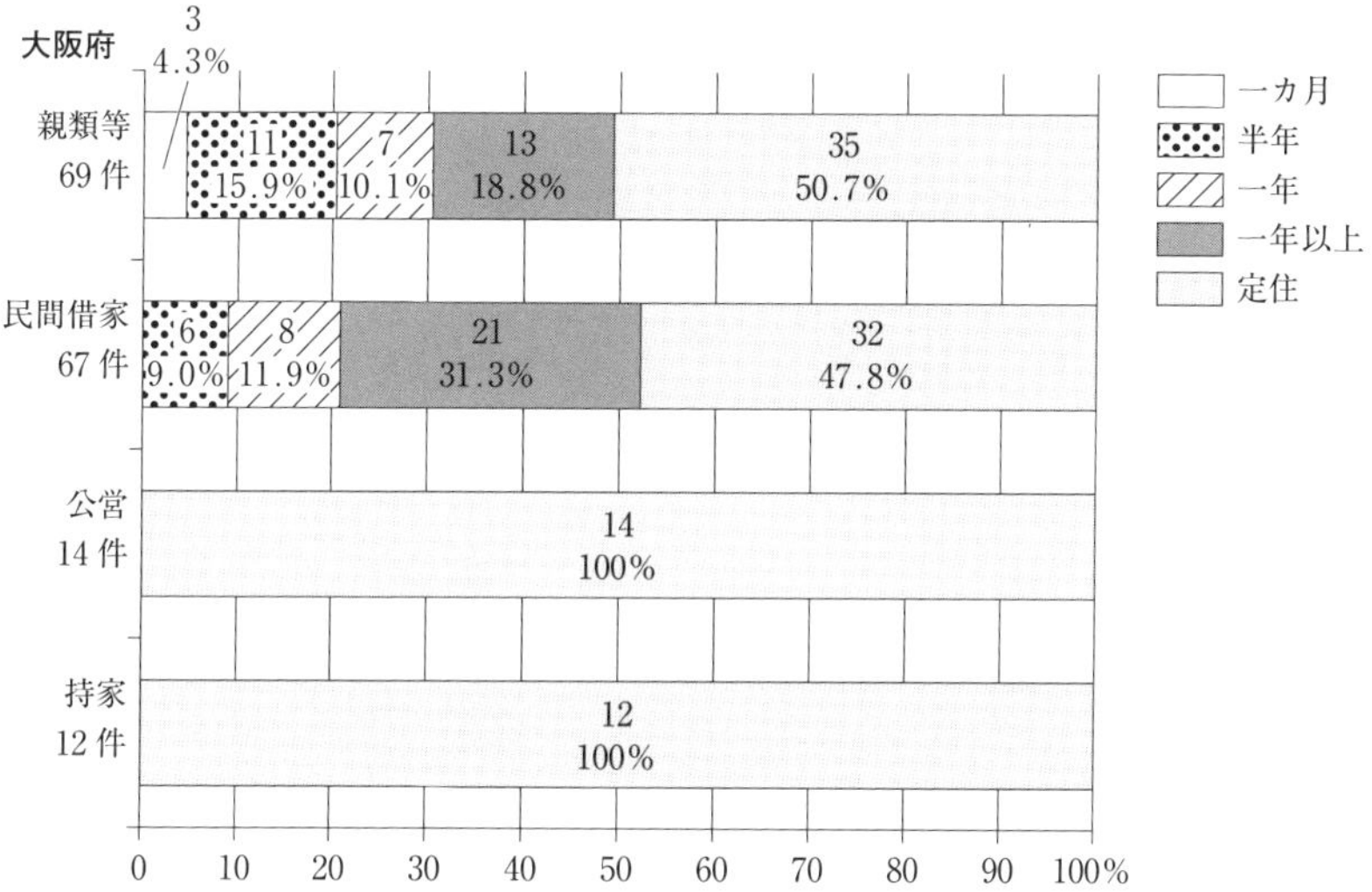

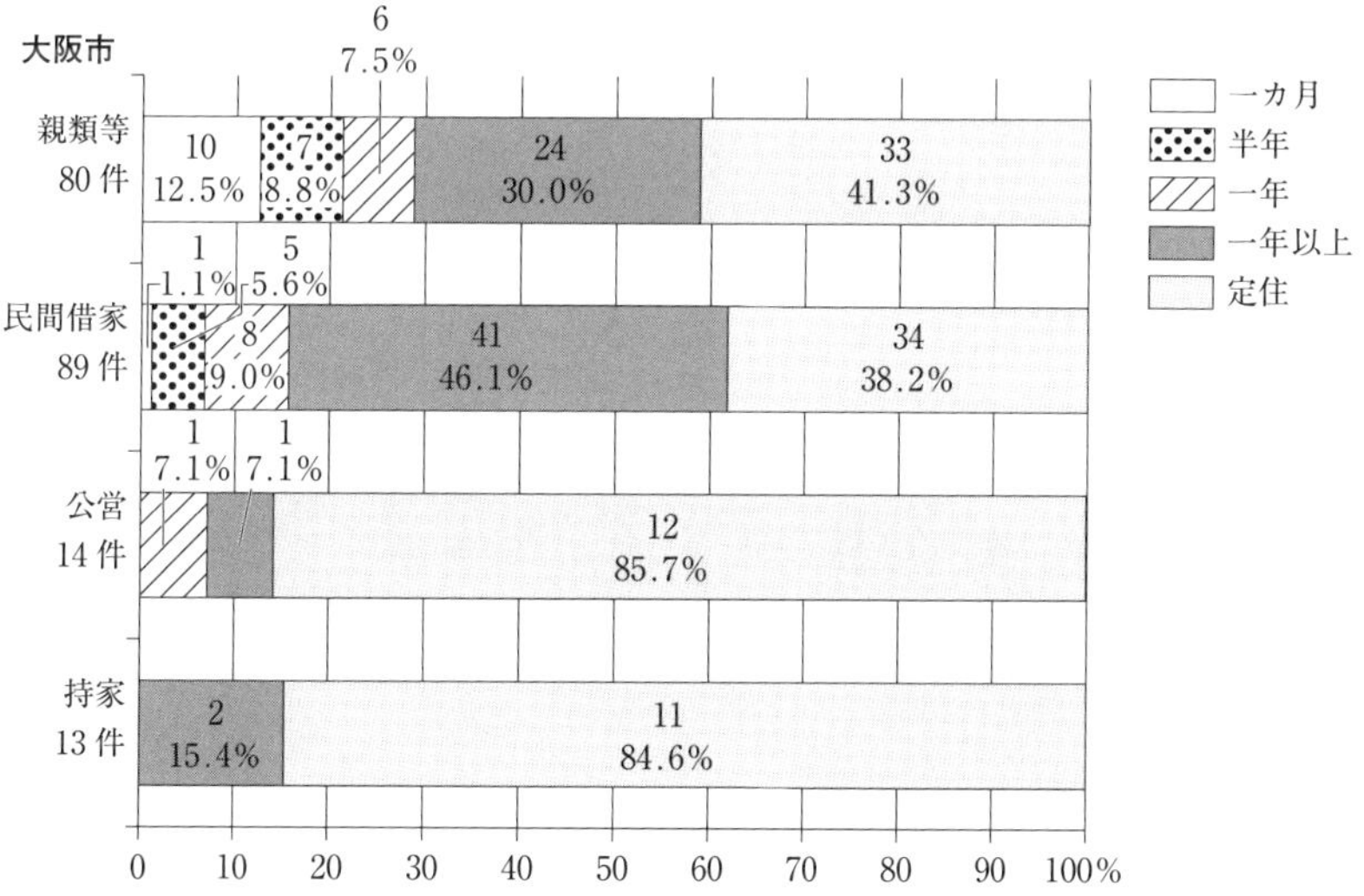

出所：筆者調査 2004、2005 年。

を出ていた（図2－3）。

民間借家に転居した者についても、そこに定住できている割合が五～六割と低い。苦労して確保した民間借家から短期間で退去する理由として、慌てて入居した住宅がニーズに合わなかったという回答が挙がっている。充分な転居資金もなく、将来的な見通しも立たない中で、「低家賃」という側面にのみこだわって慌てて入居を決めるという傾向はよく見受けられる。当然のことながら、低家賃物件には、古い、狭い、日当たりが悪い、設備が悪い等の問題はつきものである。日当たり、風通しなどの室内環境が悪く、子のアレルギーが悪化したり、狭小の住宅にて母子ともにストレスが高まったりという問題はとても多い。また、物件の問題以外にも、転校先が学級崩壊していたなどのケースもある。

しかし、再転居ケースについては、一見、不安定居住ととらえられる一方で、居住環境を改善できるだけ「まだまし」という見方もできる。詳細は次章に譲るが、確保した住宅がどんなに劣悪であっても、経済的な事情からそこに滞留するほかないというケースが圧倒的に多いのである。

このように、母子世帯の多くが、不安定居住を綱渡りしながらも、なんとか居所を確保していく。それがゆえ、彼女らの住宅問題は表面化せず、可視化されにくい。しかし、欧米であれば、仮住まいなどはホームレスの定義に値する危機的な状態である。いかに、離婚直後の母子世帯の居住不安を解消するか。早急な対応が望まれる。

5．特殊な居住地ニーズと居住貧困の関係

東京女性財団［一九九三］は、母子世帯が居住地として大都市を選択するのは「就労の場があって周囲からの煩わしい視線を避けることができるという理由」によると指摘している。他方で、渋谷敦司［一九八六］は、保育

サービスをはじめとした社会的諸サービスの充実および安価な借家・アパートの入手可能性を挙げている。しかし、数多くの母子世帯に接触してきた筆者の印象からすると、こうした分析には疑問が残る。果たして母子世帯はこのような理由で立地選択を行っているのであろうか。

図2−4は、筆者の調査をもとに、大阪市の母子世帯の転居状況と従前の居住地を示したものである。離婚後に転居をした約八割の世帯のうち、約六割が大阪市内間で転居をしている。残る四割の内訳は、大阪市以外の大阪府内から転居してきたものが二割、大阪府以外から転居してきたものが二割である。とすると、転居しなかったケースを含め、七割がそもそも大阪市内に居住していたこととなる。

図2−4　母子世帯（大阪市）の転居の有無と転居前居住地（2005年現在）

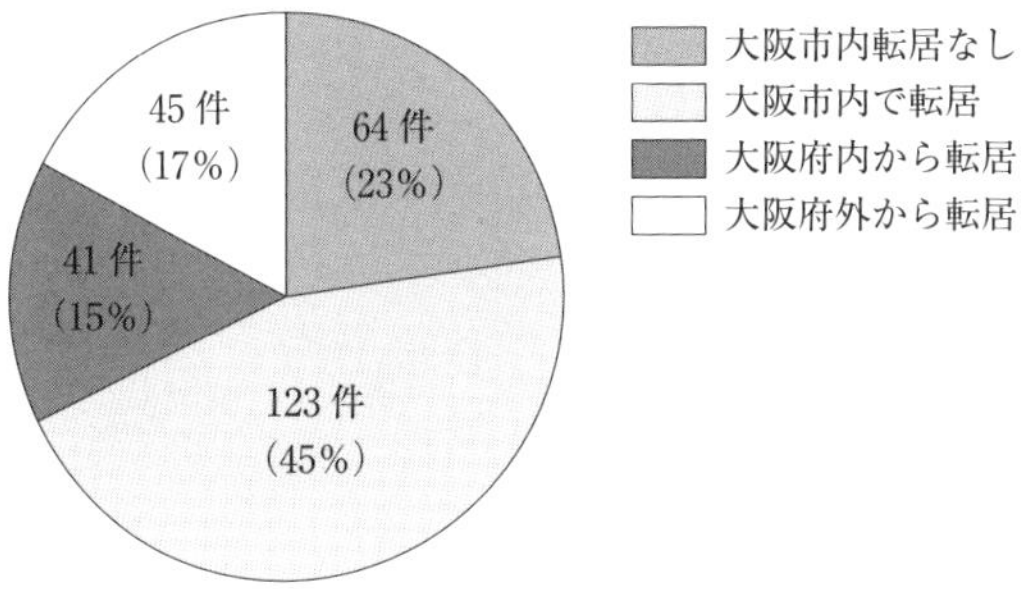

出所：筆者調査2005年。

では、その居住地選択の理由は何か。表2−4は、従前の居住地と転居の理由を示したものである。まず、転居しなかったものについては、そこを出る「理由はない」という回答が半数を超えているが、次いで、「保育所や学校の都合」という回答が四割と目立つ。

続いて、転居者に目を向けると、市内間転居では、半数を超える世帯が「保育所や子の学校の都合」を理由に挙げている。次いで高いのが「親類知人がいたから」という理由である。また、大阪府および大阪府以外から大阪市内に移動してきた世帯では「親類知人がいたから」の割合がそれぞれ七五・六%、八四・四%と群を抜いている。

この結果から、母子世帯の居住地ニーズは、おおよそ二つのタイプに大別できる。

一つ目のタイプは、結婚時の居住環境、とくに子の成育環境を最優

表2−4　母子世帯（大阪市）の転居の有無・転居先と居住地選定の理由（2005年現在）

（単位：件、％）

	転居なし	市内間転居	大阪府内からの転居	大阪府外からの転居	総数
親類知人がいたから	9 14.3	45 36.6	31 75.6	38 84.4	123 45.2
保育所や子の学校の都合	25 39.7	65 52.8	16 39.0	16 35.6	122 44.9
仕事の都合	9 14.3	35 28.5	6 14.6	11 24.4	61 22.4
近隣関係等の煩わしさがない	2 3.2	8 6.5	1 2.4	1 2.2	12 4.4
入居可能な公営住宅があったから	0 0	20 16.3	8 19.5	4 8.9	32 12.5
手ごろな賃貸住宅があったから	1 1.6	14 11.4	2 4.9	6 13.3	23 8.5
ひとり親支援が充実しているから	1 1.6	1 0.8	1 2.4	1 2.2	4 1.5
理由はない	35 55.6	3 2.4	1 2.4	0 0.0	39 14.3
その他	1 1.6	23 18.7	3 7.3	6 13.3	33 12.1
総数	63 23.2	123 45.2	41 15.1	45 16.5	273 100

出所：筆者調査2005年。
注：複数回答。

先して、転居しない、あるいは、生活圏を変化させずに住み替えを行うケースである。母子世帯となった後も、子の成育環境を維持したいというニーズは高く、それは、母子世帯の居住地選択には欠かせない要素といえる。しかし、上で確認したように、それが叶わないケースも多数存在する。希望する地域での住み続けを保障するためにはどのような支援が必要か。重要な検討課題といえるだろう。

二つ目のタイプは、親類・知人を頼って、それまでの生活圏を離れて、大きく移動するケースである。親類等を頼る理由は、住まいや経済的援助を求めてというものばかりではない。それよりはむしろ、自活に不可欠な育児のサポートを期待するという理由が圧倒的に多いのではないだろうか。母子世帯になることを機に、仕事に就く、あるいはより収入の多い仕事に転職するというケースは多い(14)。筆者の調査でも、母子世帯化以前と比較して、母子世

図２−５　母子世帯の就業率の変化（大阪府、大阪市）

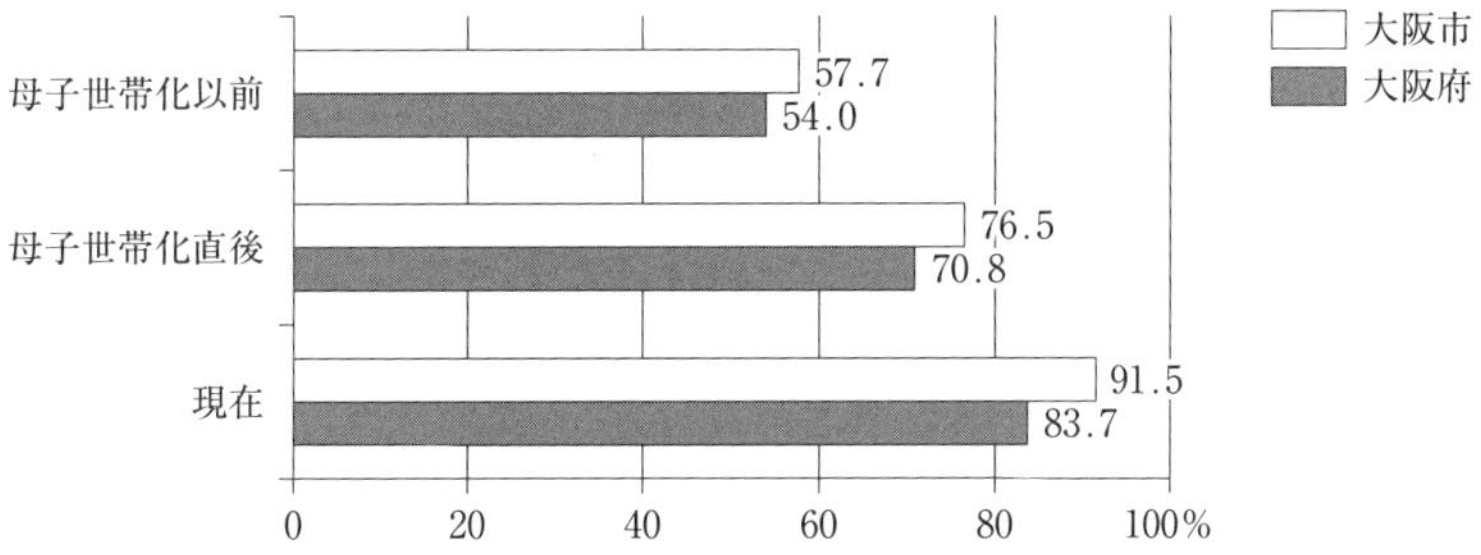

出所：筆者調査 2004、2005 年。

帯化直後に、就労率は高まり、さらに、現在にかけてその割合が高まるという傾向がみられ、正社員の割合も母子世帯化以前から現在にかけて高まっている（図２−５、図２−６ａｂ）。

ただし、幼い子を抱えての求職活動は困難を極める。筆者が出会ったケースの中には、「保育所入所のために就労証明がいると言われた。まずは、仕事を探そうと、面接に行ったら、子どもは保育所に入れるのか、や、何かあった時、子を見てくれる親類はいるのか？　としつこく聞かれ途方に暮れた」というようなケースがあった。このように、私的な育児サポートがない場合、就労活動もままならないという課題があるのである。

また、運よく仕事が見つかっても、育児と両立していけるのかという問題が出てくる。保育所に入所できても、急な発熱やケガなどの際には、保護者の対応が求められる。不測の事態が起こるたびに、欠勤や早退をしていては、職場での立場が悪くなるばかりか、解雇の危険性も出てくる。そのため、実家からの援助が得られる地域に移動し、公的保育の足りない部分を補いながら、何とか就労環境を整備しようとする母子世帯は多いのである。

東京女性財団［一九九三］が指摘するように、仕事の確保は母子世帯が自立する上で最も重要な要素ではあるが、仕事を理由に大阪市を居住地として選択した世帯は意外にも少なかった。この結果は、いくら雇用機会があっても、それだけで母子世帯の生活が成り立つわけではないということを示唆し

図2−6　母子世帯化前後の就労内容の変化

a

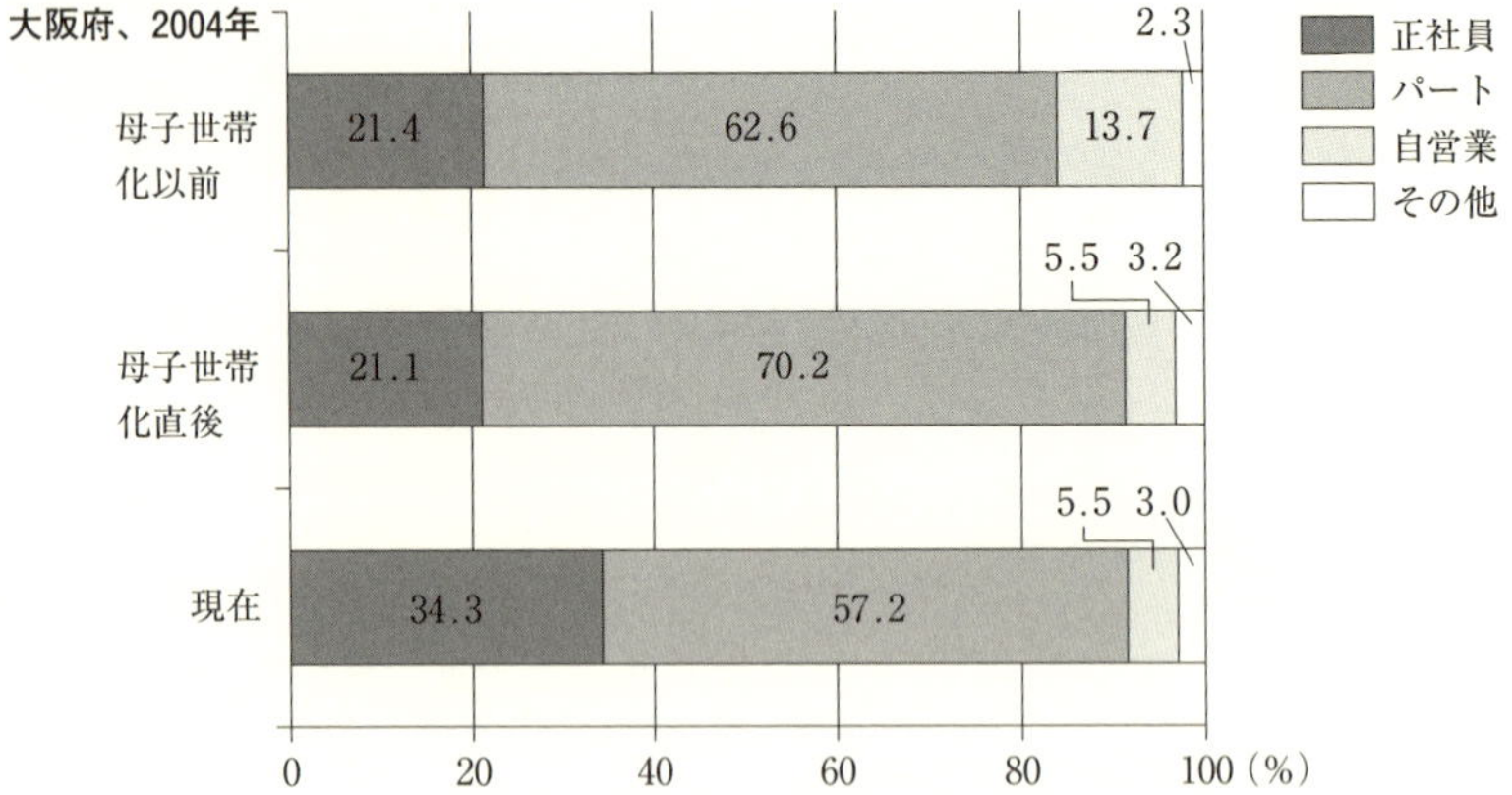

b

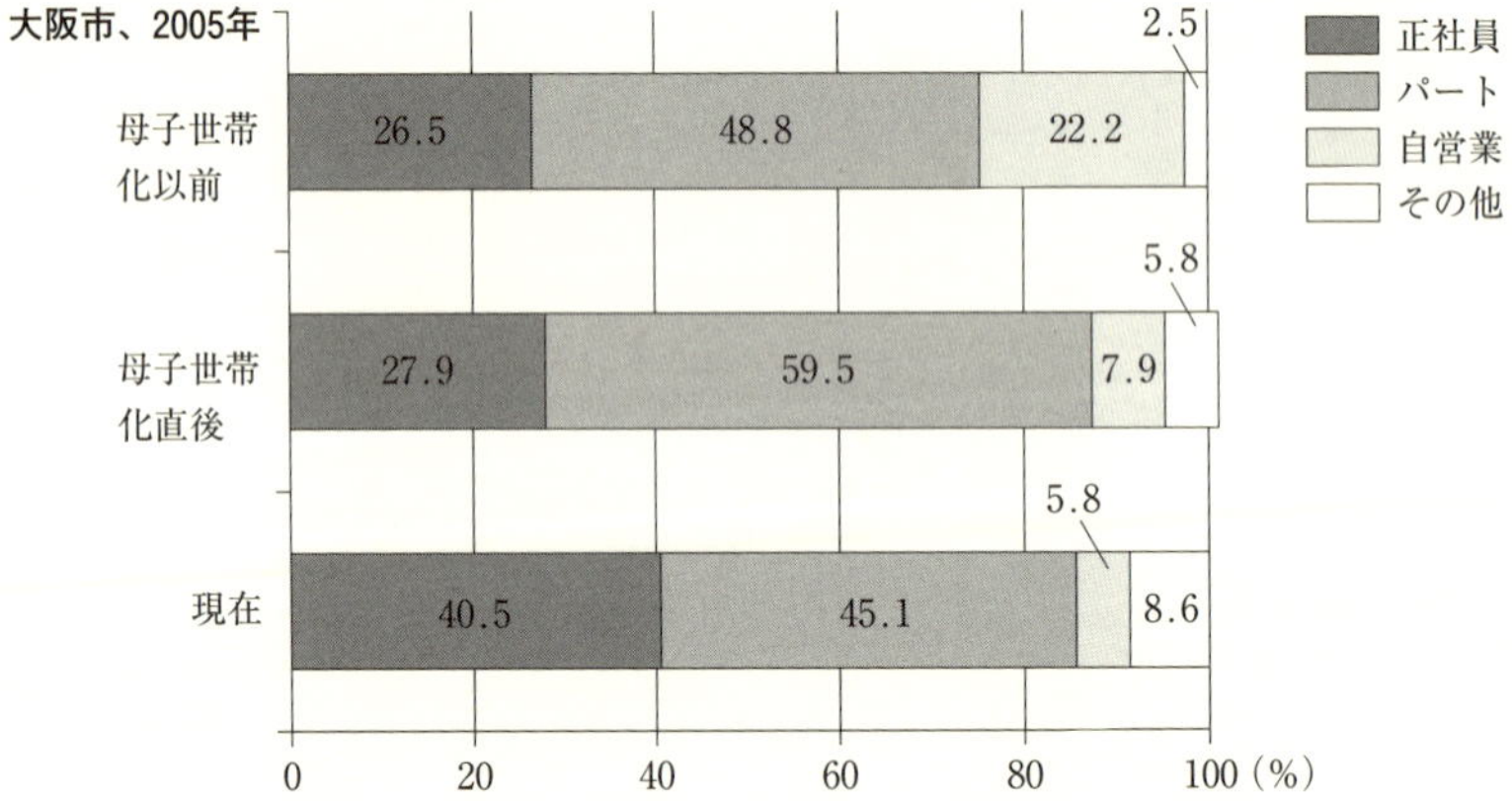

出所：a 筆者調査2004年。
b 筆者調査2005年。

ていると言える。また、いくら安価な住宅があってもそれだけで母子世帯の生活は成り立つわけではない。居住地選択の理由として「公営住宅が当たったから」という理由を挙げたものの半数が「子どもの学校・保育所の都合」、また、その四割が「親類知人がいたから」といった項目も同時に選択していた。つまり、生きていくためのインフラが整備されている地域において安価な住宅を確保したという母子世帯が多いということである。

筆者は、母子世帯三〇名へのインタビュー調査の際に、郊外の比較的入居しやすい公営住宅への入居希望を尋ねたことがある。結果、すべてが、「公営住宅に入居はしたいが、その地域への転居は難しい」と回答した[15]。得られた理由はこうだ。雇用機会がない地域のため、それなりの通勤時間がかかり、保育所の送迎などに支障が出てくる。近隣に育児面をサポートしてくれる者がおらず、そのため、正規の職につくことはまず難しい。パート労働となると、交通費が出ないことが多く、働きに出ても交通費がかさむので不利となる。こういった悪循環に陥るのは目に見えているというのだ。

つまり、いくら低家賃住宅があっても、育児支援など日常生活に重要な要素が欠けていれば、それは、全く魅力のないただのハコになってしまうということである。

母子世帯の特殊な居住地選考は、母子世帯を居住、経済の両面で陥れる可能性が高い。彼女らは、学区や育児支援など、子の成育環境を最優先して居住地選定をせざるを得ないが、必ずしもそこに、条件のよい住宅や職場があるとは限らない。

母子世帯の住まいの質については次章で詳しく述べるが、実家からの支援を得るために、狭小の住宅に同居している事例や、子の学区内にこだわるあまり、条件に見合わない住宅に依存せざるを得ないケースもある。

就労についてはどうだろうか。筆者のアンケート調査によると、回答者の約半数が、徒歩あるいは、自転車で通える一五分圏内に職場を確保していた。実家のサポートがあるといっても、得られる支援の内容や程度はそれぞれ異なる。なかには、無職の親と同居し全面的な支援を得ているケースもあるが、すべてがそういう条件にあるわけではない。「家族の都合を見て、緊急時のみ支援をお願いする」といったものや「家族全員が働いているので、保育所の送りは母に、むかえは自分が、緊急時は姉と対応を決めている」など、あらゆる制約の中で、何とか就労環境を整備しているというケースがほとんどではないだろうか。

可能な限り、保育所の利用時間いっぱいまで働きたいという希望を持つ母子世帯は多い。そのため、子どもの発熱など緊急事態には敏速に対応でき、子どもの送迎が容易な場所に職場を設定する傾向が高いのである。ただし、こういった条件を優先するとなると、職場や職種はかなり限られたものになる。

都市部では、雇用機会も豊富にあるが、郊外や地方では、その条件はより一層悪くなる。かつて、山陰地方にて母子世帯にインタビューをした際には「実家の大きな持家があるので、住まいには困っていないが、時給の低いパートをいつまでも続けることに不安がある。安定職につきたいが、ここは雇用そのものがない。親が他界したあとが不安」という声が挙がっていた。就業機会を優先して居住地（住まい）を選択できるようになれば、もう少しひとり親の生活は安定したものになるだろうが、生活の基盤を支えるケアが未整備のままではその実現は難しいと言わざるを得ない。

6．住まいとケアの一体的供給の必要性

上記のように、就労や住宅選択の制限がかかるとはいえ、実家等からの育児支援等の有無は、母子世帯の自立に強く作用する。経済的自立の現状とその規定要因を分析した周燕飛［二〇一四］においても、親族からの育児や家事など非金銭的援助の利用割合が「自立層」は「非自立層」と比較して高いといった結果が出ている。よって、私

的な支援が得られない、母子世帯の生活はより一層深刻なものとなると推察される。

二〇一四年三月、横浜市のシングルマザーがネットの紹介サイトで知り合った男性ベビーシッターに子を預け、結果的に、子が死亡するという衝撃的なニュースがあった。そのシングルマザーは、複数回に渡り、そのサイトを経由してサービスを利用しており、うち何度かは、子がケガをしていたと証言している。にもかかわらず、その母親はなぜそのサイトを利用し続けたのか。理由は、一人一泊四千円と、サービス費用が破格に安いことと、すぐに対応してもらえる柔軟性にあったと言われている。事件後、ツイッター等では、彼女を猛烈に批判する書き込みが殺到した。そのほとんどが「素性のわからない人間に子を託すなど信じられない」、「危機意識が低い」、「母親が殺したのも同然」など、母親の軽率な行動を徹底的に批判するものであった。確かに、ネットでやりとりしただけの男性に、しかも泊まりでわが子を任せるなどという判断はあまりにも無責任と言わざるを得ない。しかしながら、彼女の就労を支えるための育児の手段が他になかったこともまた事実である。仕事に行かなければ、生活が困窮してしまう。とはいえ、質が担保された育児支援サービスを利用する経済的余裕はない。ネットで安価な育児紹介サイトを発見し、危ういとわかっていながらも、そこを頼るほかないという彼女の切迫した状況は痛いほど理解ができる。実家等の支援が得られるケースばかりではないし、気軽に子どもを見てもらったり、相談したりといった地縁関係はほぼ崩壊している。行政からの支援が不十分な中、社会から孤立し、生きていくために、仕方なく危険な選択をしてしまうことを誰が責められるだろうか。

この事件を受けて、厚労省は、育児紹介サイト利用の留意点を公表した。その中身は、事前に面接を行うこと、保育の場所の確認をしておくこと、緊急時に敏速な対応が取れるようにしておくことや、不満や疑問は率直にたずねることなどの十項目である。

もちろん、こういった注意喚起は必要であるが、もっと重要なことは、ひとり親を含め、働く世帯の育児を国としてきっちりと保障していくことではないだろうか。本章でも見たとおり、母子世帯（父子世帯も含む）の住生活貧困の解消に向けて必要なことは、単に条件のよい就労を斡旋することや、単なるハコとしての住宅を供給することに固執していては解を得ることはできない。そこに安定して住み続けるためのケアをいかに整備していくかという点を含めて考えていくべき時期にきているのである。

第7章では、ひとり親の安定居住を実現する一つの可能性として、ケアを相互に補完しながら、共に住まう「シェア居住」の可能性について紹介する。こういった住まい方を公的に保障していくなど、住まいとケアを一体的に提供しうる方策が早急に検討されるべきであろう。

注

（1）　井上英夫、山口一秀、荒井新二編［二〇一六］。

（2）　一九四七年一〇月一六日『第一回国会衆議院厚生委員会議事録第一三号』によると、戦後の母子救護対策として、母子寮が建設されたが、一部の母子寮では、定員数四八〇名に対して、申込者が約二千人であったと記録されている。さらに、一九四七年一一月一日の朝日新聞の調査によると、借家・間借に居住している世帯の六四％が立ち退きを要求されていると報告されている。これらのことから、敗戦後の母子世帯の住宅問題がいかに深刻であったかがわかる。

（3）　松原康雄編著［一九九九］。

（4）　「平成二七年度全国母子生活支援施設実態調査報告書」によると、施設の建設年度は、一九四七年以前が一・七％、一九四八～五五年が四・七％、一九五六～六五年が四・三％、一九六六～七五年が一八％、一九七六～八五年が二五・八％と、築三〇年を超える施設は五四・五％である。なお、耐震化率については、公設公営の施設で五四・五％、公設民営で七一・二％、民設民営で八三・七％であり、とくに、公設公営施設で低くなっている。

（5）　『平成二六年度全国母子生活支援施設実態調査報告書』によると、入所理由のうち、五〇・六％が夫などの暴力を原因とするものである。

（6）　川口恵美子［二〇〇三］。

(7)　一九五五年一一月一日、各都道府県民生部長あて厚生省児童局母子福祉課長通知⑴公営住宅法施行令第六条の規定により、第二種簡易耐火構造平家建公営住宅（小家族向）の入居者を選考する場合においては、「母子福祉資金の貸付等に関する法律」（昭和二七年法律第二五〇号）第三条に規定する「配偶者のない女子であって、現に児童を扶養している者」の家庭（母子家庭）の住宅の困窮度が著しく高いものとして優先的に扱うこと。ただし、母子家庭であっても、家族数の多いものにあっては、⑶の措置を考慮すること。⑵この母子家庭のうち特に児童福祉法（昭和二二年法律第一六四号）第三八条に規定する母子寮に入所している母子家庭であって、入居の措置を解除され、立ち退きを要求されている者については、最優先的に取り扱うこと。⑶家族構成員数の多い母子家庭については、第二種簡易耐火構造平家建（小家族向）以外の第二種公営住宅入居者の選考にあたり母子家庭の実状を十分考慮の上優先的に取り扱うこと。

(8)　一九六四年五月七日『第四六回 国会衆議院社会労働委員会議事録 第三九号』の資料による。

(9)　大阪府の状況については、大阪府母子寡婦福祉連合会（母子連）の協力を得て実施したアンケート調査結果をもとに明らかにする。調査期間は二〇〇四年一月から二月にかけてであり、調査方法は郵送配布、郵送回収とした。対象世帯の選定にあたっては、母子連の会員四六〇〇世帯のうち六〇〇世帯を無作為抽出した。アンケート配布数は六〇〇件、回収数は二四〇件であり、回収率は四〇・〇％であった。大阪市の状況については、社団法人大阪市母と子の共励会の協力を得て実施したアンケート調査結果をもとに明らかにする。調査期間は二〇〇五年六月から七月にかけてであり、調査方法は郵送配布、郵送回収とした。対象世帯の選定にあたっては、母子会員約二千世帯のうち四〇〇世帯を無作為抽出した。アンケート配布数は四〇〇件、回収数は二九六件であった。ただし、この二九六件のうち一二件は子どもの年齢が二〇歳を超えており、母子世帯のカテゴリーから外れるため非該当とした。したがって、分析対象は二八四件、回収率は七一・〇％であった。

(10)　厚労省［二〇一二］。

(11)　葛西リサ、塩崎賢明、堀田祐三子［二〇〇五］。

(12)　同前。

(13)　赤石千衣子［二〇一四］。

(14)　厚労省［二〇一一］の調査によると、婚姻時に就業していたものは、七割強、しかし、うち正社員はたったの三割であり、残りは、パートや派遣等の不安定就労である。このため、婚姻時に就労していても、その半数が主に収入面に不満を抱き転職している。

(15) 葛西、大泉英次［二〇〇五］。

参考文献

厚生労働省雇用均等・児童家庭局［二〇一二］「平成二三年度 全国母子世帯等調査結果の概要」(「政府統計の総合窓口」http://www.mhlw.go.jp/seisakunitsuite/bunya/kodomo/kodomo_kosodate/boshi-katei/boshi-setai_h23/)
赤石千衣子［二〇一四］『ひとり親家庭』岩波新書
井上英夫、山口一秀、荒井新二編［二〇一六］『なぜ母親は娘を手にかけたのか——居住貧困と銚子市母子心中事件』旬報社
川口恵美子［二〇〇三］『戦争未亡人——被害と加害のはざま』ドメス出版
葛西リサ、大泉英次［二〇〇五］「母子世帯の居住実態とその地域格差に関する研究——大阪府及び大阪市の事例調査を中心として」『住宅総合研究財団研究論文集』第三二号、二六一～二七一頁
葛西リサ、塩崎賢明、堀田祐三子［二〇〇五］「母子世帯の住宅確保の実態と問題に関する研究」『日本建築学会計画系論文集』第五八八号、一四二～一五二頁
葛西リサ、塩崎賢明、堀田祐三子［二〇〇六］「母子世帯の居住実態に関する基礎的研究——住宅所有関係の経年的変化とその要因」『日本建築学会計画系論文集』第五九九号、一二七～一三四頁
渋谷敦司［一九八六］「都市とフェミニズム運動——女性の視点からの都市再生」吉原直樹・岩崎信彦編著『都市論のフロンティア——《新都市社会学》の挑戦』有斐閣
社会福祉法人全国社会福祉協議会 全国母子生活支援施設協議会［二〇一五ａ］「平成二六年度 全国母子生活支援施設実態調査報告書」
社会福祉法人全国社会福祉協議会 全国母子生活支援施設協議会［二〇一五ｂ］「平成二七年度 全国母子生活支援施設実態調査報告書」
周燕飛［二〇一四］『母子世帯のワーク・ライフと経済的自立』ＪＩＬＰＴ研究双書、労働政策研究・研修機構
東京女性財団［一九九三］『ひとり親家族に関する研究』財団法人東京女性財団
松原康雄編著［一九九九］『母子生活支援施設——ファミリーサポートの拠点』エイデル研究所

第3章　低質な住まいに依存する母子世帯

ライフコースが画一的だった時代、人々は標準と言われる家族を形成し、持家所有に向かい、こぞって住まいのグレードアップを図った。あくまでもその住宅の所有者は、男性＝夫であり、女性＝妻は、結婚というシステムに乗りさえすれば、安定した住まいを手に入れることができたのである。しかし、結婚による居住保障システムが崩壊しつつある昨今、自助努力による住まいの確保を迫られる女性が急増している。ただし、公的住宅供給が不十分なわが国において、支払い能力は住宅の質に直結する。とりわけ、公的コントロールが及ばない民間賃貸住宅の家賃は高額なわりに居住水準は低く、持家はもちろん、公的賃貸住宅との間に隔絶した格差が生じている。

女性世帯主世帯の中でも、母子世帯の貧困はより一層深刻であり、子どもを扶養している分、求められる住宅の水準も高いものとなる。前章で指摘したように、母子世帯に対する公的住宅支援は充分に機能しておらず、子の成育環境を最優先する特殊な居住地選考は住宅選択の幅をより一層狭める結果となっている。

このような悪条件の中で、果たして母子世帯はどのような住宅問題を抱えているのであろうか。本章では、既存の統計調査を用いて、一般世帯の状況と比較することで、母子世帯の住宅事情をマクロ的に明らかにする。ただし、母子世帯の住宅事情に関する調査は限られており、その内容も極めて断片的である。よって、関連する複数の統計調査を統合しつつ、不足の部分については、前章に引き続き、筆者が実施したアンケート調査やヒアリング調査の結果を補うことで、母子世帯の居住貧困の全貌に迫りたい。

表3－1　一般世帯と母子世帯の住宅所有関係

（単位：上・実数、下・%）

	年	総数	持家	公営住宅等	民間借家	給与住宅	間借
一般世帯	1980（A）	34,370,798 100	20,848,718 60.7	2,541,267 7.4	8,428,372 24.5	2,011,133 5.9	541,308 1.6
	2005（a）	51,054,879 100	31,594,379 61.9	3,069,946 6.0	14,371,457 28.1	1,441,766 2.8	577,331 1.1
	(a)－(A)	16,684,081 －	10,745,661 1.2	528,679 -1.4	5,943,085 3.6	-569,367 -3.1	36,023 -0.5
母子世帯	1980（B）	436,602 100	145,832 33.4	84,295 19.3	179,747 41.2	11,023 2.5	15,705 3.6
	2005（b）	748,948 100	184,840 24.7	185,316 24.7	337,001 45.0	5,814 0.8	35,977 4.8
	(b)－(B)	312,346 －	39,008 -8.7	101,021 5.4	157,254 3.8	-5,209 -1.7	20,272 1.2

出所：総理府［1980］、総務庁［2005］。

1．低い持家率とその要因

表3－1は、一九八〇年と二〇〇五年の「国勢調査」（総理府・総務庁）をもとに、母子世帯と一般世帯の住宅所有関係を比較したものである。国勢調査において、実家等に同居する母子世帯が集計対象となったのは、二〇〇五年調査からである。そこで、まずは、両年度を比較するために、同居世帯を省いた数値を用いてその状況を見てみよう。

母子世帯の住宅所有関係の最も大きな特徴は持家率が低い点である。その割合は、一九八〇年では、一般世帯の約二分の一、二〇〇五年では、おおよそ三分の一となっている。その分、母子世帯は借家への依存度が高く、四割を超える世帯が民間の借家に居住している。公営住宅は民間借家と比較して、そもそもストック数が少ない。それでも、二〇〇五年の母子の公営住宅の割合は、一般世帯の四倍となっており、その依存度の高さが伺える。

続いて、一九八〇年と二〇〇五年の住宅所有関係をそれぞれ比較して見る。一般世帯では、公営住宅等や給与住宅の割合が減少し、その分、民間の借家の割合が高まっている。いずれにしても、その変化は数パーセント程度の微増減程度である。

一方、母子世帯では、二五年の間に、持家の割合が八・七ポイントも減少し、その分、借家の割合が上昇している。母子世帯の住宅所有関係については、厚生省・厚生労働省「全国母子世帯等調査」（全母調）でも確認ができる（表３-２）。全母調では、実家等に「同居」する母子世帯も集計対象となっている点で注意を要するが、やはり、ここでも、持家率は大きく低下している。

近年では、公営住宅および給与住宅の戸数が年々減少している。[1]それにもかかわらず、母子世帯では、公営住宅の割合が五・四％も上昇している。これに関しては、一九九六年の「公営住宅法」の改正による影響が考えられる。法改正により、家賃の設定方法が、原価方式から応能応益方式へ、つまり、入居者の所得水準に応じて家賃が決まる方法へと移行した。これにより、一定基準の収入を超える世帯に対しては、近傍同種の家賃が課せられることとなり、明け渡し義務が強化された。このように、公営住宅は徐々に残余化の色を強めており、そのため、一般世帯、つまり、全体で見ると、公営住宅の割合は低下してきているが、その一方で、低所得である母子世帯はそこに入居しやすくなり、その割合が高まっているとみることができる。

母子世帯の持家率が経年的に低下してきている要因は何か。これについては、死別と主に離婚を原因とする生別の住宅所有関係の違いが強く影響していると考えられる。この死別と生別の住宅所有関係が把握できる官庁統計は、全母調のみである。同調査の一九八三年、二〇一一年の死別、生別の住宅所有関係を図式化したものが図３-１ａｂである。

これを見ると、死別と比較して、生別では持家率が低く借家の割合が高い。同データは推計値であることや、集計方法が年度によって異なるため、その偏りに注意を要するが、死別、生別ともに、概ね住宅所有関係の傾向に変

表 3－2　全母調から見る母子世帯の住宅所有関係（1952～2011 年現在）

（単位：上・実数、下・%）

年	総数	持家	公営住宅	公団・公社	民間借家	間借	同居	その他
1952	694,700 100	377,222 54.3		3,960 0.6	177,843 25.6	80,585 11.6		54,881 7.9
1956	1,150,000 100	685,400 59.6		21,850 1.9	347,300 30.2			95,450 8.3
1961	1,029,000 100	649,299 63.1		20,580 2.0	276,801 26.9			82,320 8.0
1967	515,300 100	311,241 60.4		36,586 7.1	106,151 20.6	37,102 7.2		24,219 4.7
1973	626,200 100	353,177 56.4		48,844 7.8	179,093 28.6			45,086 7.2
1978	633,700 100	314,949 49.7						318,751 50.3
1983	718,100 100	301,602 42.0	97,662 13.6	12,208 1.7	218,302 30.4			89,044 12.4
1988	849,200 100	297,220 35.0	124,832 14.7	23,778 2.8	270,895 31.9			131,626 15.5
1993	789,900 100	268,566 34.0	99,527 12.6	25,277 3.2	263,827 33.4		57,663 7.3	67,931 8.6
1998	954,900 100	254,003 26.6	158,513 16.6	29,602 3.1	247,319 25.9		129,866 13.6	120,317 12.6
2003	1,225,400 100	252,100 20.6	234,500 19.1	34,400 2.8	390,500 31.9		181,600 14.8	132,200 10.8
2006	1,517,000 100	527,000 34.7	227,000 15.0	41,000 2.7	461,000 30.4		120,000 7.9	141,000 9.3
2011	1,648,000 100	491,000 29.8	299,000 18.1	42,000 2.5	537,000 32.6		181,000 11.0	98,000 5.9

出所：厚生省・厚労省［1953］～［2012］。

注：同居として独立して集計されはじめたのは、1993 年以降。1983、1988 年はその他等に集計。

化は見られない。第一章でも確認したように、近年、主に離婚を原因とする生別母子世帯の増加が著しい。よって、持家率が低い生別母子世帯の増加が、母子世帯全体の持家率を押し下げる要因となっていると言える。

では、死別と生別の住宅所有関係の格差はなぜ生じるのであろうか。筆者の調査より、死別と生別の結婚時と現在の住宅所有関係を示したものが図3-2abである。これを見ると、死別では、死別後に持家率が高まり、生別では離婚後に持家率が低下している。

そもそも、母子世帯になる前の持家率は、死別が生別を上回っている。これは、母子世帯になった当時の年齢が、生別より死別の方が高いためではないかと推察される(2)。一般的に、年齢階層が高くなると、持家率も高くなるという傾向があり、これは、母子世帯についても同様に見られる傾向である(3)。全母調では母子世帯になった当時の年齢が確認できるが、これを見ると、死別の平均年齢は生別よりも高い(4)。このような前提条件に加え、死別では、母子世帯になった後も引き続き結婚時の住宅に留まる傾向が高い。たとえ、そこがローンの残る持家であっても、住宅購入時に加入する生命保険により負債は相殺される。さらに、筆者の調査では、夫の生命保険により、新たに持家を購入したというケースが複数見受けられた。これらのことから、死別後の持家率は高くなるのであろう。

逆に、生別では、結婚時の家を出る割合が高いが、そこが持家であっても、ローン債務や名義の関係から転居せざるを得ない事情がある。前章で確認したように、その後、彼女らは、不安定居住を綱渡りしながらも、借家や同居に移行していく。離婚後に持家に移動するというケースもなくはないが、数としてはそれほど多くはない。こういった住宅移動の結果、生別母子世帯では、離婚後に持家率が低下し、借家等の割合が高まるのである。

図3−1　母子世帯の住宅所有関係の変化（1983、2011年現在）

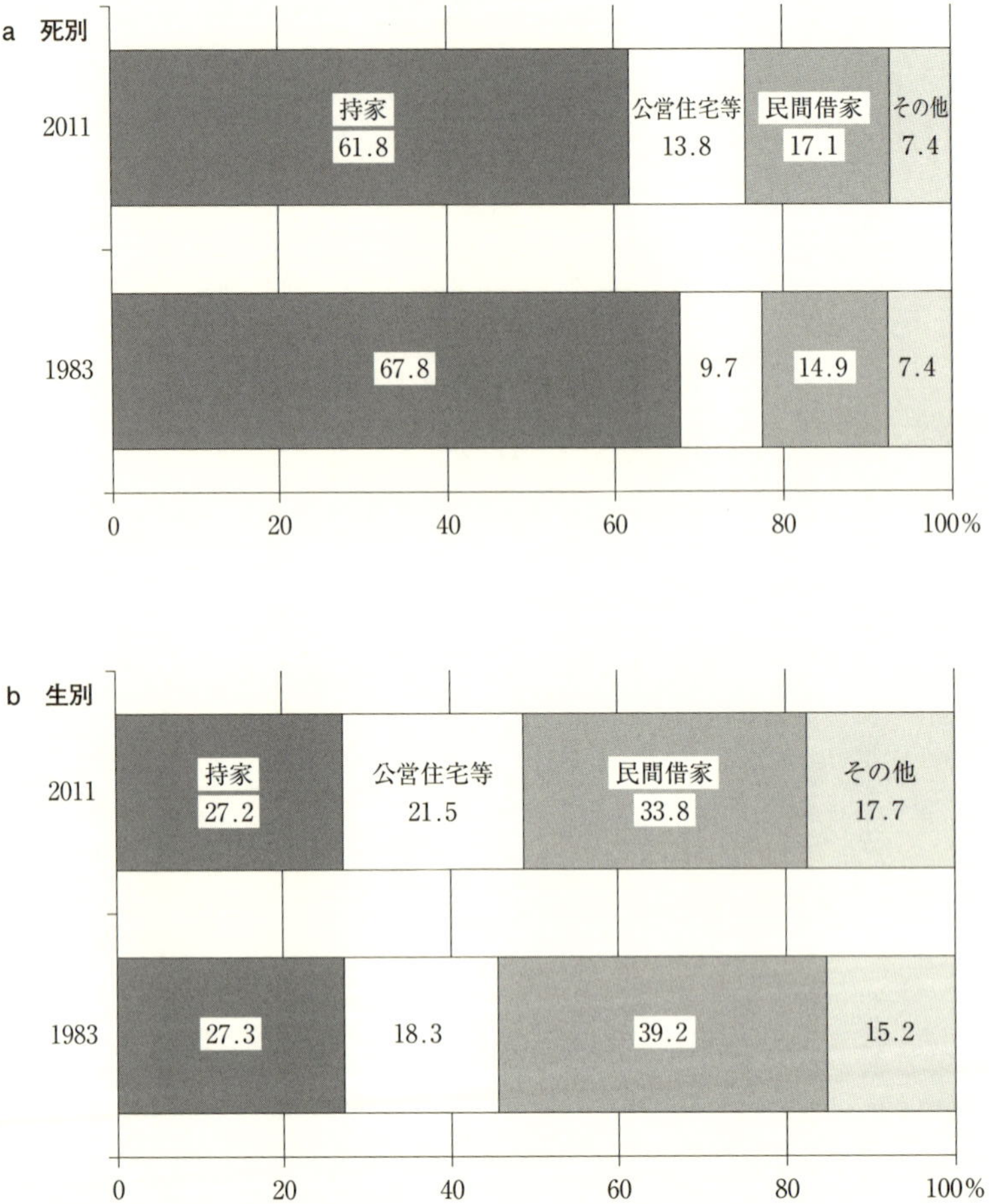

出所：厚生省［1984］。厚労省［2012］。

図3−2　母子世帯（大阪）の住宅所有関係（結婚時および現在）

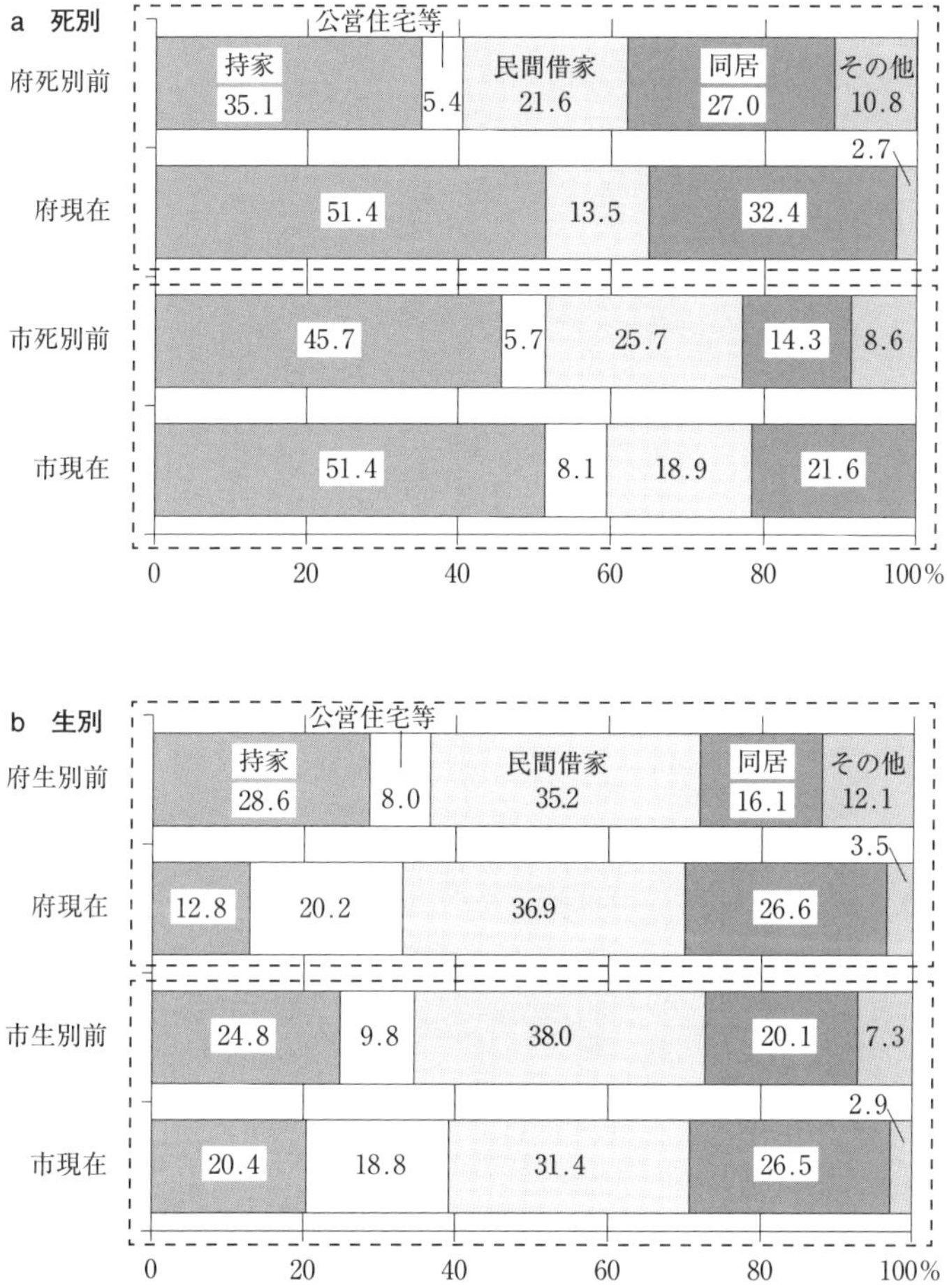

出所：筆者調査2004、2005年。

2. 過密居住と母子世帯

ここからは、筆者のオリジナルデータを利用して、母子世帯の住宅の質を、「最低居住水準」の視点から確認する。もちろん、母子世帯の居住貧困は、住宅の規模にのみ規定されるわけではないが、住宅の質を測るための指標が他にないために、まずはこの点に着目して検証したい。

最低居住水準とは、人が健康で文化的な生活を営む上で、必要最低限の居住面積を指標化したもので、一九六六年に制定された「住宅建設計画法」に基づく住宅建設五箇年計画に関連して設定されたものである。戦後の絶対的な住宅不足に対峙するためには、住宅の大量供給をおいて他に手立てはなく、これを実現するための手法として、年次建設計画が導入された。五箇年計画では、各計画ごとに、一世帯一住宅や一人一室など、その時代に応じた住宅水準目標が設定されており、住宅戸数が世帯数を超えた一九七六年の第三期五箇年計画からは、世帯人数に応じた具体的な最低居住面積が示されるようになった。それ以降、中高齢世帯に関する基準が盛り込まれるなど若干の改善を見たが、基本的には、当初の数値が計画最終年度の第八期五箇年計画まで引き継がれている。なお、この指標は、同法の廃止後、二〇〇六年に制定された「住生活基本法」に基づく住生活基本計画では、最低居住面積水準[5]という呼び名に変わり、現在に至っている。

ただし、本著では、利用するオリジナルデータが第八期住宅建設五箇年計画時に実施されたものであるため、同計画の基準[6]を軸に母子世帯の最低居住水準の状況を試算している。母子世帯の比較対象となる一般世帯の居住水準については、二〇〇八年『住宅・土地統計調査』（総務省、以下住調）の、大阪府、大阪市のデータを使用した。

図3－3　母子世帯（大阪）の最低居住水準未満の割合（2004、2005年現在）

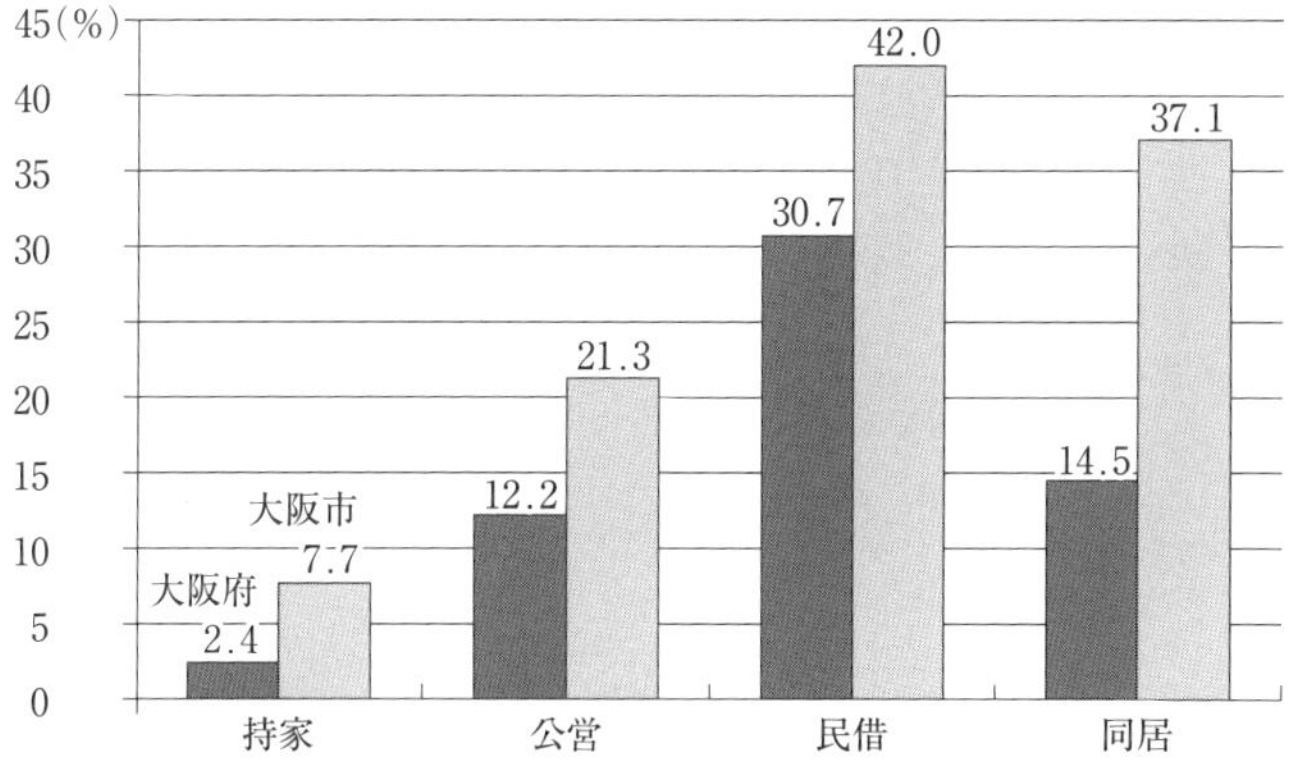

出所：筆者調査 2004、2005年。

(1)　低質な民間借家に居住する母子世帯の苦悩

二〇〇八年の住調によると、最低居住水準未満の住宅に居住する一般世帯の割合は、大阪府では一一・七％、大阪市では一五・五％となっている。他方で、本調査における母子世帯のそれは、府が一七・三％、市が二八・五％と一般世帯よりも高い。さらに、この割合を住宅所有関係別に見ると、民間借家の最低居住水準未満の割合がとりわけ高く、府では三〇・七％、市に至っては四二・〇％という結果であった（図3－3）。市の母子世帯の数字は、一般世帯のそれ（一八％）の倍以上も高く、ここから、都市部にて低所得世帯が適切な住宅にアクセスすることの難しさが読み取れる。

なお、大阪市調査では、八世帯が1Kの民間アパートでの生活を強いられており、なかには、小学生の子二人とそのスペースに生活しているという事例も確認された。

筆者が出会った中にも、二人の子どもとワンルームマンションに暮らす事例があった。

正木良子さん（仮名）は、多少広くて老朽化した木造の集合住宅よりも、鉄筋コンクリート造のワンルームマンションの方が、

「お風呂のお湯も出るし、地震の時も安心だろう」という理由で入居を決めた。しかし、布団を敷くだけで精いっぱいの空間では、家具を置くことはおろか、誰かが病気になっても、ゆっくりとするスペースもない。布団の収納スペースも事欠くその部屋には、折りたたみの小さなテーブルが置いてあるだけで、その脇には、子ども達の教科書や洋服が乱雑に積み上げられていた。このような狭い空間の中で、一二歳の長男と、一〇歳の長女をともに寝かせることに良子さんは大きな違和感を覚えていたが、そこから脱する術もないと肩を落としていた。

また、このように、狭小な空間での生活は、子どもの学習にも悪影響を与える。たとえば、2Kの住宅に九歳と一〇歳の子どもと共に暮らす山本敬子さん（仮名）の悩みは、子の学習スペースが確保できないことである（図3－4a）。「勉強机を置くスペースがなく、床に這いつくばって窮屈そうに宿題をしているのが不憫」だという敬子さんは、かつて、六畳一間の住宅に暮らしていたこともある（図3－4b）。子どもの成長とともに「ここには居られない」という危機感はあるが、これ以上の住居費が捻出できないことに敬子さんは悩んでいた。生活音が漏れ、幼い兄弟が騒いだり、邪魔したりする中、学習に集中することは容易なことではない。経済的貧困が子ども達の教育の機会を奪うという意見はよく聞かれるが、空間的な貧困が子ども達の成長や学習に与える弊害も併せて議論されるべきであろう。

また、狭小過密という問題以外にも、筆者が実施したアンケートの自由記述欄には、「雨漏りがする」、「壁が崩れてきている」、「床が傾いている」、「風呂がなく風呂代がかさむ」など、民間借家に居住する者からの住まいに対する不満や不安が散見されている。

(2) 同居母子世帯の居住問題

二〇〇五年以降、国勢調査では、同居母子世帯の住宅所有関係が把握できるようになった。同調査では、総計一

図３−４　母子世帯の住宅の間取り例

a　母１人、子２人以上の部屋（2K）

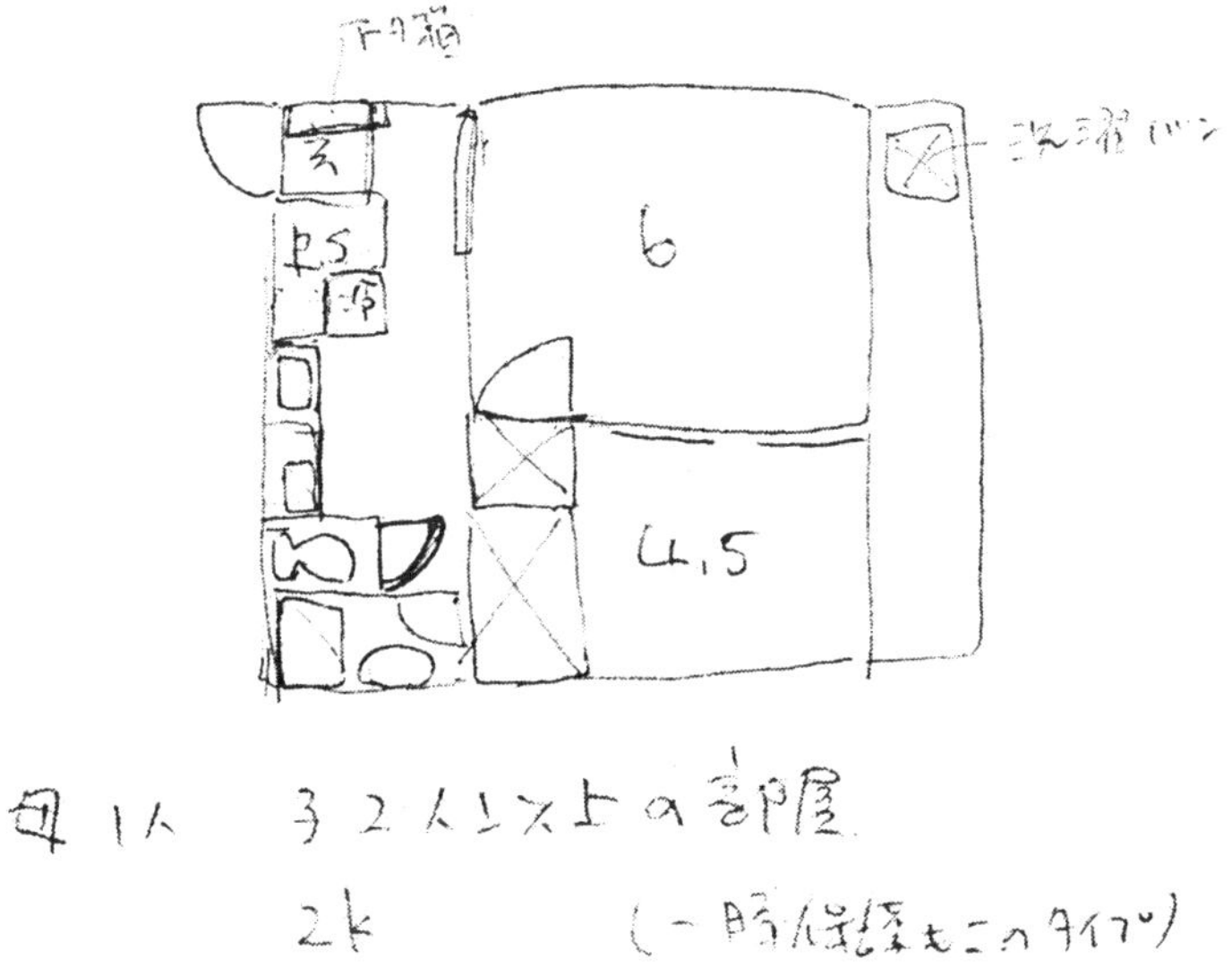

b　母１人、子１人の部屋（1K）

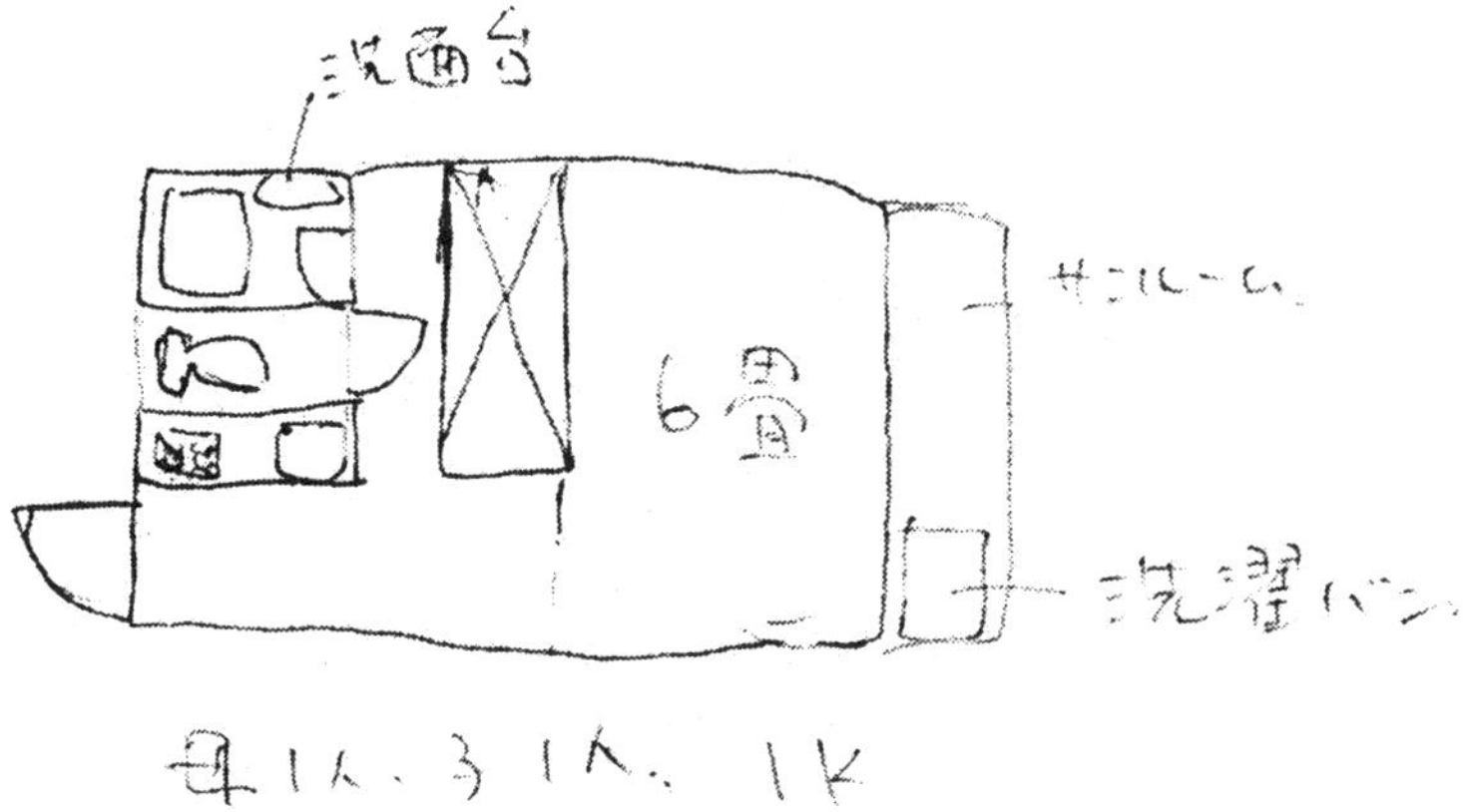

出所：母子世帯が描いたかつての住まい（山本敬子さん（仮名）の手描き、2016 年）。
注：一時保護も a のタイプ。PS は配管スペース。

図3－5　母子世帯の住宅所有関係（全体、独立、同居世帯の状況、2010年現在）

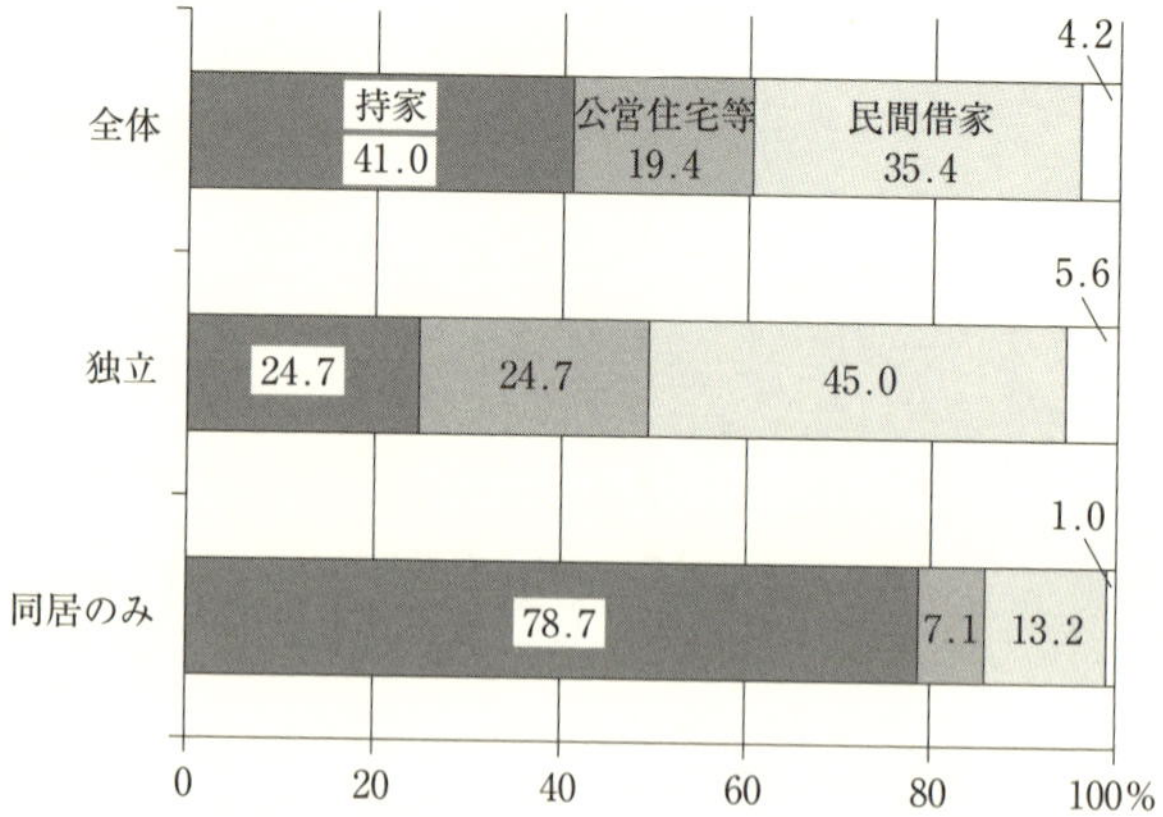

出所：総務省統計局［2010］。

○七万四二○五世帯中、三二万五二五七世帯、おおよそ三割が親族と同居している世帯である。同居世帯のうち、約七割が持家にて同居をしている（図3－5）。現役母子世帯の親世代にあたる年齢層の持家率は高く、よって、同居先が持家という割合はおのずと高くなると推測される。実家が持家の場合には、子世代の独立により空室があることも多分に予測され、そこに母子が出戻る余裕が生じる可能性も高まる。

筆者の調査でも、同居先が持家という割合は六割を超えている。ただし、残る約四割は借家にて同居しており、とくに、大阪市では、公営住宅にて同居する割合が二割を超える。一般に、規模の面で、借家は持家よりも不利となることから、借家同居層の過密居住の問題が懸念される。そこで、以下では、同居者に焦点を当ててその居住状況を確認してみよう。

まず、筆者の調査では、同居の最低居住水準未満の割合は、府では一四・五％、市では三七・一％という結果であった。続いて、大阪府と大阪市の同居先を持家と借家に分けてその状況を示したものが図3－6である。これを見ると、やはり、借家同居世帯の最低居住水準未満の割合は、持家と比較して圧倒的に高い。特記すべきは、市の借家同居世帯の半数以上が最低居住水準未満の環境を強いられていることである。また、市では、同居先が持家でも、三割が最低居住水準未満の状態にある。

一般的に考えて、都市部の家賃相場は高く、複数の世帯が同居できる適正な規模の住宅を確保することは簡単で

図3−6　同居母子世帯の最低居住水準の状況（2004、2005年現在）

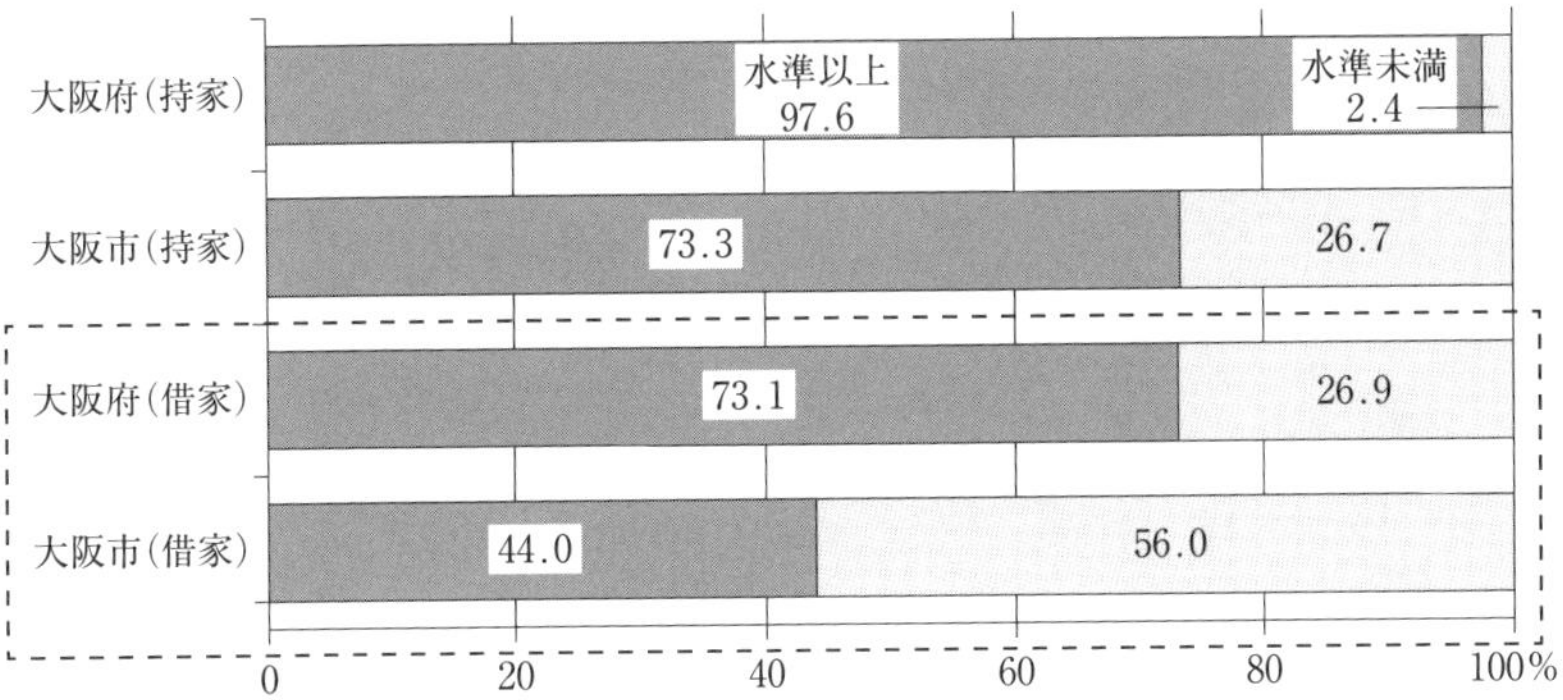

出所：筆者調査2004、2005年。

はない。また、持家といっても、都市部では、共同建て、いわゆる分譲マンションの割合が高いことが予測されるし、たとえ、戸建てであっても、郊外よりも規模が小さいものが多いと考えられる。そのため、市の同居の最低居住水準未満の割合は府よりも高くなっているのであろう。

第5章で母子世帯のインタビュー事例をいくつか紹介するが、その中に、1LDKの住まいに、両親、兄弟夫婦、そして当事者と子の六人で暮らしているケースがあった。そのケースは、狭小な居住スペースに大きな不満を抱いていたが、経済的な事情からそこを出ることができないと回答しており、また、実家からの育児支援がなくなれば、さらなる貧困に陥る可能性が高いことを自覚していた。

一般に、「同居」=「恵まれている」というイメージを持たれがちである。もちろん、実家等に空間の余裕があるという条件が同居の動機付けになっている可能性は充分にある。その一方で、上記の数字に見るように、そこが狭小であっても、他に行き場がなく、やむを得ず、同居を選択しているというケースも少なくない割合で存在するのである。

3. 家計と住居費負担率

住まいの問題の中で、とくに母子世帯が困難に感じているのは、住居費の負担である。家賃は「毎月必要となる節約のできない大きな支出」であり、「たとえ一万～二万円でも補助があれば家計は随分楽になる」という意見が母子世帯からはよく聞かれる。

母子世帯の住居費に関しては、家計調査において月あたりの平均家賃等が公表されているが、それが家計のどの程度の割合を占めるのかについては明らかにされていない。そこで、本節では、住宅所有関係ごとの住居費の内容やその額、そして、住居費負担率（月あたりの住居費÷月収×百％）の点から、その実態について検証してみよう。

(1) 住居費の中身

アンケート調査では、住居費として、家賃、ローン、共益費・管理費、固定資産税、その他という項目を設け、それぞれの額を記入してもらった。その他には、駐車場代という記載が多く、地代という内容も数件見られた。

借家層の全てが住居費を負担している一方で、持家と同居では住居費負担がないという回答が見られる。持家層の中には、親等が所有する持家を全くの無料で提供してもらっているというケースが複数あった。むしろ、興味深いのは、同居でありながら、住居費を支払っているというケースの存在である。その中身は、家賃が最も多く、大阪府で六九・〇％、大阪市で五五・六％である（図3-7）。貧困の連鎖と言われるように、母子世帯の親も困窮しているという事例は珍しくない。この数字から、借家同居層の中には、むしろ母子世帯側が家賃を負担するなどして親を支えていたり、親やきょうだいと協力することで、なんとか生計を立てていたりというケースがかなりあるの

図3−7　同居母子世帯の住居費支払いの内訳（2004、2005年現在）

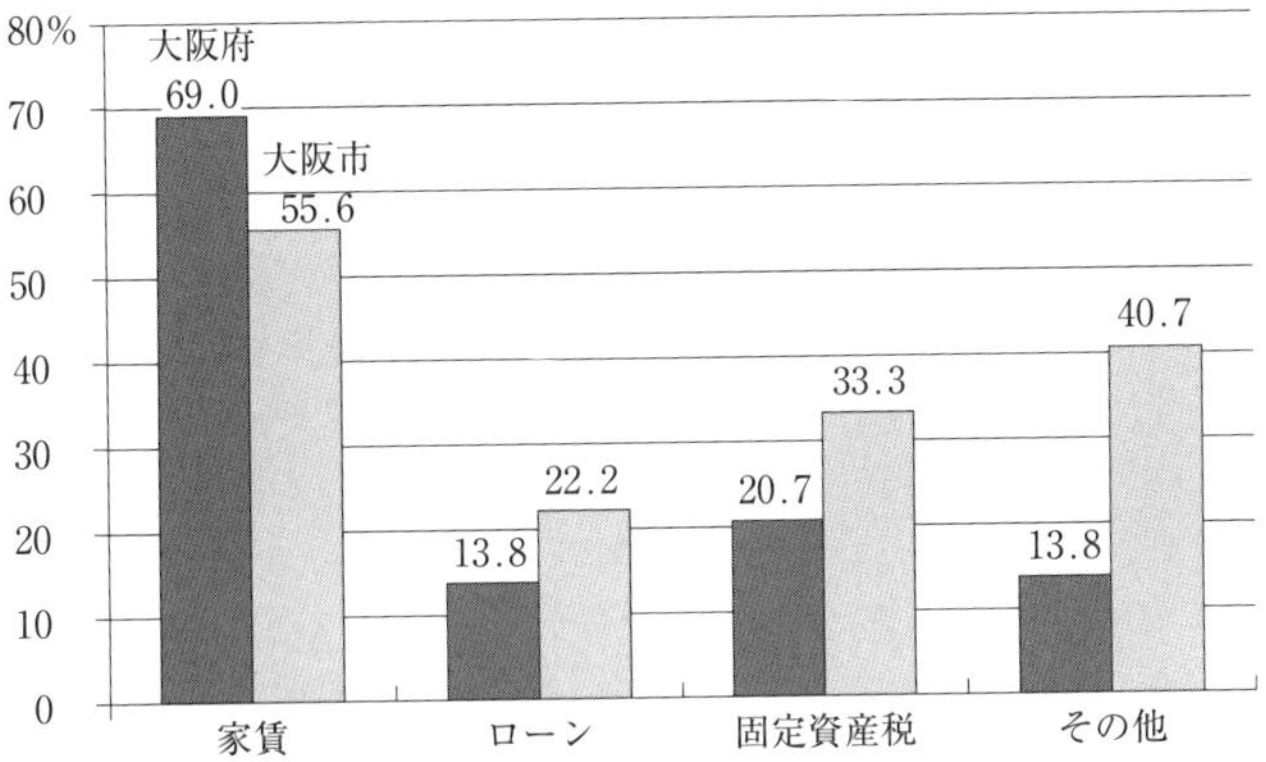

出所：筆者調査2004、2005年。
注：複数回答。

ではないだろうか。また、同居の住居費内容は、家賃のほか、ローン、固定資産税、その他など、同居先の住宅の種類によって異なる。

さらに、その支払いについては、世帯ごとに独特のルールが見られて興味深い。たとえば、親名義の持家だが、自身がローンを支払っているケース、ローンは親が固定資産税は自身が支払うというケース、その他、家賃を平等に折半しているケースなど多様である。このように、同居では、住宅の名義や賃貸契約者と住居費を支払う者が必ずしも一致しない点に特徴があると言えるだろう。なお、記入欄外には「家族で生活費を入れあって、その中から家賃を支払っている場合にはどう回答したらいいのか」や、そこに住まわせてもらっている経費として二万～一〇万円程度の額を家族に渡しているという記載も複数見られた。本調査では、生活費という記載については、住居費支払い「なし」に含めたが、その他の費用についても支払い方法が複雑化しているため、同居の住居費を明確に定義づけることは難しいと言える。

(2) 住居費の額

月あたりの平均住居費については、住居費相場の高い大阪市

表3−3　住宅所有関係別母子世帯（大阪）の平均住居費（2004、2005年現在）

（単位：円）

	持家	公営住宅等	民間借家	同居	その他	総計
大阪府	39,665	21,329	58,391	46,225	35,915	44,365
大阪市	54,083	24,185	68,025	55,412	61,286	53,027

出所：筆者調査2004、2005年。

注：持家、同居については、あくまでも本人が住居費として支払っている総和の平均である。

（五万三〇二七円）が府（四万四三六五円）を上回っている（表3−3）。また、住宅所有関係別に平均住居費額を見ても、総じて、市が府よりも高い。住宅所有関係別では、民間借家の平均住居費が最も高額である。質的な条件をどんなに妥協しても、大阪府内におけるファミリー向けの民間賃貸住宅の家賃はそれなりに費用がかかる。筆者の調査では、民間賃貸住宅の家賃額が、三万円未満、三万〜五万円未満という回答もあったが、その程度で確保できる住宅は、狭小、風呂無しなど、かなり低質なものと推察される。同じ、借家であっても、公営住宅の平均住居費は府、市ともに二万円代とかなり低額である。低所得階層にとって、数万円の支出の差が大きく家計に響く。公営住宅は、地域的偏在や供給数の絶対的な不足など課題も多いが、これに入居できる層にとっては、生活の大きな下支えになっているといえるだろう。

また、同居の平均住居費については、あくまでも本人が支払っている住居費の総和の平均をはじき出したものである。これを見ると、府が四万六二二五円、市が五万五四一二円と意外と高額である。この中には、月に九万円以上の支出をしている者もおり、それらは、同居でありながら、家賃やローンを負担していた。ただし、これらについては、住居費支出は大きいが、その分、光熱費や食費など他の費用を、他の世帯員がカバーしていることも予測され、それがどの程度生活に響いているかは定かではない。

(3)　住居費負担率

住居費負担率とは、収入に対して住居費が占める割合のことである。大阪府では一一世帯が、大阪市では六世帯が、住居費負担率が百％を超える、つまり、収入よりも高い住居費を支払っていた。これらの世帯は、貯蓄を切り崩したり、借金をしたりして、住居費を工面しているのであろう。これら一七世帯を除く世帯の住居費負担率を表3-4に示す。

全体の平均住居費負担率は、府二六・六〇％、市二六・五七％で大差はない。住宅所有関係別に見ても、負担率は府・市ともにほぼ同レベルとなっている。市では府に比べて住居費が高いが、その分、平均収入も高い（府二〇六万三四三円、市二五一万三六六八円）ため、住居費負担率は府とほぼ同レベルになっているのである。

とりわけ、負担率が高いのが、民間借家であり、その平均は、府三六・八％、市三六・九％である。府、市ともに民間借家では、五割以上の世帯が三〇％以上の住居費負担率を強いられている。なかには、負担率が五〇～一〇〇％未満という世帯も存在する。

この負担が家計に与える影響は、所得の水準により大きく異なる。つまり、月収五〇万円の世帯が負担する三割と月収一五万円の世帯が負担する三割では家計に与えうるインパクトは大きく異なるということである。そこで、母子世帯の平均収入別に住居負担率を見ると、低所得階層ほど、負担率が高いという結果が得られた（表3-5）。とくに、大阪府では、一〇〇万円未満の世帯の平均負担率が約五割という驚くべき数字がはじき出された。

では、適正な住居費負担率というのはどの程度のものなのだろうか。残念ながら、わが国には、これを示す明確な指標は存在しない。ただし、第三期住宅建設五箇年計画までは、収入階層と世帯人員の二つの組み合わせから家賃負担限度率というものが算定されている[7]。たとえば、第三期五箇年計画の指標を参考にすると、低所得階層かつ世帯人員が多いほど家賃負担率は低く抑えられている。たとえば、所得階層第一分位の二人世帯で一七・一％、三人世帯では一六・一％という具合である。さらに、最も所得階層が高い第五分位の単身世帯ですら二三・三％とされている[8]。この数字から、本調査における母子世帯の住居費負担率は、限界をはるかに超えているということがわか

表3−4　住宅所有関係別母子世帯（大阪）の住居費負担率（2004、2005年現在）

（単位：上・実数、下・%）

		住居費を支払っている者の住居費負担率（%）							
		10未満	10〜20未満	20〜30未満	30〜40未満	40〜50未満	50〜100未満	合計	平均
大阪府	合計	27 17.9	32 21.2	42 27.8	19 12.6	11 7.3	20 13.2	151 100	26.60
	持家	9 21.4	5 11.9	11 26.2	1 2.4	1 2.4	2 4.8	29 69	20.00
	公営	15 37.5	17 42.5	3 7.5	1 2.5	0 0.0	1 2.5	37 93	13.00
	民間	0 0.0	4 6.3	22 34.9	14 22.2	8 12.7	14 22.2	62 98	36.80
	同居	3 12.0	6 24.0	6 24.0	3 12.0	2 8.0	3 12.0	23 92	27.50
大阪市	合計	32 18.8	38 22.4	27 15.9	44 25.9	14 8.2	15 8.8	170 100	26.57
	持家	13 31.0	5 11.9	8 19.0	9 21.4	4 9.5	3 7.1	42 100	24.24
	公営	15 37.5	18 45.0	4 10.0	1 2.5	2 5.0	0 0	40 100	14.10
	民間	0 0	4 6.3	12 19.0	31 49.2	8 12.7	8 12.7	63 100	36.92
	同居	4 16.0	11 44.0	3 12.0	3 12.0	0 0	4 16.0	25 100	23.41

出所：筆者調査2004年、2005年。

表3−5　母子世帯（大阪）の年収階層別平均住居費負担率（2004、2005年現在）

（単位：%）

	100万円未満	200万円未満	300万円未満	400万円未満	400万円以上
大阪府	48.3	31.4	22.1	18.3	12.4
大阪市	34.4	33.3	25.9	20.1	22.6

出所：筆者調査2004年、2005年。

るだろう。

母子世帯の就労形態は極めて不安定である。「支払える家賃」と判断して入居しても、突然の解雇や減給などで家賃負担が急増するということは珍しいことではない。新しい職が見つかるまでは、貯蓄を切り崩したり、あるいは借金をしたりしながら、急場をしのぐほかない。なかには、家賃が支払えず、滞納したことがあるという世帯（府二〇・五％、市一六・五％）もいる。公営住宅居住者の場合、家賃の支払い能力が失われる、あるいは著しく低下した場合、家賃の減免や免除を受けることができるルールがある（公営住宅法第十六条第四項）。それに対して、民間借家居住者はこういった恩恵を受けることはできない点で、より不利な状況に置かれていると言える。

月々、二〇万円足らずの手取りで生活する母子世帯がほとんどである。そこから、平均して月々三割以上の家賃を支払い、残金で、食費や水光熱費等を賄わなければならない。良くも悪くも、近年、低家賃住宅は消滅傾向にある。地方に行けば、もう少し低い家賃の民間借家もあるだろうが、前章で述べた通り、地域に根付いて生活する母子世帯にとって、安易な転居はリスクが伴う。何よりも、すでに、底辺の住宅に暮らす母子世帯にとって、より安価な住宅に住み替えるという選択肢は残されていないのである。

4. 住宅の質と安全性

かねてから、過密居住は、健康面、衛生面、安全性を脅かすものとして、また、子の健全な発育を阻害するものとして認識されてきた。

たとえば、医療機関および学校機関への実態調査から、傷病と住環境の関係を明らかにした早川和男、岡本祥浩［一九九三］では、過密居住の問題が、幼い子どもの事故を誘発している事実や、学力の低下を招く要因となっていること、さらには、年齢問わず、狭小空間の圧迫感がうつ病発生の引き金となっている実情を明らかにしている。このほか、狭小な居住空間では、整理整頓が難しく、その非衛生な居住環境がアレルギーを引き起こす一因となることも指摘している。同調査は、一九八〇年代に実施されたものであるが、そこから、三〇年以上が経過した現在においても、母子世帯は耐え難い居住貧困を引きずっているのである。

また、母子世帯の居住貧困は、狭小過密の問題に限ったことではない。老朽度や耐震面でも不利な状況に置かれる。

筆者は、宝塚市のデータをもとに阪神淡路大震災時の母子世帯の住宅被害状況やその復興プロセスについて調査を実施したことがある[9]。同データは当時の母子世帯の被害状況を知ることができる唯一のものである。

宝塚市の母子相談員（当時）であった松原裕子氏は「震災により多くの女性、母子世帯が影響を受けた。元の夫とよりを戻すもの、逆に離婚するもの、子どもだけを元の夫のところへ預けるもの、市から転出するもの。とにかく大混乱だった。母子世帯に何が起こっているのか。まずはその思いだけで、住宅の被害状況を軸にその生活状況を調査した」という経緯から、住宅課と連携をしつつ、データの収集を行ったという。

その結果、母子世帯の住宅被害の割合（全壊、半壊率）は、一般世帯より高く、ひいては、生活保護受給世帯よりも高いという事実が明らかになった。この要因として、松原氏は、生活保護受給者と比較して母子世帯の公営住宅入居率が低かった点を上げた。同市では震災により被害を受けた公営住宅は一棟もなかったのである。その情報をもとに、筆者は、震災前の住宅・土地統計調査のミクロデータを用いて、兵庫県下の母子世帯の住宅事情の再集計を試みた。すると、やはり多くが民間の借家に居住しており、その家賃額は、三万円未満が約四割、三万円以上五万円未満が三割強と、七割を超える世帯が生活保護の住宅扶助以下の住宅に依存していたのである。母子世帯の中には、生活に困窮しながらも、生活保護を受給していないケースが多い。こういった場合、少しでも家賃負担を減らそうという意思が働いても不思議ではない。結果、多くの母子世帯が被災したのである。

このように、母子世帯の住まいの質の問題は、平時では、支払能力の問題、つまり自己責任論で片付けられがちであるが、災害時には、命の危険を脅かす重大な問題となる。

本章でみたように、母子世帯の多くが最低居住水準未満の住宅に依存するも、その住居費負担率は限界をはるかに超えるものである。

このような危機的な居住貧困をいかに改善していくか。仮に、適正住居費負担率を指標化し、それに基づき、低所得高負担層への家賃補助を制度化すれば、母子世帯の居住、経済的貧困が大きく緩和される可能性は充分にある。加えて、最低居住（面積）水準を規制値として、水準以下の住環境にある世帯の住み替え支援を強制的に行うなどの可能性も視野に入れ、深刻な居住貧困に早急に対峙していく必要があるだろう。

注

（1）住宅・土地統計調査によると、公的賃貸住宅の戸数二〇〇三年三一二万戸から二〇〇八年には三〇一万戸に減少、官舎や社宅など給与住宅の戸数は、一九九三年の二〇五万戸から二〇〇八年の一四〇万戸に減少。

（2）筆者の調査では、現在の年齢をバンドで聞いているため、当時の年齢をはじき出すことはできないが、概ね、死別の年齢は生別より高くなっている。大阪府調査では、死別の年齢階層は、三〇代（四〇・五%）、四〇代（五六・八%）、五〇代（二・七%）、生別の年齢階層は、二〇代（五・四%）、三〇代（五八・六%）、四〇代（三三・〇%）、五〇代（三・〇%）、なお、大阪市調査では、死別の年齢階層は、三〇代（一〇・八%）、四〇代（四八・六%）、五〇代（四〇・五%）、生別の年齢階層は、二〇代（五・四%）、三〇代（五八・六%）、四〇代（三三・〇%）、五〇代（三・〇%）である。

（3）葛西リサ、塩崎賢明［二〇〇四］。

（4）なお、全国母子世帯等調査では、母子世帯になった当時の年齢が把握できる、二〇一一年死別四〇・三歳、生別三二・三歳、二〇〇六年死別三九・〇歳、生別三三・三歳、二〇〇三年死別三八・七歳、生別三一・七歳。

（5）住生活基本計画における最低居住面積水準は、単身者で二五㎡、二人以上の世帯では、一〇㎡×世帯人数＋一〇㎡である。なお、子どものいる世帯人数の換算は、三歳未満〇・二五人、三歳以上六歳未満〇・五人、六歳以上〇・七五人として計算される。

（6）第八期住宅建設五箇年計画における最低居住水準の指標を以下に示す。

世帯人員（人）	居住室面積　㎡（畳）	住戸専用面積（壁芯）㎡
一	七・五㎡（四・五畳）	一八
一（中高齢単身）	一五・〇㎡（九・〇畳）	二五
二	一七・五㎡（一〇・五畳）	二九
三	二五・〇㎡（一五・〇畳）	三九
四	三二・五㎡（一九・五畳）	五〇
五	三七・五㎡（二二・五畳）	五六
六	四五・〇㎡（二七・〇畳）	六六

（7）海老塚良吉［一九九三］。

（8）山岡一男、京須実［一九七六］。

第三期住宅五箇年計画における家賃負担限度率（単位％）

世帯人員	一世帯	二世帯	三世帯	四世帯	五世帯	六世帯	七世帯
第一分位	一八・一	一七・一	一六・一	一五・〇	一三・九	一二・六	一一・五
第二分位	一九・八	一九・二	一八・六	一八・〇	一七・三	一六・五	一五・七
第三分位	二一・八	二一・七	二一・六	二一・五	二一・三	二一・〇	二〇・五
第四分位	二二・一	二二・〇	二一・九	二一・八	二一・六	二一・三	二〇・八
第五分位	二三・三	二三・二	二三・一	二三・〇	二二・八	二二・五	二二・〇

（9）Lisa Kuzunishi, Tamiyo Kondo [2012].

参考文献

厚生省児童局［一九五三］「昭和二七年 全国母子世帯調査結果報告書」
厚生省児童局［一九五七］「昭和三一年 全国母子世帯調査結果報告書」
厚生省児童局［一九六二］「昭和三六年 全国母子世帯調査結果報告書」
厚生省児童家庭局［一九六八］「昭和四二年度 全国母子世帯実態調査結果報告」
厚生省児童家庭局［一九七四］「昭和四八年度 全国母子世帯等実態調査結果の概要」
厚生省児童家庭局［一九七九］「昭和五三年度 全国母子世帯等調査結果の要約」
厚生省児童家庭局［一九八四］「昭和五八年度 全国母子世帯等調査結果の概要」
厚生省児童家庭局［一九九〇］「昭和六三年度 全国母子世帯等調査結果の概要」
厚生省児童家庭局［一九九五］「平成五年度 全国母子世帯等調査結果の概要」
厚生労働省雇用均等・児童家庭局［二〇〇一］「平成一〇年度 全国母子世帯等調査結果の概要」
厚生労働省雇用均等・児童家庭局［二〇〇五］「平成一五年度 全国母子世帯等調査結果報告」
厚生労働省雇用均等・児童家庭局［二〇〇七］「平成一八年度 全国母子世帯等調査結果報告」
厚生労働省雇用均等・児童家庭局［二〇一二］「平成二三年度 全国母子世帯等調査結果の概要」
総理府統計局［一九八〇］「国勢調査」
総務庁統計局［二〇〇五］「国勢調査」
総務庁統計局［二〇一〇］「国勢調査」
総務省統計局［二〇〇三］『住宅・土地統計調査』
総務省統計局［二〇〇八］『住宅・土地統計調査』
海老塚良吉［一九九三］「適正家賃負担率と公団賃貸住宅の家賃」『日本建築学会研究報告集 計画系』第六三号、五五三〜五五六頁
葛西リサ、塩崎賢明［二〇〇四］「母子世帯と一般世帯の居住状況の相違——住宅所有関係、居住面積、住居費、家賃分析」『日本建築学会計画系論文集』第五八一号、一一九〜一二六頁
早川和男、岡本祥浩［一九九三］『居住福祉の論理』東京大学出版会

山岡一男、京須実［一九七六］『これからの住宅政策——第三期住宅建設五箇年計画の解説』住宅新報社
Lisa Kuzunishi, Tamiyo Kondo［2012］The Housing Vulnerability of Single-Mother Households and Disaster － A Case Study of the Great Hanshin Earthquake (1995) － *Journal of International Symposium on City Planning*, pp. 741-752, 2012-08

第4章　DV被害者の住宅問題

母子世帯の中でも、緊急性や危険性を伴うDV（ドメスティック・バイオレンス）被害者の住まいの問題はより一層過酷である。夫の暴力に耐えかねて、とっさに着の身着のまま家を飛び出すという被害者は多い。夫につかまってしまえば、よりひどい暴力を覚悟しなければならないし、最悪の場合には命まで奪われかねない。このように、極めて危険な状況の中、被害者たちは、子どもを抱え、生活再建を余技なくされるのである。

二〇〇一年、日本においても、DV被害者の相談、保護、自立支援を整備することを目的とした「配偶者からの暴力の防止及び被害者の保護等に関する法律」（DV防止法）が施行された。ここで、ようやく、DV被害者支援が行政の責務となったのである。法施行以降、公的機関に寄せられる被害相談件数は右肩上がりに上昇し、二〇一四年には一〇万件を超えた(1)。その数は、一〇年前の数字（四二万三二九件）のなんと二倍以上に相当する。

法律に基づき、都道府県は「配偶者からの暴力の防止及び被害者の保護等のための施策に関する基本的な方針」の制定や配偶者暴力相談支援センター（以下支援センター）の設置が義務付けられることとなった。これらにより、自治体によって格差はあるものの、被害者の相談や保護事業については、一応は整備されてきた。しかし、被害者の居住保障に関する具体案は法律に明記されておらず、多くの自治体が、生活保護や施設入所支援、公営住宅の優先入居など、既存の制度の枠組みの中での支援に徹している。ただし、既存の支援はDVという問題の特殊性に合致しているとは言い難く、多くの被害者が多大な住宅確保の困難に直面しているのが現状である。

そこで、本章では、まず、ＤＶ被害者支援の現状と、課題について、住宅確保支援の観点から整理したい。それを受けて、ＤＶ被害者に対する聞き取り調査から、逃避直後の住宅確保の困難や地域生活移行後のＤＶ被害者特有の生きづらさなどの実情を明らかにする。

1．ＤＶ被害者に対する支援

二〇〇一年に制定されたＤＶ防止法によって、都道府県は、被害者の相談保護について責任を負うこととなったが、その後の自立支援、つまり、被害者に対する社会資源の提供については、市区町村の役割となる。しかし、ＤＶ被害者支援制度については、自治体間格差が大きく、被害者がどこで生活再建をするかによって、得られる支援等は大きく異なるという問題が生じている。

この実情を明らかにするために、筆者は、二〇〇九年二月から二〇一一年一二月にかけてＤＶ被害者を保護し自立を支援する全国の民間のシェルターに対して訪問聞き取り調査を実施した。その内訳は、北海道（二団体）、東北地方（一団体）、関東地方（九団体）、中部地方（五団体）、近畿地方（二団体）、中国地方（四団体）、九州地方（四団体）の二三都道府県二七市一区に所在する二九の団体である。なお、二九団体の簡単な概要は、図４－１ａｂｃ、表４－１ａｂにまとめて掲載している。

こういった知見を併せて、ここでは、被害者の相談から保護、そして住宅確保支援を含めた自立支援の現状と課題について紹介する。

（1）緊急保護の基本的な流れ

DV防止法では、各都道府県に配偶者暴力相談支援センター（支援センター）の設置が義務づけられている（DV防止法第三条）。DV防止法に明記されている支援センターの役割は、①相談支援及び適切な相談機関の紹介、②被害者の心身の回復のための医学的又は心理学的指導等、③被害者及び同伴家族の安全の確保および一時保護、④被害者の自立生活を促進するための、就業、住宅、援護等に関する制度情報の提供や助言、関係機関との連絡調整等、⑤保護命令制度の利用に関する情報提供等、⑥被害者を居住させ保護する施設の利用についての情報提供と

図4－1　民間シェルターの概要（2009～12年現在）

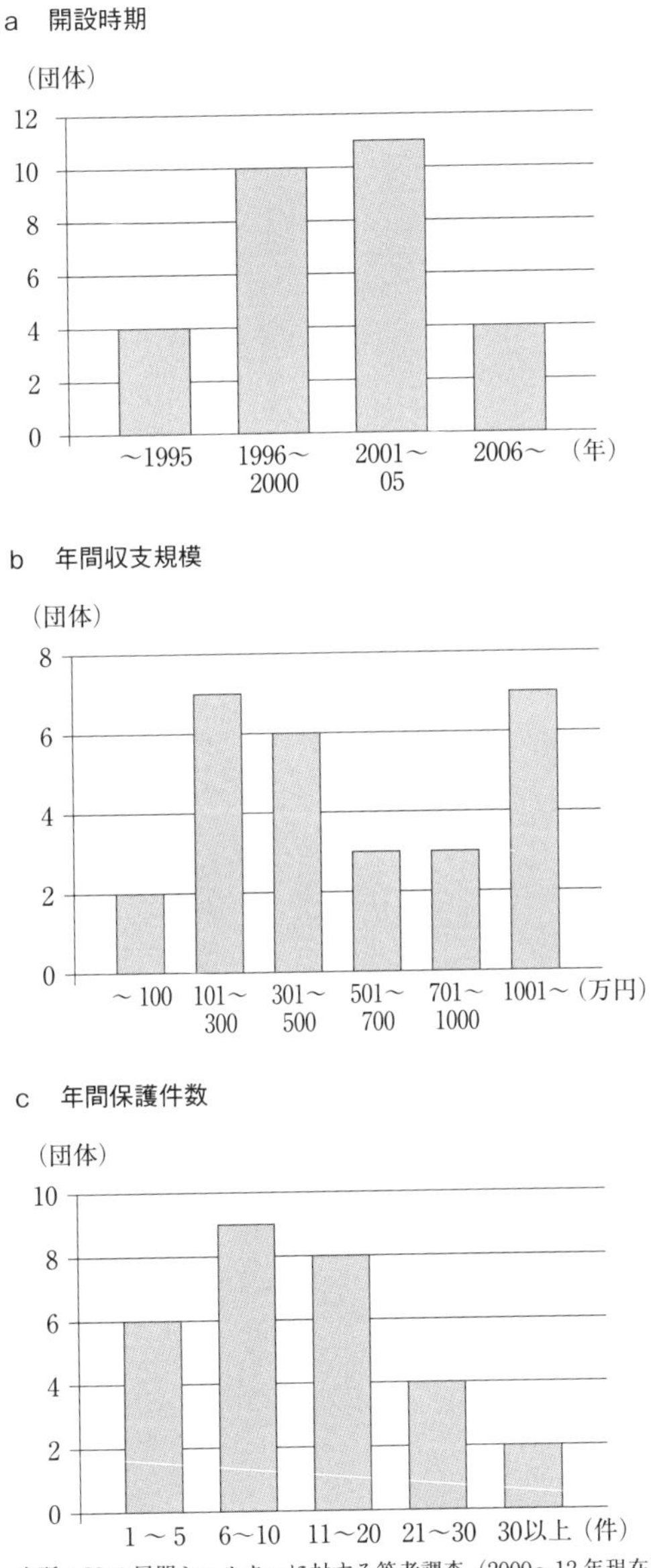

出所：29の民間シェルターに対する筆者調査（2009～12年現在）。

表4−1　民間シェルターの概要（2009〜12年現在）

a　スタッフ数

スタッフ数（名）	〜5	6〜8	9〜12	13〜	計
団体数	5	9	8	6	28
割合（%）	17.9	32.1	28.6	21.4	100

b　シェルターの定員

世帯	1	2〜3	4〜7	8〜	計
件	9	12	5	3	29

出所：29の民間シェルターに対する筆者調査（2009〜12年現在）。

その他の援助である。

多くの都道府県が対応の迅速化、合理化を図るために支援センターを複数設置している。また、二〇〇七年のDV防止法改正からは、市町村に対しても、支援センターの設置が努力義務化されており、二〇一六年現在、八九の市町村が支援センターを独自に設置、運営している(2)。

基本的な支援の流れは支援センターをはじめ、警察、福祉事務所など多数の関係機関が相談窓口として機能しており、そこに寄せられた情報を最寄りの支援センターが統括する。被害者が一時保護を求める場合には、支援センター管轄の婦人相談所のほか、各自治体がDV防止法に基づき委託契約を結ぶ施設や民間支援団体（いわゆる民間シェルター）にて保護を行うこととなる（図4−2）。

二〇〇七年に内閣府がDV被害女性七九九名に実施した調査（以下内閣府［二〇〇七］）によると、逃避後に利用した主な一時保護施設として、婦人相談所（五二・四%）、民間シェルター（二〇・一%）、母子生活支援施設（一六・六%）が挙がっている。

(2)　公民の保護施設の環境

婦人相談所とは、「売春防止法」に基づく施設である。よって、そもそもは、売春を行う恐れのある女子に対して保護更生の措置を講じるという目的

図4−2　DV 被害者支援の流れ

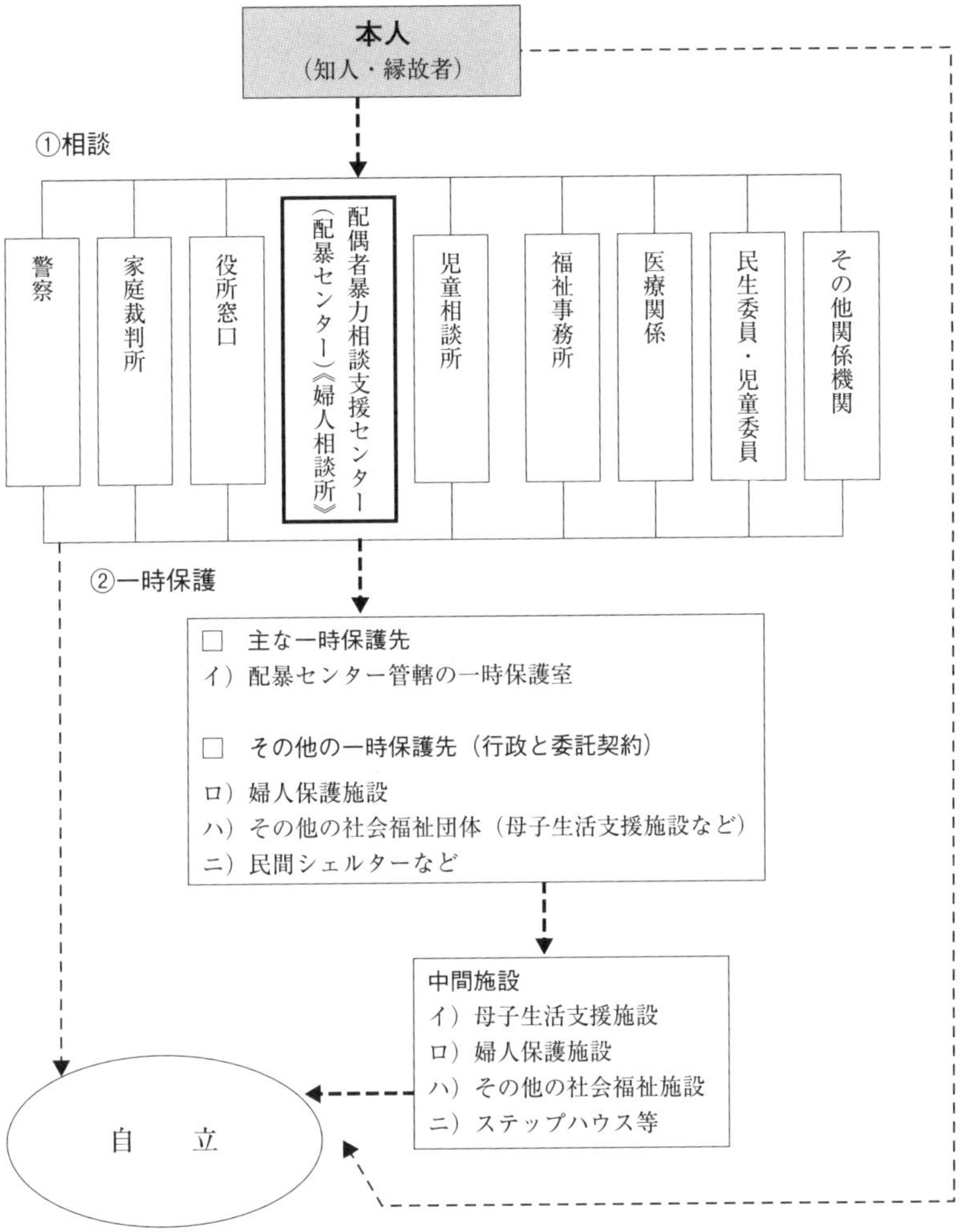

出所：NPO 団体等への聞き取り調査より筆者作成。

を持った施設であるが、DV防止法の施行により、そこに、DV被害者の保護という役割が新たに付け加えられた。また、母子生活支援施設は、第二章で触れたように、「児童福祉法」に基づく施設であるが、DV防止法施行後は、被害者の緊急一時保護を担う委託施設として数多くの被害者を受け入れている。

なお、内閣府男女共同参画局によると、民間シェルターとは「民間団体によって運営されている暴力を受けた被害者が緊急一時的に避難できる施設である」と定義されている。民間シェルターの活動は、一九九〇年代頃から活発化し、内閣府の報告によると、二〇一四年一一月現在、約一一六カ所の民間シェルターが国内に存在する。(3)

民間シェルターの役割は、基本的には、一時保護期間中の被害者に対する居場所と生活支援の提供であるが、なかには、生活再建に向けての社会資源のコーディネートやアフターケアまで行うところもある。DV防止法施行後、自治体と委託契約を締結し、(4)公的な枠組みに法った被害者支援を行う団体が増えてきたが、なかには、あえて行政との契約を結ばずに、行政支援のほころびに対峙する団体もある。(5)筆者の調査では、二九団体中、二二団体が行政との委託契約に基づいた被害者支援を行っていた。

これら公・民の保護施設の所在地は安全性を重視し、原則非公開となっている。民間シェルターの中には、住所等を公表しているところもあるが、それは極めてまれなケースと言える。前掲の内閣府男女共同参画局の調査では、被害当事者七九九名のうち半数以上が、逃避後に加害者に追跡された経験があると回答している。程度の差はあるが、執拗な加害者は、あらゆる手段を使って被害者の居場所を探し出そうとする。このため、外出の一切を禁止したり、携帯電話などの発信機器の利用を禁止したりという施設がほとんどである。なかには、個人が特定されることを危惧して、カーテンを開くことや洗濯物を外に干すことすらも禁止事項としているところもあると聞く。このような、細心の注意を払っても、加害者に居場所を突き止められたという報告も多数ある。公的保護施設などでは、万全を期して監視カメラやオートロックの設置、夜間警備を配置するなどして加害者からの攻撃に備えているが、財力の乏しい民間シェルターでは、これらの備えができていないところも多い。

居室空間はどうだろうか。婦人相談所の最低面積水準は一人あたり概ね三・三㎡（二畳）であり、多くの施設が未だ相部屋を採用しているという。上野勝代ほか［二〇一三］によると、二〇一〇年末時点で、個室化を図っている婦人保護施設はたったの四割であるなど、その施設環境の劣悪さが指摘されている。母子生活支援施設については、設備共用、老朽化等の課題はあるものの、世帯ごとに個室が保障される。

他方、民間シェルターの居室タイプは、団体により様々である。たとえば、規模の大きな一戸建ての個室を複数の居住者に割り当てる、いわゆるシェア居住のような形態をとっているところや、集合住宅の一室を一世帯に割りあてるところ、なかには、元社員寮をシェルターに転用しているという事例もある。筆者の全国の民間シェルターに対する調査では、被害者の心身のケアを優先させることを理由に、一つの個室を複数の入所者で利用する、いわゆる相部屋雑居を採用しているケースはなかった。（写真4－1a～c）

集団行動が伴う公的な施設では、起床、就寝、食事、入浴の時間など、生活規則が定められているが、民間シェルターでは、それを定めているところはほとんどなく、入所中の生活は、概ね入所者の自主性に委ねられている。

二〇〇六年の内閣府の報告によると、被害者一時保護期間の全国平均は一四・二日とされている。(6) 筆者の民間シェルターに対する調査でも、例外をのぞき、基本的な滞在期間は二週間程度という回答が多いことに驚いた。暴力によるダメージを受けた被害者が、その回復を待たず、慌ただしく自立の準備をせざるを得ないというのはあまりにも酷だと感じたからである。もちろん、民間の現場支援者の多くは、この期間を充分とは感じておらず、時間をかけた心身のケアの必要性を訴える声がよく聞かれた。他方で、上記のような、管理的で制限された生活を長く続けることの弊害も指摘されている。とくに、子どもたちにとっては、その狭い空間に閉じこもる生活が大きなストレスとなるし、登校できない時間が続くことで、学力の低下を招く恐れもある。諸外国の中には、中長期的に被

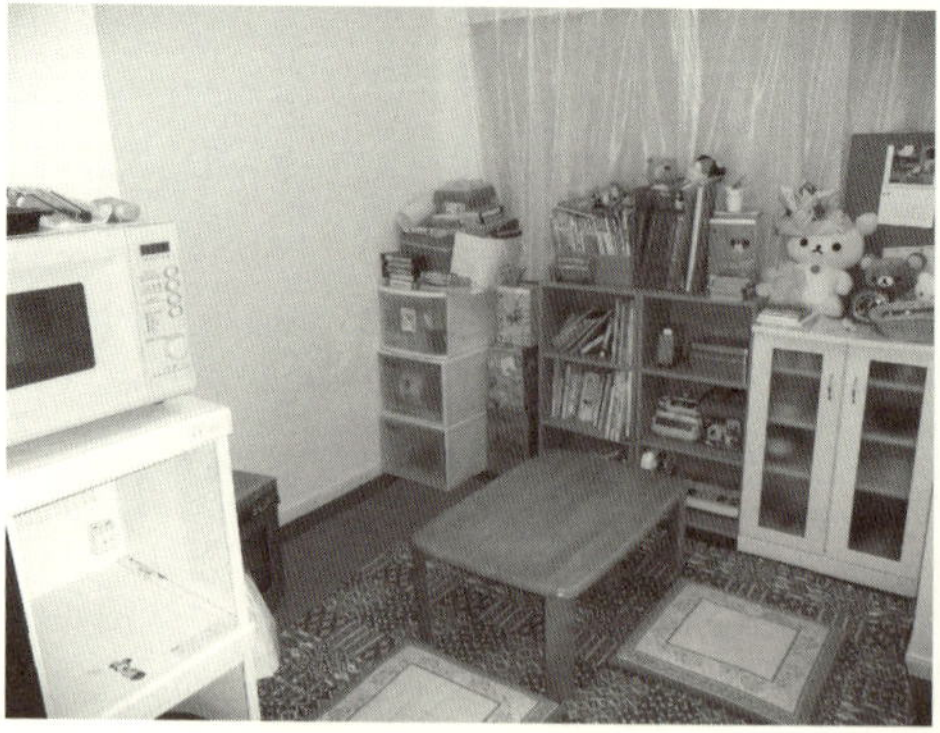

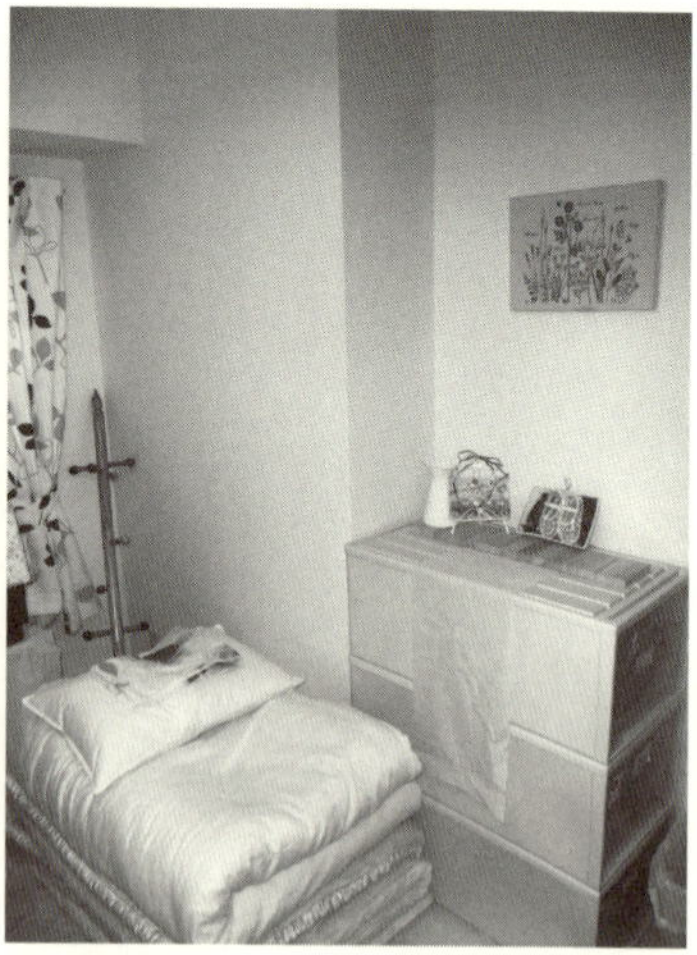

写真 4−1　民間シェルター

右上ａ：入居者が気持ちよく過ごせるように配慮された個室

出所：筆者撮影（2014 年）。

左ｂ：子どもの遊び場兼リビング

出所：筆者撮影（2012 年）。

右下ｃ：１階に喫茶とリサイクルショップ等を併設

出所：筆者撮影（2012 年）。

害者を保護できる空間を準備し、豊かな子どもたちの遊び場や学びの場を保障しているところもある。しかし、日本の保護施設空間は被害者が長期に滞在できる環境とはなっていないため、とりわけ、学齢期の子どもを同伴している場合などは、早期の退所が望ましいといえるだろう。

(3)　既存の制度的枠組みによるDV被害者に対する住宅支援の限界

自立に向けて、まず必要となるのが住宅の確保である。貯蓄などが充分にあり、自力での生活再建が可能な場合には、支援センタースタッフや保護所のスタッフ等が、アドバイスしながら住宅設定をすることになるが、こういったケースはまず少ない。

では、経済的な課題を抱え、住宅の確保が難しいDV被害者に対しては、どのような住宅支援が準備されているのであろうか。

総務省行政評価局［二〇〇八］によると、自立支援策として「公営住宅の入居に際し優先入居等の措置を実施している」と挙げたのは都道府県四四カ所（九三・六％）政令指定都市一三カ所（八六・七％）中核都市一七カ所（四七・二％）である。総務省［二〇〇九］によると、二〇一〇年度に都道府県、政令指定都市が公営住宅にて優先的に被害者を受け入れた数は五〇七件であり、これは二〇〇六年の五五件の約一〇倍に相当する。[7] しかし、二〇一〇年度の一時保護件数が約五千件であることを考えると、その数は決して十分とはいえない。このことは、前掲の総務省行政評価局の調査において公営住宅担当職員の「公営住宅の空き物件が非常に少なく、公営住宅への優先入居等の対応ができない」といった回答からも裏付けられる。

加えて、上記の優先枠を利用した被害者はどの時期に公営住宅に入居できたのかという疑問がある。全国で実施されている優先入居制度のほとんどが、抽選等により入居者を選別しているが、これは、応募したからといって必ず入居できるものではない。加えて、応募時期が限定されており、仮に当選しても入居まで数カ月を要するなど被害者の緊迫した状況に対応できていないとの声もある。よって、上記の優先枠を利用した者の多くが、一旦、中間施設や民間借家に移動し、そこからあらためて公営住宅への入居を目指したのではないかと推察される。もちろん、どういった形であれＤＶ被害者に対する優先入居枠が増加することは歓迎すべきである。しかし、最も住まいに困窮しがちな一時保護直後の支援が手薄であっては意味がない。

なかには、緊急対応として公営住宅の空き家（以下ステップハウス）を一～二年の一定期間有料で供給する自治体もある。このステップハウス戸数は二〇〇六年の一九戸から二〇一〇年の一四三戸に増加している[8]。しかし、制度の周知不足によりこの支援を知らない被害者が多いことや、防犯対策や入居後のアフターケアが不十分であることなどからその定員が満たされていない事例が相次いで報告されている。このほか、総務省行政評価局［二〇〇八］によれば、「国の制度による支援以外に自立に要する費用の補助又は貸付を行っている」という回答は都道府県六カ所（一二・八％）、指定都市二カ所（一三・三％）、中核都市ゼロカ所という結果であった。自治体独自にＤＶ被害者向け家賃補助制度を導入している自治体もあるが、こういった事例はほんの一握りである[9]。

(4) ＤＶ被害者に対する自立支援の実態

上記のように、ＤＶ被害者向けの住宅支援制度は充分に機能しているとはいいがたい。このため、困窮する被害者の自立先として現実的に想定されるのは、母子生活支援施設や婦人保護施設などの中間施設への入所、あるいは、生活保護を利用しての民間賃貸住宅の確保ということになる。ただし、この被害者の自立支援の方針については、自治体により大きな格差が生じている。

まず、被害者の保護や相談については、都道府県の役割とされているが、被害者の自立に必要な社会資源をアレンジするのは、市区町村の役割となる。しかし、ＤＶ被害者は居住地から離れた地域に避難し、そこで保護されることも珍しくない。さらに、保護された土地とは別の地域にて生活再建を希望するものもいる。よって、どの市区町村が彼女らの支援を担うかなど、広域的かつ複雑な調整が生じるのである。

図4−3　DV被害者の支援のルール（2009〜12年現在）

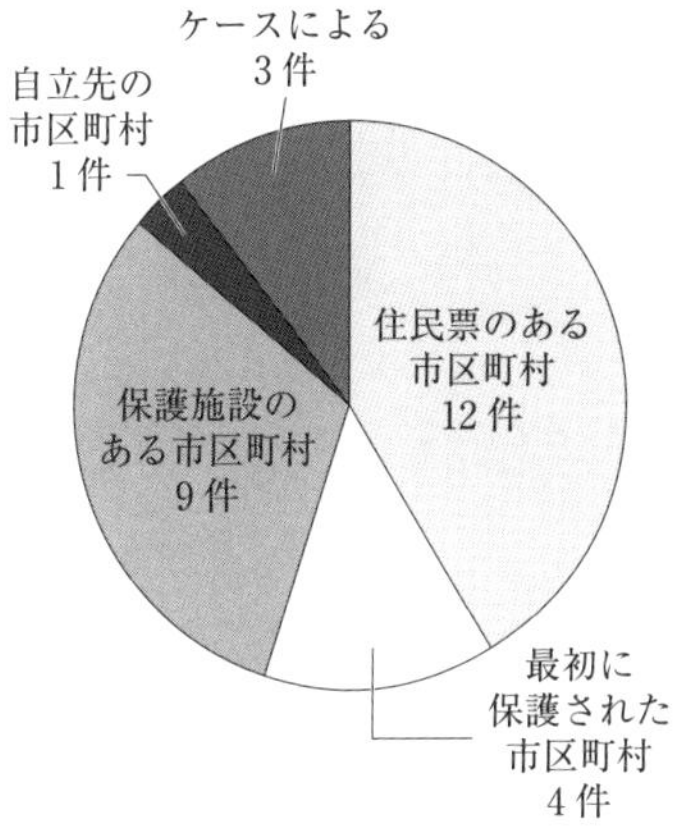

出所：29の民間シェルターに対する筆者調査（2009〜12年現在）。

「生活保護法」第十九条では、居所の定まらない要保護者の支援については、現在地、つまり、要保護者が現在いる地域を管轄する福祉事務所が実施機関となることとされている。しかし、筆者の民間シェルターに対する調査では、社会資源の窓口として、①被害者の住民票がある市区町村、②最初に保護を求めて飛び込んだ市区町村、③保護施設のある地域を管轄する市区町村、④自立先の市区町村といったもののほか、⑤ケースによって異なる、つまり、確固たるルールを定めていないなど、多様なケースが確認された（図4-3）。保護施設が所在する市区町村が実施機関となると、どうしても、その地域に負担が集中してしまう。これを避けようと、自治体ごとに、ルールを定めて被害者支援を行おうというのがその意図のようである。DV防止法制定以後、市区町村へのDV被害者支援の周知徹底や関係各部署へのDV支援研修機会の提供、民間支援団体との連携強化など、システマティックに被害者支援を展開する自治体もあるが、支援センター設置と公的保護施設による保護事業など最低限の支援のみを提供している自治体もいまだ多く存在する。このため、上記のような支援ルールを定めていても、自治体間の温度差が大きく、その調整が円滑に進まないという課題が生じているのである。

たとえば、筆者の調査では、生活保護の活用を積極的に勧める、また、あらゆる支援を総合的に検討し、生活保護の利用が望ましいと判断されれば利用が可能という自治体がある一方で、生活保護の受給は最終手段であり、まずは、他の策を優先させるという自治体も数多く確認された（図4-4）。他の策というのは、現実的には施設への入所ということになるが、なかには、近隣の中間施設が満床である

図 4−4　DV 被害者支援の際の生活保護の利用について

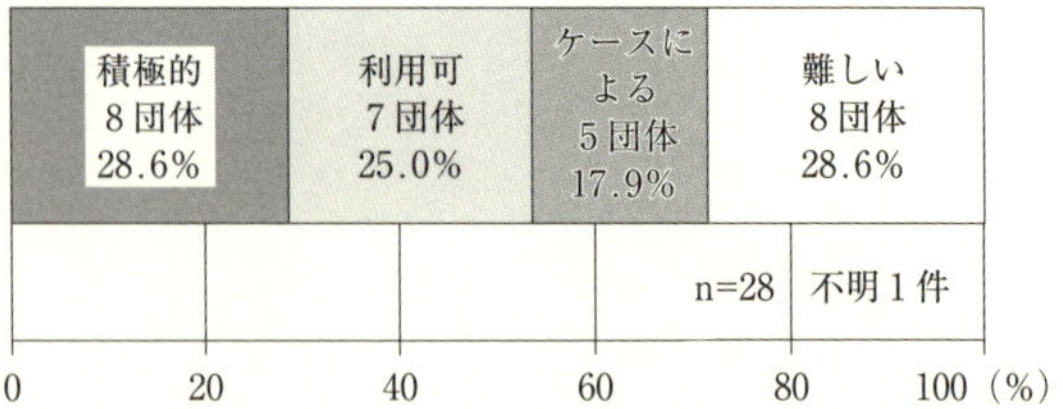

出所：29 の民間シェルターに対する筆者調査（2009〜12 年現在）。

ため、都道府県外の施設を二〜三紹介され、数日のうちに、どこの施設に入所するのかの選択を迫られたという事例もあった。このケースは、聞いたこともない土地に移住することに不安を覚え、暴力を振るう夫のもとへ帰るという最悪の決断をしている。このほか、同伴する児童が、小学校高学年以上の男子の場合、母子生活支援施設などでは、受け入れが難しいこともある。それでも、母を婦人保護施設に、子を児童養護施設にと、親子分離が検討されたという信じがたいケースもある。もちろん、精神的な落ち込みが激しく恒常的な見守りが必要な場合や、子の養育に手助けが必要な場合、また、加害者からの追跡が執拗で危険性が高い場合などは、施設への入所が望ましい場合もある。しかし、施設への入所が適当でない場合には、生活保護の利用を視野に入れた自立支援が検討されるべきであろう。

(5)　自立支援の先進事例

筆者が全国の民間シェルター二九団体に行った調査によると、被害者を支援する際、連携する実施機関により「利用できる社会資源とその手続きや対応が異なる」という回答は二〇団体にものぼった。支援者らからは、実施機関によって被害者の今後が決まるというのは「公平性に欠ける」や「ルールが様々で調整に手間がかかる」というような声が多く聞かれた。こういった課題に対峙すべく、相談から自立まで、都道府県内に同一ルールを設け、合理的に被害者支援を行う自治体もある。

たとえば、神奈川県では経済的に困窮する被害者は一時保護期間中に生活保護を受給し、それを利用して自立を図るということがシステム化されている。では、居住地が定まらない被害者の社会資源の窓口はどこになるのか。神奈川県には被害者が保護を求めて駆け込んだ地域を「発生地」とし、発生地の福祉事務所が支援の実施機関となるルールがある。たとえば、Aさんが県外から友人を訪ねて神奈川県を訪れ、そこで思い立って友人宅近くの警察所に保護を求めた場合、その警察署のある地域を管轄する福祉事務所が実施機関となるということである。

では、支援の具体的な流れを見てみよう（図4－5）。被害者がB市の警察署に飛び込んだ場合、すぐさまそのケースが支援センターに報告される。支援センターは、安全性、一時保護施設の空き状況、被害者の適性などを考慮しつつ保護先の選定を行う。DV問題と一口に言っても、その背景は様々であり、外国籍、妊婦、障がい、薬物中毒、借金といった問題が根底で複雑に絡み合っている場合が多い。このほか、集団生活に向かない、逆に、単独の生活に不安や孤独を感じるなどといったニーズもあるだろう。県内には、公、民、大規模、小規模の一時保護施設が、それぞれの持ち味を活かしつつ、こういった特殊なニーズに対応しているのである。整理すると、神奈川県における、被害者支援は、「相談機関（B市）」→「支援センターへ報告」→「各一時保護施設へ移送」が基本となる。

図4－5　神奈川県におけるDV被害者支援の流れ

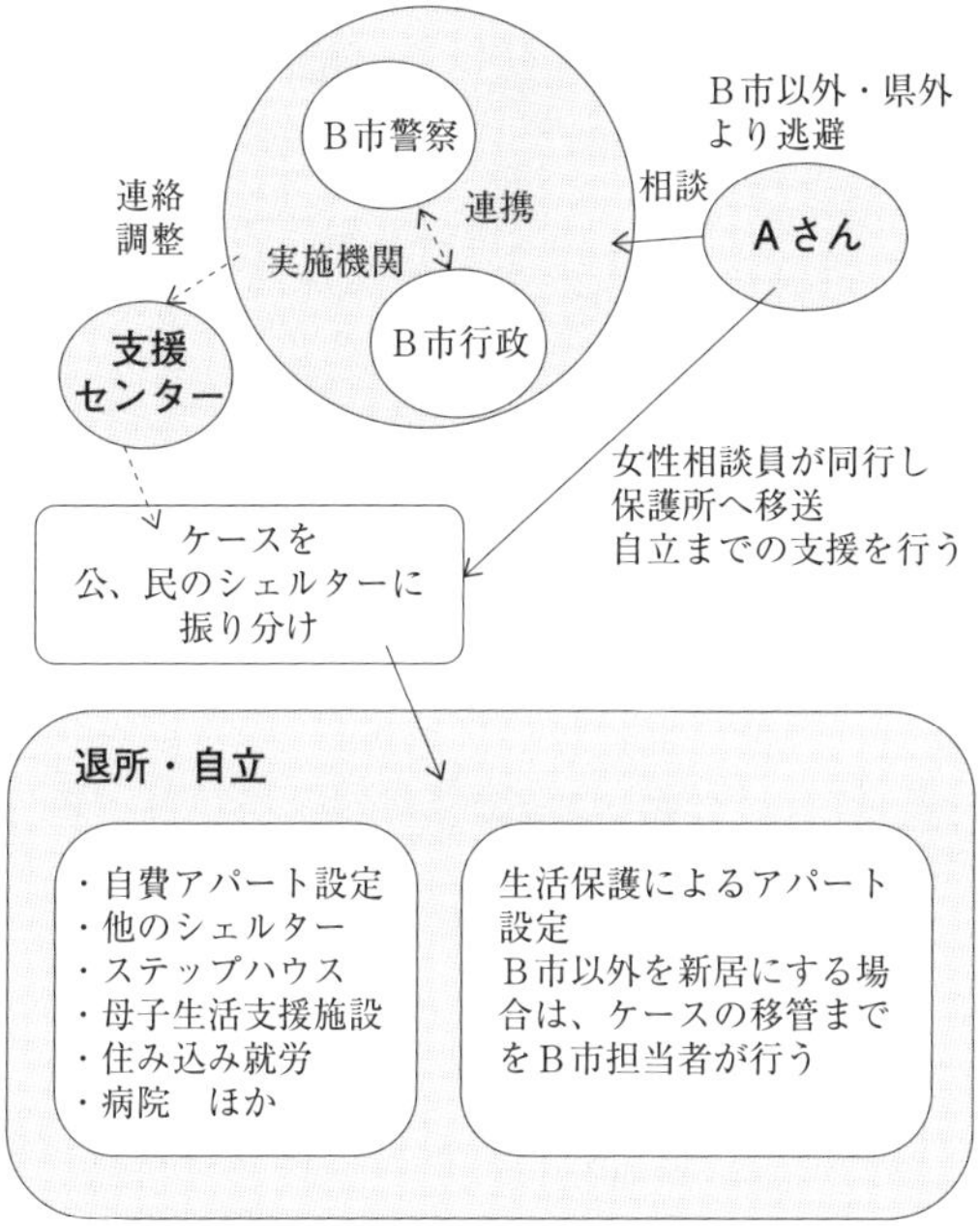

出所：行政と NPO への聞き取り調査より筆者作成。

全国の民間シェルターへの聞き取り調査では、被害者が公的機関に保護を求めても、「実家やほかに行く場所がある」や「危険性が低い」との理由から保護につながらなかったという事例が山のようにあった。実際には、そういった数多くの被害者を、民間シェルターは制度の枠組みを超えて、ボランティアレベルで支援しているのである。しかし、社会保障の手立てを持たない、一民間団体が被害者を抱え込むことで、行政の責任と当事者の権利が社会的に可視化されなくなるという課題もある。これを防ぐために、神奈川県では、公的窓口を介した相談、保護を徹底しているのである。

保護から数日の間に、県（支援センター）、実施機関（ここではB市）、当事者を保護している施設（以下受入施設とする）そして被害者が一堂に会したケースカンファレンスが開かれる。このカンファレンスの仕組みは、神奈川県独自のものであるが、自立支援に向けての被害者の意思の尊重、処遇決定過程の透明性という点において大きなメリットをもたらすものと言える。なお、経済的に困窮しているケースであれば、保護後すぐに、生活保護の医療扶助（医療単給）の受給が検討される。DV被害者は一時保護後に心身の不調を訴えるケースが多く、とくに子どもの場合には、容態が急変するなどの危険性も高い。よって、一時保護中の医療の保障は、DV被害者支援には欠かせないのだという。

続いて、ケースカンファレンスにおいて、独立して生活することが望ましいと判断された場合には、生活保護を利用しての住宅確保が可能となり、保証人がいない場合でも保証協会を利用することで問題はクリアされる。なお、B市以外の地域での生活を希望する場合には、B市から新居を管轄する福祉事務所へケースの移管が行われる。ただし、生活能力が低いなど、独立して居を構えることが不可能な場合や、生活保護を利用しても借家の確保が難しいなど、なかなか行き場が定まらないケースも少なくない。とくに、神奈川県では母子生活支援施設は常に満床であり、入所までは長い待機期間を経ることとなる。保護から二週間（ケースによって二～三日の超過は認められる）は県の財源であるＤＶ防止法に基づく支援がなされるが、それを超えてもなお行き場が定まらないケースの支援は、実施機関の財源にて手当がなされる[10]。

神奈川県［二〇〇九］によると、ＤＶ防止法による支援終了後の被害者の居場所は、引き続き一時保護施設が四割と最も高く、次いで親類・知人宅（一八％）、それに民間借家の一五％が続く。このように、県内全域の市区町村が足並みを揃えて被害者支援にあたる神奈川県ですら、次の行き先を確保することが難しい被害者が数多く存在するのである。このことから、支援が立ち遅れている地域において、ＤＶ被害者がどれほど、深刻な住宅確保の困難に陥っているのか、容易に推測ができるであろう。

2．ＤＶ被害者の住宅確保の実態

続いて、被害者への聞き取り調査から、被害者の逃避から住宅確保までの実態を具体的に見てみよう。なお、同調査は、二〇〇六年から二〇〇七年に実施されたものであり、対象者は二五名である。この二五名の自立先は、自治体A、B、Cであり、いずれも、調査当時、生活保護がかかりにくいとされた地域である[11]。調査対象の選定にあたっては、上記自治体にある民間シェルターやＤＶ被害者の相談事業を展開する民間支援団体の協力を得た。なお、聞き取り調査の概要については、表4-2に示す通りである。

⑴　逃避する被害者

筆者の調査では、自宅を出ずに加害者との関係を解消したのは、たったの一名のみであった。このケースは、逃避して、子のコミュニティ、仕事、そして、住まいを喪失すれば、生活再建が極めて困難になると予測し、自宅に

取り調査の概要（2006〜07 年現在）

PTSD等の症状	前居住地	家を出た際、行く当ての有無	一番最初に身を寄せた所	利用した施設の種類	保護の経路	現在の住宅	転居回数（一時保護・仮住まい含む）	一番最初の定住先（一時避難直後の定住先）
有	府県外	有	施設	民間	弁護士	民間借家	3 回	民間借家
有	市外	無	友人宅	民間	知人紹介	民間借家	8 回	友人宅
有	府県外	無	友人宅	民間	警察	中間施設	4 回	中間施設
有	同一	有	施設	公営	センター	中間施設	2 回	中間施設
有	府県外	有	施設	民間	センター	民間借家	3 回	実家
有	市外	無	親族宅	公営	警察	民間借家	4 回	友人宅
有	府県外	無	施設	公営	警察	民間借家	4 回	友人宅
有	市外	無	施設	公営	警察	民間借家	3 回	民間借家
有	府県外	無	施設	公営	警察	中間施設	5 回	中間施設
有	市外	有	施設	公営	センター	民間借家	4 回	民間借家
有	同一	有	施設	民間	民間団体	中間施設	1 回	中間施設
有	市外	有	施設	民間	民間団体	中間施設	1 回	中間施設
有	市外	無	施設	公営	役所	持家	3 回	民間借家
有	市外	有	施設	民間	弁護士	親族宅	2 回	実家
有	市外	有	施設	公営	役所	民間借家	6 回	民間借家
無	市外	有	友人宅	−	−	民間借家	4 回	民間借家
有	市外	有	親族宅	−	−	民間借家	3 回	民間借家
有	府県外	有	親族宅	−	−	親族宅	2 回	親族宅
有	同一	有	友人宅	−	−	公営住宅	3 回	自宅
有	同一	有	民間借家	−	−	民間借家	1 回	民間借家
有	市外	有	親族宅	−	−	民間借家	3 回	民間借家
有	府県外	有	親族宅	−	−	民間借家	4 回	民間借家
無	同一	−	自宅	−	−	公営住宅	0 回	自宅
有	府県外	有	民間借家	−	−	民間借家	2 回	民間借家
有	同一	有	親族宅	−	−	親族宅	1 回	親族宅

す。
施設等を指す。
家やきょうだいの家、祖父母宅等が含まれている。

表4−2　DV被害者25名に対する聞き

	NO	年齢	加害者との関係	子ども人数	母子世帯か否か（離別当時）	離別以前の就業状況	離別に際しての就業の変化	現在の就業状況	自由になる貯蓄の有無（離別時）	生活保護の需給経験
一時保護を利用した	1	40代	婚姻	2人	○	有業	完全辞職	無業	無	現在
	2	40代	婚姻	2人	○	有業	完全辞職	無業	無	現在
	3	30代	婚姻	1人	○	無業	−	無業	無	有
	4	40代	内縁	なし	×	有業	辞職再就職	パート	無	無
	5	40代	婚姻	1人	○	有業	辞職再就職	パート	無	無
	6	20代	婚姻	3人	○	有業	辞職再就職	パート	無	有
	7	20代	婚姻	3人	○	無業	−	無業	無	無
	8	30代	婚姻	3人	○	無業	新規就業	パート	無	現在
	9	40代	婚姻	2人	○	有業	完全辞職	無業	無	現在
	10	50代	婚姻	3人	×	無業	新規就業	パート	有	現在
	11	20代	婚姻	2人	○	有業	休職復帰	パート	無	無
	12	30代	婚姻	2人	○	無業	新規就業	パート	無	無
	13	50代	婚姻	3人	○	有業	休職復帰	パート	有	有
	14	30代	婚姻	2人	○	無業	新規就業	パート	有	無
	15	50代	婚姻	2人	○	有業	辞職再就職	正社員	無	有
一時保護を利用しなかった	16	40代	婚姻	1人	○	有業	辞職再就職	正社員	無	無
	17	30代	婚姻	1人	○	有業	辞職再就職	パート	有	無
	18	30代	婚姻	1人	○	無業	新規就業	パート	無	無
	19	30代	婚姻	3人	○	有業	継続	パート	無	現在
	20	40代	婚姻	2人	○	有業	継続	無業	有	現在
	21	30代	婚姻	1人	○	有業	完全辞職	無業	無	無
	22	30代	婚姻	なし	×	無業	新規就業	正社員	無	無
	23	40代	婚姻	3人	○	無業	新規就業	正社員	無	無
	24	30代	婚姻	1人	○	無業	新規就業	パート	有	無
	25	60代	婚姻	3人	×	有業	完全辞職	無業	有	無

出所：DV被害者25名に対する調査より筆者作成。

注：1）「母子世帯か否か」および「自由になる貯蓄の有無」項目は、離別当時の状況。
　2）「利用した施設の種類」項目中の、「公営」は公的な一時保護施設、「民間」とは民間シェルターを指
　3）「一番最初の定住先」および「現在の住宅」項目中の、「中間施設」とは母子生活支援施設、婦人保護
　4）「一番最初に身を寄せたところ」、「一番最初の定住先」、「現在の住宅」項目中の、「親族宅」には、実
　5）「転居回数」項目には、一時保護・仮住まいを含む。

留まることを決意している。一時保護施設を利用すれば、入所期間中は、通勤することができず、復職すれば、結局、加害者に居場所を突き止められることとなる。ならば逃避せずに元夫との関係を解消する方法をとろうと、機会をうかがっていたのだという。幸いなことに、一旦、加害者が家を出たため、チャンスとばかりに、自宅の鍵を変え、離婚の意思を表明した。しかし、元夫はこれに応じず、今度は彼女への執拗なストーキング行為が始まった。職場へのいやがらせ電話やビラまき、子の学校で暴れる、近隣を巻き込んだ誹謗中傷などの行為は三年間続いた。このケースは、職場の上司、子の学校の教員、そして、友人などが力強くバックアップしてくれたため、そこに居続けることができたが、通常であればそれは難しかったであろう。また、彼女の状況をよく知る民間支援団体の関係者らは、「このケースは異例中の異例。逃避せずに関係を断つことは非常に難しく、極めて危険。危害は、彼女と子のみならず、周囲の関係者にも及ぶ場合があるため、絶対に勧めたくない」と語っている。

こういった理由から、ほとんどの場合、被害者側が家を出るほかないのであるが、それは決して容易なことではない。見つかってしまえば、よりひどい暴力が待っている。このため、細心の注意を払って被害者たちは家を出る。

インタビュー調査では、「子どもの保育所に送っていくふりをしてサンダル履きで、家を出ました。とにかく、子どもの幼稚園バッグに、必要なものを詰めました。絶対に必要なのは、子どものアレルギーの薬で、持って出たお金はバス代だけでした。」という事例があった。このケースは、夫からの監視が非常に厳しく、経済的な締め付けもあった。「生活費はもらえるけど、レシートや領収書を見て、何に使ったか細かくチェックしていく。自由になるお金はほとんどなかった」と振り返る。

筆者の調査では、ある程度の現金を持ち出せたのは二五名中七名であり、また、実家など行くあてがあるから逃避したと回答したものは一八名であった。なお、行く当てがなかった七名に共通するのは、ある日突然家を出たという点である。このうち、五名は、逃避当日に受けた暴力の程度がひどく、とっさに家を飛び出しており、残る二名は、暴力を受けたのち自宅を追い出されている。

(2) 逃避後の行き先

筆者の調査では、逃避しなかった一名を含む一〇名、が公的機関に相談せずに自力で逃避をし、生活再建をしていた。公的機関に相談しなかった理由として、「DV支援に関する情報を知らなかった」、「支援があることは知っていたが、適切な情報にたどり着けなかった」というものが挙がった。また、役所や病院など、公的機関の窓口やトイレなどには、DV相談窓口の情報が置かれている。なかには、それを持ち帰り、インターネットから情報を得たものもいたが、夫に知られるのを恐れ、相談には至らなかったと回答している。このほか、公的保護施設に対する抵抗感もある。なかには、相談窓口まで出向いたが、施設に避難しなければならないということを知り、さらに、そこが極秘施設であることや入所のルール、施設環境を聞いて入所をあきらめたという者もいる。

自力で逃避する場合には、いうまでもなくDV被害者支援制度を利用することはできない。よって、逃避後は、二名が自費で民間の借家を確保していた。残りの七名は、実家や友人宅に避難していたが、そこに定住できているのはたったの一名である。残る六名は、加害者からの襲撃を受けてすぐにそこを退去している。また、うち一名は、加害者からの執拗な嫌がらせに耐えかねて、実家の両親とともに転居を余儀なくされていた。多い者で、数カ月の間に四回もの転居を重ね、なかには、逃走資金が底をつき、住み込みや宗教施設に間借りをするなどして急場を凌いだというケースもある。いずれのケースも最終的には民間の借家を確保することとなるが、定住までに長い者で約一年もの期間を要している。

他方で、一時保護利用者については、警察の介入や公・民の相談窓口から一時保護施設にたどり着いている。一時保護を利用した理由としては、「経済的に困窮して行き場がない」(一〇件)、「安全性の確保のため」(五件)が挙がった。この多くが、「周囲が夫のＤＶを理解してくれない」、「親との関係が悪い」、「誰にもＤＶを受けていることを話していない」などの理由から近しい人を頼ることができなかったと回答している。他方、「安全性の確保」と回答した者の中には、一旦、実家や知人宅に身を寄せた者もいる。親類・知人など個人的なサポートを得る機会があったにもかかわらず、一時保護施設を利用するに至った経緯は、加害者からの襲撃と脅迫であった。複数回にわたる携帯電話への着信やメールによる脅しから、自力で逃避することは困難と察し、相談機関に保護を依頼したという。

前掲の内閣府［二〇〇七］調査によると、一時保護施設を利用しなかった者は、利用した者と比較して、加害者からの追跡を受けた割合が高く、逃避しきれずに加害者のもとに帰る割合も極端に高いという結果が出ている。

筆者の全国の民間シェルターに対する調査では、「実家等他に頼るところがある」や「危険性、緊急性がない」などの理由から、公的保護に至らなかったというケースが多く確認されている。しかし、上記のように、すぐに居場所が知られてしまう友人や知人宅は、避難先としては望ましくなく、最悪の場合には、被害者はもとより、匿った支援者側に危険が及ぶ可能性も高い。だからこそ、相談窓口の敏速な対応と公的保護の徹底が必要なのである。

(3) 避難から安定居住までの道のり

他方、公的な一時保護施設へ入所した一五名の住宅確保はどのようなものだったのだろうか。多くの自治体がＤＶ被害者向け公営住宅優先入居制度を導入しているが、被害者のすべてが、タイミング的に「利用できるものではなかった」と回答している。内閣府［二〇〇七］調査でも、ＤＶ被害者の退所先は、中間施設が約六割と最も多く、次いで、民間賃貸住宅が二割、他方で、公営住宅は数パーセント程度という結果であった。

筆者の調査では、一時保護後に民間借家に移動した者が五名、親類、知人宅への移動が五名、中間施設への入所が五名であった。ただし、親類宅等や中間施設に入居したもののすべてが、民間借家の確保を希望したが、生活保護の受給ができず、また自力での資金繰りが難しかったため、それが叶わなかったという。中間施設については、恒常的な見守りがあり、安全が保障されるなどの点でメリットもあるが、狭小な空間や集団生活、施設の管理的な体制に抵抗を感じるという意見もある。なかには、「子どもも小さく、施設での暮らしには抵抗がなかった。そこでお金を貯めて自立の準備ができればと思った」という理由から施設入所を検討したという意見もあったが、施設には門限等があり、就労時間が制約されるという事情から入居には至っていない。このケースは、加害者からの追跡もなくなり、逃避以前の職場に復帰する予定であったが、施設に入所すれば、門限等の制約から就労の継続が難しくなると判断し、資金を自力で工面して民間賃貸住宅を確保していた。

このように、中間施設がニーズにあわず、民間借家を確保した世帯は、決して経済的に余裕があったわけではなく、むしろ困窮していた。うち二名は、婚姻時から生活保護を受給していたため、引き続きそれを利用しての住宅確保が可能となったが、それ以外のものは、借金等により転居資金を賄っていた。さらに、DV被害者にとって保証人の確保は頭の痛い問題である。危険回避のために、周囲に黙って逃避した者も多く、頼る者がいない、あるいは、頼ると居場所が知れてしまうので、頼りたくないというケースもある。これをクリアするために、やむを得ず、民間シェルター等の現場支援者らが個人的に保証人となったという事例も確認されている。

では、DV被害者らの居住地ニーズとはどのようなものなのか。民間借家を確保する場合には、居住地は柔軟に選択できる。だからこそ、それをどこに確保するか、頭を悩ませたというものは多い。通常であれば、土地勘のある地域や親類のいる地域などを選択することになるが、DV被害者の場合には、加害者に居場所が知られないことが絶対条件となる。このため、都道府県外に転出する者や、市外へ転居する者がほとんどである。元居住地から遠く離れたエリアであっても、元夫が仕事で訪れそうな地域や元夫の関係者がいる場所は除外するなど、慎重を期して居住エリアを選定していた。しかし、時間的にも経済的にも余裕のない中「施設に行くよりはまし」と確保した住宅が低質であったり、周辺環境が子育てに向いていなかったりなどの面で課題を抱え、転居したいが難しいという声も複数挙がっていた。

中間施設への入所も望まず、民間借家を確保する術を持たないものについては、親類や知人宅に身を寄せるほかなかったと回答している。うち、一ケースは、友人宅に仮住まい中にアルバイトで資金を貯め、足らない分を借金でまかないつつ、なんとか民間賃貸住宅を確保できていた。しかし、なかには、親類といっても、「元夫に紹介したことがない遠縁の叔母」などを頼って居場所を確保しているケースもあり、いずれはそこを出なければならないが、経済的に難しいと将来への不安を口にするものもいた。

中間施設へ入所したものは、選択の余地がなく、そこに移動したと回答している。うち一名は、子どもが施設環境に適応できず、短期間のうちにそこを退所している。その後も行き場が確保できず、二カ月の間に四カ所の施設をたらいまわしにされたという。生活保護の受給を要望したがそれも受け入れられず、最終的には、公的なステップハウスに入所していた。このステップハウスとは、公営住宅の空き室を一定期間有料で利用できるというものである。建物は新しく、広さも充分あり、申し分のない物件ではあるが、その一室だけが、短期間に入居者が入れ替わることや、時期はずれの入居に疑問を持つ近隣居住者からいらぬ詮索をされるため「とても住みづらい」と漏らしていた。また、「就労先は見つかったのか」や「期限内に早く退去先を見つけるように」など、実施機関からの指導が定期的に入るのみで、アフターケアが全くないことにも不満を感じていた。

本来、ステップハウスとは、居場所を提供するだけのものではなく、被害者が抱える課題に寄り添い、自立生活を後押しするためのものである。少なくともＤＶ被害者向けの「ステップハウス」と謳っているのであれば、そのハードを個人が特定されにくい場所に設定することや、そこにアフターケアを付加するなど、被害者の実情に配慮したものに転換していく必要があるだろう。

これ以外の者は、中間施設からの退所を切望しており、その可能性として公営住宅への入居を挙げていた。このように、経済的に困窮する中間施設利用者にとって公営住宅は自立の大きな足掛かりになっているといえる。しかしながら、これに「何度応募しても当たらない」などの理由から、施設退所が困難な状況が続いていた。

3．逃避後も続く困難

二〇〇六年の調査開始以来、継続的に、DV被害当事者、支援者に聞き取り調査をし、二〇〇九年から二〇一〇年にかけては、全国二九カ所の民間シェルターを訪問してきた。そこで、筆者が確信したのは、住まいの提供だけでは、被害者の自立は難しいということである。

被害者の多くが、加害者からの追跡を避けるために、慣れ親しんだコミュニティを喪失する。しかしながら、DVという特殊な課題を抱える被害者が土地勘のない地域で、新たな地域関係を築くことは容易ではない。

これらの課題をより詳細に明らかにするために、筆者は、二〇一二年に、被害者一五名に対して、地域生活移行後の住生活問題について聞き取り調査を実施している（表4-3）。「以前はどこに住んでいたのか」、「どこから越してきたのか」など他愛もない会話が、被害者を追い詰めることもある。人ごみに行くことができない、利用できない電車の路線がある、自宅にいても鍵がかかっているかの確認を何度もしてしまう、カーテンを開けることができない、自宅でも常に緊張しているといった症状に苦しむ声が衝撃的であった。また、「子どもが賞などを獲っても、名前や写真が出ないように辞退させたこともある。いつまでこんな生活が続くのか」など、涙ながらに語る被害者もいた。

課題に関する聞き取り調査（2013年現在）

社会との接点（実家、友人、近隣関係等）	利用しているアフターケアや自立支援プログラム	制度の評価・問題点と今後期待する支援
両親にのみ居場所を伝えている。過去の交友関係はほぼ断った。幼なじみ1名のみに現状を知らせているが、居場所は報告していない。シェルターには、電話で相談する。新たな人間関係については、これからの課題だと感じている。	まだ、プログラムは利用したことがない。	逃避後に行政相談に行ったが、全く状況を理解してもらえず、不信感が募った。現在、行政との接点は、ケースワーカーであるが、働くことへの指導のみで、精神面のケアは全くなされていない。もう少しメンタルケアの部分への配慮が欲しい。
親は入院中だが会いに行けない。きょうだいがいるが、連絡することはできない。新たな関係は自ら築かないようにしている。最も頼れる先はシェルターである。	シェルターの自立支援プログラムに通いフードバンクも利用する。行政プログラムにも通ったことはあるが、継続はしていない。民間シェルターが提供するカウンセリングを受けている。	就労支援に関する情報がほしい。ケースワーカーとは生活保護の用途などをチェックされるのみである。もう少しメンタルケアに特化した情報や支援があればいいと思う。
親との関係は良好だが危険なため実家に行くことはない。逃避以前の交流関係はほぼ断った。数名の友人には、状況を伝えているが、居場所は教えていない。子どもの友達の親とも深い交流はない。職場を含め、今後も新たな人間関係を築くつもりはない。問題が生じれば、行政の相談員を頼る。	シェルターのクリスマス会などのイベントには参加し、フードバンクの利用も数回ある。定期的な自立支援プログラムは利用したことがない。	ステップハウスなどケア付きの住まいがあれば、利用したかった。母子生活支援施設に入れていたら、精神状態は今よりもう少し、楽だったのではないかと思う。住民票を移していないため、子の小学校の手続きやお知らせなどが、こないなどの問題があった。また、あらゆる事務手続きが煩雑で苦労が多い。
実家との関係は悪い。逃避前の交友関係は断った。新たにできた知人に、暴力のことを話したところ、好奇の対象にされたため、それ以降は、誰にも過去のことは話をしていない。最も頼れる先はシェルター。	シェルターが主催する自立支援プログラムに複数通っている。また、社協が主催する運動クラブに通っている。	生活保護を受給しておらず行政との接点がなく不安である。見守りも兼ねてヘルパーをつけている。公的にDV被害者のフォローをするようなケアプログラムがあればと思う。被害者向けシェアハウスなどあれば入所したい。

表4−3　DV 被害者 15 名に対する自立後の

NO	年齢	同居中の子どもの数	収入等	就労状況	逃避後の年数	心療内科への通院	居住地選定の要因や問題	逃避後の生活上の困難
A	40代	3	生活保護	無職（逃避時に辞職）	1	有	市内間転居。シェルターの近くに住みたかったがよい物件がなかったため、子どもの学区を優先して居住地を選定した。	記憶障害、不眠症がある。物音に敏感で、玄関や窓の鍵など1日数十回確認しないと不安になる。利用できない電車の路線がある。婚姻時に使っていた日用品（洗剤やシャンプーなど）は恐怖から利用できない。
B	40代	0	生活保護	無職（逃避時に辞職）	3	有	都道府県内転居。独居への不安がありシェルターの近くに居をかまえた。オートロックなど、セキュリティ等安全性を十分に確認してから住まいを確保した。	不眠症、パニック障害。うつなどの症状がある。常に、追跡の恐怖におびえ、生活が制限される。夜間外に出ることができない。発作を起こし記憶を失ったことがある。偽名を使っている。
C	30代	3	勤労収入	派遣	5	無	都道府県外からの転居。母子生活支援施設を希望したが空きがなく、民間借家に移った。シェルターや実家と関係のない地域にこだわった。担当の行政の相談員が親身になり、住まいの確保、就労の確保を支援してくれた。	記憶障害、不眠症がある。体調を崩し、内科を受診したところ心療内科の受診を勧められた。利用できない電車の路線があり、人ごみを歩くことはできない。常時、マスクと帽子を着用しなければ落ち着かない。子どもに吃音がみられる。偽名を使っている。
D	50代	0	貯金の切り崩し	無職	2	有	都道府県内転居。精神的なダメージが強く、かつ貯金があったため、1日1500円の利用料を支払いステップハウスに1年弱生活した後、民間の賃貸住宅に移動。地域の環境等を吟味し、不安を感じない場所を選択した。	不眠症、パニック障害。うつなどの症状がある。夜中に救急病院に駆け込むこともしばしばである。精神障害者手帳をとることを勧められている。

社会との接点（実家、友人、近隣関係等）	利用しているアフターケアや自立支援プログラム	制度の評価・問題点と今後期待する支援
元夫が金銭面で迷惑をかけたため、親類とは関係を断った。成人した子どもとも関係が悪く、会う機会は少ない。友人は数人いるが、暴力の後遺症の辛さは話せない。最も頼れる先はシェルター。	シェルターや他の団体が主催するプログラムに参加する。グループホームの体験入所をしたが、馴染めず入所は断念した。	DV 被害者向けのグループホームのようなものがあれば、孤独の解消が望め、質的にもましな住まいが確保できるのではないかと思う。高齢者を対象にした自立支援プログラムがあれば参加したいと思う。
実家との関係は悪い。何かあれば、相談するのは、母子生活支援施設の職員や入所時代の友人である。	母子生活支援施設が開催するイベント等に参加することはあるが、自立支援にかかわるプログラムには参加したことがない。	母子生活支援施設はプライバシーの確保が難しいなど困難はあったが孤独は感じなかった。入所中に、カウンセリングを受けることができたこともメリットであった。現在希望する支援はとくにない。
家族にも過去の友人にも居場所は知らせていない。頼れるのは保育所の先生とシェルターのみ。新たな交友関係は築けない。	シェルターのプログラムに参加する頻度は非常に高い。プログラムは重要な居場所となっている。	行政との接点はケースワーカーのみだが、そこから得られる有益な情報はない。信頼関係を構築してきた民間シェルターだからこそ安心して相談できる。退所後も民間シェルターのプロジェクトが安定的に得られるような制度を整備してほしい。
両親は他界している。親身になってくれる親類はいる。同じ団地内に行き来する友人はできた。過去の友人には、居場所は伝えていないが、状況は知らせている。	子どもの暴力について行政に相談に行ったことはある。シェルターがアフターケアをしていることを本インタビューをうけるまで知らなかった。	民間シェルターが退所後も支援をしてくれるとは知らなかった。孤独の解消を目的としたシェアハウスがあればと思うが、居住地近くにないので、公的に整備してほしい。当事者同士で家事などを助け合えるシステムがあればと思う。
両親、きょうだいとの関係は悪い。頼れるのはシェルターのみである。新たな人間関係もできつつあるが、暴力の実態や本当のことを言える相手はいない。	シェルターが主催する自立支援プログラムには頻回に参加している。自身がシェルター在所中の子どもの学習支援をすることもある。シェルターが提供するカウンセリングを受けている。	ステップハウス利用中には、気軽にスタッフに相談することができたが、独居に移行した後は、遠慮しがちになる。退所後の被害者への支援も制度的に認められればありがたい。

NO	年齢	同居中の子どもの数	収入等	就労状況	逃避後の年数	心療内科への通院	居住地選定の要因や問題	逃避後の生活上の困難
E	70代	0	年金	無職	12	有	都道府県外からの転居。貧困かつ独居高齢者であり、保証人もいなかったため、確保できる住宅はなかった。ボランティアの勧めで現住宅に入居する。その際、住宅の質や立地は勘案できなかったため、住まいに対する不満は多くある。	不眠とうつ症状がある。調理や家事等が困難である。孤独感から逃避しなければよかったのではないかと考えることもある。
F	30代	1	半就労半保護	パート（逃避時に辞職）	7	無	都道府県内転居。経済的問題から、母子生活支援施設にて6年生活する。その後、学区内にある公営住宅に移動。	未だ、元夫の追跡がひどく恐怖はあるが、心療内科に通うほどではない。
G	20代	1	生活保護	無職	3	有	都道府県内転居。子どもも小さく、他に頼るところがなかったため、シェルター近くに居を構えた。	記憶障害、不眠、パニック障害、うつなどの症状がある。人ごみを歩くことができない。利用できない電車の路線がある。
H	40代	2	借金と貯金の切り崩し	無職（精神不安定のために辞職）	2	無	都道府県内転居。一旦、親類の援助で住まいを確保するが、公営住宅への当選を機に、居住地を大きくかえて転居した。	不眠、うつ、アルコール依存の症状がある。子どもについては、不登校、家庭内暴力、兄弟間の暴力がみられる。数年続けた仕事も精神的な問題から辞職した。
I	30代	0	生活保護	無職	2	有	都道府県内転居。シェルター入所中に就職したため、1日1500円の利用料を支払いステップハウスに1年入所。その後、シェルター近くに民間借家を確保した。	記憶障害、不眠、パニック障害がある。とくに、独居になってからは、発作が怖く不安である。就職したが、精神的な問題から辞職している。偽名を使っている。

社会との接点（実家、友人、近隣関係等）	利用しているアフターケアや自立支援プログラム	制度の評価・問題点と今後期待する支援
両親は他界している。親身になってくれる友人はいるが居場所は教えていない。郵便物がある際には、関係機関に中継してもらう。新たな人間関係を築いても本当の過去は言えない。	シェルターの自立支援プログラムに頻回ではないが参加している。クリスマス会等のイベントにも参加する。シェルターが提供するカウンセリングを受けている。	住民票を移していないため、あらゆる事務手続きが煩雑であり、連絡ミスがあるなど、不便な点が多い。この点の配慮が欲しい。子の問題が相談できる機関があれば嬉しい。子へのケアや学習支援などがあればと思う。
親や兄弟との関係は悪い。過去の友人関係は全て断った。新しい人間関係はできていない。唯一頼れるところは、民間シェルターである。	シェルターのプログラムには精神的に不安定なことから不定期に参加する。行政のカウンセリングプログラムを受けている。	子ども向けプログラムがあれば、もう少し状況が変わっていたのではないかと思う。子どもと一緒に参加できるプログラムなどがあればありがたい。干渉されずに過ごせる安全な居場所があればいいと思う。
親との関係は悪い。きょうだいには、住宅確保の際の経済的援助や保証人を頼んだ。この他、古い友人とは関係があり、何かと相談に乗ってもらっている。	公的な一時保護を経験しておらず、新聞で情報を得て、シェルターの支援に繋がった。その後、定期的にプログラムには参加ししている。	子どもの家庭内暴力の相談窓口がほしい。子どものケアに関する支援が欲しい。民間支援団体が一時保護を経た被害者の支援をしてくれるとは知らなかった。こういった情報をもっと早く知っていれば、精神的に楽だったと思う。
両親は他界している。きょうだいや成人した２人の子らには、状況は伝えているが、居場所は伝えていない。過去の交友関係は断った。シェルターのプログラムを通して知り合った同世代の交友関係が支えとなっている。	シェルターが主催する自助グループに参加している。行政が提供するカウンセリングを受診している。	中高年向けのプロジェクトがあれば参加したい。日中通所できる場所があれば嬉しい。居場所だけではなく何か役割を与えてもらえるような機会があれば、それが支えになるような気がする。
親は入院中だが会うことはできない。成人した２人の子には状況や居場所は伝えており交流はある。シェルターのプロジェクト出会った数名の友人が心の支えである。老人会のボランティアに参加するが自身のことは語れない。	シェルターが主催する自助グループに参加している。地域のボランティア活動に参加し、意識的に居場所を確保している。	中高年向けプロジェクトがあれば参加したい。民間シェルターからは卒業したので、自ら頼ることは難しいが、声をかけられたら必ず参加する。自立支援プロジェクトが恒常的にあれば参加する。

NO	年齢	同居中の子どもの数	収入等	就労状況	逃避後の年数	心療内科への通院	居住地選定の要因や問題	逃避後の生活上の困難
J	40代	2	生活保護	無職	10	有	都道府県外からの転居。何かあった時のためにと、シェルターの近くに居を構えた。オートロック等、セキュリティの問題に配慮して住宅確保を行った。	記憶、不眠、パニック障害、うつの症状がある。子どもに不登校、家庭内暴力等の問題がみられる。仕事は精神的な問題から長続きしない。偽名を使っている。
K	40代	2	生活保護	無職	8	有	都道府県外からの転居。一旦、行政のステップハウスに入居し、その後民間借家へ移動する。シェルターに通いやすい場所に住まいを確保した。	不眠、パニック障害、うつの症状がある。マスクや帽子を手放せず、外出することに恐怖を感じる。偽名を使っている。子のうち１人は精神障害となり、１人は不登校、家庭内暴力をふるう。
L	40代	1	生活保護	無職	3	有	都道府県外からの転居。一旦個人が運営するステップハウスに入所後、マンスリーマンション等を経て、知人の紹介で現在の住まいを確保。	不眠、アルコール依存の症状がある。子どもの家庭内暴力に悩む。逃避後何度か転職するが、いずれも精神的な問題から継続が難しい。
M	60代	0	年金半保護	無職	2	有	都道府県内転居。何かあった時のためにとシェルターの近くに居を構える。高齢であったため民間の賃貸住宅を確保することがむずかしかった。シェルタースタッフのネットワークを通して住まいを確保。	不眠症である。不安と緊張が続いている。人ごみを避ける、利用できない電車の路線がある。
N	70代	0	年金	無職	8	無	都道府県内転居。危険ケースのため都道府県外に出ることを勧められたが子どもや病気の親を置いてでることはできなかった。高齢者であるため、民間賃貸住宅の確保がむずかしかった。民間シェルタースタッフのネットワークを通して住まいを確保。	不眠症である。不安は常にある。帽子、マスクは手放せず、人ごみは避ける。元夫が運転するので、車通りは歩けない。偽名を使っているので、不便がある。追跡の恐怖から入院中の親に会えないことが辛い。

社会との接点（実家、友人、近隣関係等）	利用しているアフターケアや自立支援プログラム	制度の評価・問題点と今後期待する支援
親やきょうだいとの関係は悪い。過去の交友関係は元夫に壊された。施設内での友人関係が支えとなっている。	民間シェルターが主催する自助グループに参加している。行政の提供するカウンセリングを受診。何かあれば、シェルターに相談する。	母子生活支援施設では人間関係のトラブルはあるが、孤独は感じない。退所後は同じ境遇の人とともに住まうシェアハウスのようなものがあればと思う。また、安全で安心な職場というものを起業できるような仕組みがあればと思う。

聞き取り調査の過程では、暴力の後遺症や追跡の恐怖から、ＰＴＳＤやうつを発症した、または、アルコール依存や自傷行為があるなど、地域への適応はおろか、社会生活すらままならない事例が数多く確認された。とくに深刻なのが、子どもが新たな生活に適応できないという課題である。転校の理由や過去の事情を語れずに同級生とうまくコミュニケーションがとれないなどもその背景にあると推測される。逃避前は元気に通学していた子が逃避後に不登校になったというケースは珍しくなく、その解決のために元の生活に戻ることを検討しているという回答には、やり切れなさを感じた。

このように、ＤＶ被害者は、逃避後も引き続き、多大な生活困難を抱えているのであるが、これを救済する公的な手立ては皆無である。一時保護を終えたＤＶ被害者を継続的にフォローする自治体はほとんどなく、よって、一時保護期間が終了すれば被害者と行政との関係は生活保護を受給しなければ完全になくなってしまう。また、生活保護を受給している場合についても、ＤＶ被害に特化したアフターケアはほとんどなく、就労自立の指導ばかりがクローズアップされると聞く。つまるところ、現行のＤＶ被害者自立支援は、「行き場」をいかに早急に手当てするかに主眼が置かれており、地域生活へ移行した被害者の生活を支えるまでには至っていないということである。

NO	年齢	同居中の子どもの数	収入等	就労状況	逃避後の年数	心療内科への通院	居住地選定の要因や問題	逃避後の生活上の困難
O	30代	2	生活保護	無職	5	有	都道府県内転居。一旦民間賃貸住宅を確保したが、元夫の追跡により、母子生活支援施設に移動。	一時保護後、独居の生活となった時に不安や孤独感から、不眠、精神不安定となった。パニックと過呼吸で倒れた経験もある。

出所：葛西リサ・上野勝代［2013］。
注：調査対象の選定にあたっては、関西にある２つのシェルターの協力を得た。

この解決策として、支援者らは、一時保護期間中の充分なメンタルケアと地域生活に移行してからのアフターケアの必要性を挙げる。筆者が二〇一二年に全国シェルターネットワークに加盟する六七の民間シェルターに実施したアンケート調査(12)によると、多くの団体が、自前で被害者のアフターケアを実施していた。その内容は、中長期に滞在できるステップハウスの開設というものが一四件と最も多かった（表４－４）。これは、精神疾患等社会生活に課題を抱える被害者に対して、住まいと生活支援を中長期

表４−４　民間シェルターが実施するアフターケアの内容（2012 年現在）

（単位：件）

アフターケアの内容	件数
行政や裁判所等への同行支援	5
DV に関する講座の開催	5
カウンセリング	6
就業支援	2
基金などを自前で創設して自立支援金を支給	1
食料の配布	1
自助グループの運営	7
退所後の継続的な連絡や相談、情報提供	8
子への学習支援	2
立ち寄りカフェの開催	1
退所者向けイベント（クリスマス会等）の開催	3
ステップハウスの運営	14

出所：全国シェルターネットワーク加盟団体へのアンケート調査より筆者作成（2012 年）。

的に提供するという目的で設立されていた。提供方法は、団体が借り上げた住戸を被害者にサブリースするというもので、運営費は入居者から支払われるわずかばかりの家賃により賄われている。これ以外にも、DVに関する勉強会や自助グループの創設、相談事業、カウンセリング、就労訓練などが挙がっていた。こういった退所者の生活支援の部分は、公的資金に依拠せず自主運営によって賄われているケースがほとんどである。アンケートの自由記述欄には、アフターケアに着手すれば運営が苦しくなるが、必要に駆られて仕方なく実施しているという意見が大半であった。

なお、上記のような暴力の後遺症から安定した職に就けず、経済的に困窮する被害者は数えきれないほど存在する。借金など、無理をして住宅を確保したものについては、その返済や家賃支払いのために生活はより一層苦しくなる。筆者の調査（二〇〇六〜〇七年）では、一時保護施設を利用した一五名のうち、九名が結果的に生活保護を受給しており、いまだ自立のめどが立たないと回答していた。これらについては、一時保護施設からの退所時に生活保護が受給できていれば、より良質な住宅を確保し、早期に生活の立て直しができた可能性が高い。生活保護受給率の抑止ばかりが声高に言われるが、早期に適切な手立てがなされないがゆえに、結果的には、自立への道のりが遠ざかり、長期に生活保護に依存せざるを得ないという事例は非常に多いと筆者は見ている。よって、真に被害者の自立を促すというのであれば、生活保護の受給を柔軟にし、その後のアフターケアを公的に保障していくことがまずもって重要といえるだろう。

注

（1）内閣府［二〇一五ａ］。

（2）内閣府［二〇一五ｂ］

（3）内閣府男女共同参画局「民間シェルターとは」http://www.gender.go.jp/e-vaw/soudankikan/05.html

（4）原則として委託契約を結んでいる民間シェルターが被害者を保護すると、DV防止法に基づく委託料が支払われる。その額は、一日あたり、被害当事者七六五〇円、就学前児童一人につき四四五〇円、一八歳未満の同伴者一名につき二四二〇円、一八歳以上の同伴者一名につき五〇三〇円とされている。

（5）葛西リサ［二〇一三］。

（6）女性に対する暴力に関する専門調査会（第三七回）厚労省［二〇〇六］によると平成一六年に一時委託保護された者の平均保護日数は一四・二日となっている。

（7）単身DV被害者の受け入れも二〇〇六年の八戸から二〇一〇年の九八戸へ増加している。

（8）総務省［二〇〇九］。

（9）葛西［二〇一〇］。

（10）同右。

（11）葛西［二〇〇八］。

（12）二〇一二年八月下旬から九月一五日にかけて、NPO法人ウィメンズネットこうべと共同で実施したものである。対象団体は六七団体であり、有効回答数は二九件、有効回答率は、四三・三％であった。調査方法は、郵送配布、郵送回収によるアンケート調査である。

参考文献

神奈川県県民部人権男女共同参画課［二〇〇九］『配偶者からの暴力の防止及び被害者の保護のための施策の実施に関する基本計画——神奈川DV被害者支援プラン』

厚生労働省説明資料［二〇〇六］『女性に対する暴力に関する専門調査会（第三七回）』

総務省［二〇〇九］『配偶者からの暴力の防止等に関する政策評価書 平成二十一年五月』

総務省行政評価局［二〇〇八］『配偶者からの暴力の防止等に関するアンケート調査結果報告書』

内閣府［二〇〇七］「配偶者からの暴力の被害者の自立支援等に関する調査結果」http://www.gender.go.jp/policy/no_violence/

e-vaw/chousa/ziritusien1904kekka.html（二〇一六年六月三〇日にアクセス）
内閣府［二〇一五ａ］「配偶者暴力相談支援センターにおける配偶者からの暴力が関係する相談件数等の結果について（平成二六年度分）」http://www.gender.go.jp/policy/no_violence/e-vaw/data/pdf/2014soudan.pdf（二〇一六年七月七日にアクセス）
内閣府［二〇一五ｂ］「配偶者暴力相談支援センターの機能を果たす施設一覧」http://www.gender.go.jp/policy/no_violence/e-vaw/soudankikan/pdf/center.pdf（二〇一六年七月二六日にアクセス）
上野勝代、吉村恵、室崎生子、葛西リサ、吉中季子、梶木典子［二〇一三］『あたりまえの暮らしを保障する国デンマーク――DVシェルター・子育て環境』ドメス出版
葛西リサ［二〇〇八］「ドメスティックバイオレンス（DV）被害者の住宅確保の困難性」社会政策学会『社会政策』創刊号、一一五～一二七頁
葛西リサ［二〇一〇］「A県におけるDV被害者向け自立支援費の利用実態に関する研究――民間シェルターMの活動を事例として」『日本建築学会計画系論文集』第七五巻第六五二号、一五二五～一五三二頁
葛西リサ［二〇一三］「民間シェルターによるDV被害者住宅確保支援の全国的検討――民間シェルターと自治体の関係と支援の地域格差」『日本建築学会計画系論文集』第七八巻第六八五号、六七三～六八一頁
葛西リサ、上野勝代［二〇一三］「地域生活者としてのDV被害者の孤立と支援方策に関する研究――機能としての住宅支援からソフトを組み込んだ住まいの支援へ」『住総研研究論文集』第四〇号、三五～四六頁
葛西リサ、大泉英次［二〇一〇］「DV被害者住宅支援の格差是正に向けた展望と課題――支援の全国的把握と先進モデル・神奈川方式の提示」『住宅総合研究財団研究報告集』第三七号、一六九～一八〇頁

第5章　インタビューに見る母子世帯の居住貧困

ここまで、母子世帯の居住貧困の実相を数値データやインタビュー調査などを用いて確認してきた。しかし、数字を追うだけでは、母子世帯の居住貧困の深刻さは十分に伝えることはできない。離婚後の住宅移動の理由や内容は、当然のことながら、それぞれ異なるし、とりわけ母子世帯の住まいの質を測る指標は、最低居住水準、つまり、住宅の規模や、住居費負担率という点に限られているからである。筆者は二〇〇三年以降、多くの母子世帯にインタビュー調査を実施してきた。彼女らの生の声を聴くと、指標や数字のみでは説明することができない、深刻な状況を垣間見ることができる。

本章では、紙幅の問題からこれまでにインタビューした全ての内容は掲載できないが、その中から、いくつかの典型事例を用いて、その窮状を感じ取っていただければと思う。

1．住宅確保の困難

突如行き場を失う母子世帯は多い。幼い子を抱え、仕事もなく、資金もなく、適切な住宅支援もない。そのような母子世帯がどのようにして急場を凌いでいるのか。ここでは、離婚直後に民間借家を確保した五つの事例を紹介する。

事例A　友人宅に仮住まいをする

（三〇代、子ども二人、一〇歳、八歳、母子世帯になってからの経過年数4年）

田中敦子さん（仮名）は、1Kの民間アパートに小学校に通う子ども二人と住んでいる。その居住スペースの狭さは容易に推測できるだろう。家賃は五万五千円、最寄りの駅まで徒歩五分と近いことが入居の決め手となった。

敦子さんは、突然の離婚によって住むところを失った。夫に家を出るように迫られたためである。実家の両親は他界しており、兄は結婚していて頼ることはできなかった。行く当てもなく、困ってはいたが、役所に相談に行くなど、思いもよらなかったと言う。

困り果てた敦子さんは、旧友に頼み込み、そこで、二カ月ほど仮住まいをした。その間に不動産業者を梯子してやっとの思いで、現在の住まいを確保したのである。

仮住まいも初めのうちは、互いに気を遣いながら、楽しい時間が過ぎたというが、それが長引くと、友人との関係はぎくしゃくしていく。

「出ていけと言われるわけではないけど。なんとなく雰囲気で。気を遣って、居づらいなって。子どもがうるさくすると、迷惑そうにするし。最後の方は、子どもを叱ってばっかりで」という状況の中、親子ともにストレスは日々増幅していったのだそうだ。

敦子さんの友人は2DKの民間借家に一人暮らしをしており、そのうちの一部屋を田中さん家族に提供してくれた。そこから、子ども達の通う幼稚園が近かったこともその友人宅に仮住まいをさせてもらった理由である。

仕事から帰宅し、いらいらした雰囲気で住まい探しの進捗状況をたずねる友人に、気後れしながら、住宅が見つからない理由を報告する日々が続く。

「安い住宅はやっぱり、それなりで。ちょっといいなと思うと高い。思うようにいい物件が見つからなくて。それを友人に報告すると、高望みするからだと言われた。それですごく居づらくなった」

婚姻時、専業主婦だった敦子さんに貯蓄はなく、数人の友人から借金をして、一時金や家賃を支払うほかなかった。無職の敦子さんにとって五万五千円という出費はとても大きいものだったが、それ以上安い住宅となると、風呂なしや、台所のお湯がでない、老朽化しているなど低質なものばかりだった。いくつか気に入る物件があっても、問い合わせ段階で断られたことがある。「なんとなく、雰囲気で、母子世帯で、しかも無職だからかなって」と敦子さんは苦笑いした。

現在、敦子さんは、自宅から徒歩一五分ほどのレストランでパートをしている。月収は児童扶養手当を含めて一六万円ほど。なかでも、収入の三割を超える家賃はかなりの負担なのだという。また、子どもの成長とともに、狭小なスペースでの生活は限界に達している。家賃負担を減らし、より広い住宅を求めるとなれば、あとは、公営住宅への入居しかないと敦子さんは言う。現住宅への入居直後から、公営住宅への応募を続けているが、なかなか当たらないことに敦子さんは苛立ちと焦りを感じていた。役所から母子世帯は優遇されていると聞いたことで、応募すればすぐに入居ができると期待していたからである。

「転居したいけど、公営住宅でなければ転居しないつもり。民間借家は今より安いところだと質はかなり悪くなるし、まとまったお金（転居資金等）は支払えない」

事例Ｂ　子どもを抱えて働くことの困難

（四〇代、子ども一人、四歳、母子世帯になってからの経過年数二年）

岡本陽子さん（仮名）は、二歳の子を連れて家を出た。すぐに、行き場が見つからず、妹宅に二週間仮住まいをした。妹の家は1DKのアパートであり、陽子さんと子は、ダイニングに布団を敷いて寝泊まりをしていた。「気を遣うとか、それ以前の問題で。めちゃくちゃ狭くて、二週間が限界だった」ということから、幼い子を連れて、住宅探しに奔走したという。陽子さんが不動産業者に出した条件は二つ。「妹宅から近く、家賃五万円程度」というものであった。幼い子を抱えて働くためには、唯一の親類である妹の助けが必要だったのである。

離婚当時、無職の陽子さんは、わずかばかりの貯蓄から転居費用を捻出しなければならなかった。意外にも、不動産業者は陽子さんの事情や希望を考慮して、丁寧に対応してくれたという。しかし、希望家賃の範囲で借りることができる住宅は、低質なものばかりであり、住宅探しは難航する。結果、五万二千円の民間マンション（1DK）に決めた。荷物などを入れると寝るのがやっとの広さであるが、温水のシャワーがでることが魅力だった。

転居後すぐに、近所の会社で正社員として採用された。「運が向いてきた」と思った矢先、子が喘息を発症した。突然の発作や発熱など、予測もつかない状況のなか、欠勤が続く陽子さんに、会社側は解雇を告げた。

妹も仕事をもっていたため、手が空いている時は、助けてくれたが、日中は陽子さんが対応するほかなかった。なんとか仕事を続けようと思案し、ベビーシッターなどを雇うことも考えたが、経済的に難しかった。「ただでさえ、低賃金で働いているのに、日に何千円もする人を雇えない。自分で看病するしかないじゃないですか。そしたら、首になった」と陽子さんは言う。

その後、当然、生活は苦しくなり、家賃の支払いも事欠く状況に陥った時点で、陽子さんは生活保護を受給している。

「今の住宅は狭いし、古いし。すぐにでも転居したいけどこれ以上の家賃は払えない。引っ越しのお金や保証金等のことを考えると、すぐに転居はできない。公営住宅は家賃が安いけど、イメージが悪いとも聞くし。どうしたらいいのかな」。

希望する住宅支援について尋ねると、「家賃を補助してほしいというのは皆思っていることじゃないかな。家計の中で一番大きいのが家賃だし。たとえ一万円でもすごく助かると思う」。と前置きした上で、「住宅支援も必要だけど、育児支援があればもう少しましな仕事につけると思う。頼るところがないと、何かあっても自分が休むしかない。がんばったら、正社員にもなれるかもしれないけど。子どものことがあるし。また、頭下げて、嫌な顔されて。精神的にしんどいなって。子どもが落ち着くまで、パートしているほうがいいのかなと思う」。

事例Ｃ　支援制度の不備と自助努力による住まいの確保

（三〇代、子ども一人、五歳、母子世帯になってからの経過年数二年）

山崎尚子さん（仮名）は離婚後三歳の子どもと実家に身を寄せた。しかし転居から一年ほど経ったころ、実家の持家を売却しなければならない事態が発生する。実家に定住するつもりでいた尚子さんにとっては青天の霹靂であった。

当時、パート職に就いていた尚子さんにとって、民間の借家を借りることは経済的に厳しかった。多少の貯蓄はあったが、将来の不安と子どもの学費のために、極力手を付けたくなかったのである。そこで尚子さんは、低家賃で入居ができる公営住宅に希望を見出す。

調べてみると、子どもの幼稚園に通える範囲での募集が見つかった。早速、役所に相談すると、応募から入居まで最短でも数カ月はかかると言われてしまう。当選しても、転居の期日には間に合わないと、公営住宅への入居は一旦諦めることにした。

その後、すぐに民間借家を探し始めるが、実家の周辺では、手ごろな物件を見つけることは難しかった。隣の市なら、もう少し安くて条件のよい物件があると言われ、範囲を広げて探すこととなる。ようやく気に入る物件が見つかったが、一時金の捻出がどうしてもできなかった。そんな中、転宅資金の貸付制度があることを知る。情報を得ようと、役所に問い合わせをすると、市から転出する世帯は利用の対象外であると言われてしまう。すぐに、転出先の市に問い合わせをすると、申請はできるが、審査に時間を要するため、すぐに利用することはできないと説明を受けた。

「実家から出るまで三カ月もあったのに。何も、今日、明日に利用させてくれって言っているわけではないんだし。何のための、誰のための制度なんだって聞きたい。どの制度も利用できないじゃないですか。簡単にお金を貸してくれる消費者金融とかに手を出す人の気持ちがよくわかった」と尚子さんは悔しがる。

とにかく、焦っていた尚子さんは、礼金四〇万円、家賃五万二千円の民間賃貸住宅に転居した。引越しに際しての一時金等は妹から借金をして賄った。

現在、パートの給料と児童扶養手当を併せても、月々一五万〜一六万円程度の収入で、五万二千円の家賃は決して安いものではない。そこに、妹への返済もあり、家計は火の車なのだという。

「家賃がもっと安いところ、たとえば文化住宅のようなところはあったけど。一時金が三〇万円とか。うち、子どもがアトピーで、布団を干せるベランダがあるところで日当たりのいいところじゃないと。症状が悪化したら、結局大変になるから。家賃の安いところは日が当たらなかったり、布団を干すスペースがなかったり。こっちの希望に合わなかった。今のところは、悪くはないけど。脱衣場がないのが悩み。子どもが小さいうちはいいけど、思春期になったら何か手を考えないといけないとは思う」。

今後、公営住宅に入居できる機会があったらどうしますかという問いに対して尚子さんは「もっと安い家賃で3LDKとかの所に住めるわけだから、魅力ではある。けど。転居の資金は出せないと思う。公営住宅といっても、引っ越しするのに、まとまったお金がいるし。家賃が安いからってすぐに転居というわけにはいかない」。

事例Ｄ　実家と近居する

（40代、子ども三人、一〇歳、八歳、六歳、母子世帯になってからの経過年数二年）

西村晃子さん（仮名）は夫の転勤先で離婚を決意したが、話合いがスムーズに進まず一旦別居することになった。

「旦那の転勤先で生活する理由は何もないし。別居が決まった時は、実家に帰ろうと思いましたね。でも、冷静に考えて、子どもが三人いるし、同居はないかなって。父との関係が、よくないというわけではないけど。親はそれまで、静かに暮らしてきたわけだから。いきなり、小さい子どもが三人もそこに入ってきたら、お互いにストレスもたまるだろうと。かといって、親の助けがなかったら、子どもを抱えて働けないし」という理由から、実家近くの民間借家を確保した。住宅は、遠くに住む晃子さんに代わって、母親が探してきてくれたものである。

転居した住宅は実家から徒歩一〇分の、家賃七万円の民間借家（２ＤＫ）である。家賃は高めだが、三人の子と親子四人で暮らすとなると、それ以下の家賃では狭くて住めないと判断した。

現在晃子さんは、友人が営む商店で朝一〇時から夕方一七時まで時給八〇〇円のパートをしているが、その給料と養育費だけでは生活はかなり苦しいという。

「子どもの送り迎えは極力自分でやってます。親を毎日頼るのは、気を遣うし。そうなると、やっぱりパートしか無理かなって。それに、子どもが三人いると時期をずらして順に病気になるんですよね。なんだかんだで、一週間とか、長い時で二週間とか休む時もある。こんな状態で、いくらなんでも、正社員はまだ無理だろうと。かといって、いくらパートでも休みすぎるとあれだし。その点、友人の店だから、かなり気は楽。事情知ってるから融通も利かせてくれるし」。

公営住宅への入居については、現在の居住地に公営住宅がないために、したくてもできないということだった。

子どもたちを転校させることは、不安も負担も大きく、何より、実家からの支援が得られなくなれば、ますます正社員の道は遠のくというのがその理由であった。

事例E　民間借家から再転居する

（20代、子ども一人二歳、母子世帯になってからの経過年数三年）

奥野圭子さん（仮名）は子どもが生後六カ月の時に元夫から一方的に離婚を言い渡された。元夫の浮気が原因であった。圭子さんは離婚の内容に納得したわけではなかったが、元夫の決意は変わらなかった。実家の親は再婚しており、経済的な支援を求めることや、同居することは難しかった。

すぐに行き場を探さなくてはと、婚姻時の住宅にいる間に不動産屋を回った。

「不動産屋は、表向きはいい顔しますよ。でも、口調や態度。出してくる物件を見たら、ああ、母子世帯だからだろうなって」と言うように、案の定、住宅探しは難航した。業者からは、「乳飲み子を抱えた無職の母子世帯」ということで、リスクの高い店子だと思われたようである。

結局、確保したのは、家賃四万円ほどの老朽化した文化住宅だった。「家賃は貯蓄から払って。保証人は元旦那。もう少し、高いところも借りられたとは思うけど。将来が不安っていうのが大きかった。相手は、養育費は絶対払うからって。それもどうなるかわからないじゃないですか。それに、養育費だけで生活できるわけじゃないんですから。とにかく、安いところなら、なんとかして家賃は払えるだろうと」というのが入居の理由である。

しかし、圭子さんは、入居してすぐにその住宅に不満を持った。「安いってことで飛びついたけど。絶対、安いというのは、何かあるんですよね。いざ住んでみると、汚いし、寒いし、隣の音はうるさいし。でも、お金がないからどうしようもなくて」という状態から抜け出すために、圭子さんは、公営住宅への入居を目指した。文化住宅に住み始めて一年がたった頃、実家近くに募集が出たことを知り、応募したら運よく当選した。

現在の住環境には大変満足しているとのことであった。現在は、その近くでパートをしている。やはり、夫からの養育費は数カ月で途絶え、生活は楽ではない。それでも、公営住宅に入居できたことで、圭子さんの心の安定は保たれているようであった。

最後に、母子世帯になった当時、あったらよかった制度をたずねてみた。「公営住宅にすぐ入居できるようにしてくれたら助かるかな。まあ、困っている人もほかにいるわけだから。実際は無理なんだろうけど。でも、あの時、すぐに公営住宅に入れてたら。不動産屋回って嫌な思いとか。無駄な出費しなくてすんだわけで。それに、あの時の貯金があったら、もう少し、生活も楽だったと思う」という回答が得られた。

2．実家に同居するということ

親族宅に同居している母子世帯の住生活問題も無視することはできない。子どもの面倒や家事などの手間が省けるという利点から進んで同居を選択しているケースもあるが、なかには、経済的に課題を抱え、自立できずに肩身の狭い思いをしながら生活している者も少なくはない。ここでは、実家に同居する二事例を紹介したい。

事例F　狭小なスペースで同居する

（三〇代、子ども一人五歳、母子世帯になってからの経過年数五年）

鈴木麻美さん（仮名）は、五歳（保育所）の息子、両親そして弟夫婦と民間の借家で生活している。間取りは、一〇畳のリビングと弟夫婦が寝室として利用している八畳の部屋、三畳の物置と、三世帯が同居するにはあまりにも狭小な空間である。

麻美さんは、婚姻時、元夫の両親と同居しており、そこを出るほかなかった。麻美さんがその家を出たのは息子が生後六カ月の時だった。

貯金もなく、乳飲み子を抱える麻美さんにとって、実家に帰る以外の選択肢は思いつかなかったという。実家にはすでに弟夫婦がいたため、気を遣ったが「他に行き場がなかった」と麻美さんは小さくつぶやいた。

八畳の個室は、弟夫婦が利用しているため、両親と麻美さん親子はリビングに布団を敷いて寝起きしている。プライバシーはもちろんなく、リビングは食卓としても利用しているため、ゆっくりする暇もないのだという。「特に、病気の時はしんどいですね。ひとりになる場所とかないですし。子どもが病気になっても。そうですね。」

このような劣悪な環境から脱出しようとは思わないのだろうか。

同居当時、生活の目途が立ったら出ていくと約束した麻美さんであったが、その目途は五年経った今でも立ってはいない。家族はそれぞれ仕事をもっており、全面的な育児支援が得られないことが大きいのだと麻美さんは言う。育児と両立できる仕事として、パートを自ら選択したということであったが、薄給で保障ももちろんない。確かにそのような状況で自活することは難しいだろう。いつか、子どもの手がかからなくなったら、フルタイムの職に就きたいという希望を語っていたが、その一方で、三〇代という年齢で、何の資格もない自分がこの先、安定職につけるかという不安も抱えていた。

公営住宅に入居すれば、居住環境が改善されるのではないかという筆者の提案に対しては、「家賃が安くて住めるというのはいいけど、この地域にある公営住宅はちょっと治安が悪いとか言われていて、あんまり住みたくないかな。かといって、違う地域となると、子供のこととかでまた仕事ができなくなるし。いざという時、親がいてくれたら助かるし。そう考えると恐らく無理かな」という意見が聞かれた。

事例Ｇ　持家で同居するケース

（三〇代、子ども一人、六歳、母子世帯になってからの経過年数六年）

近藤美穂さん（仮名）は、六年前に生後三カ月の娘を抱えて実家に帰ってきた。結婚時の住宅は元夫の会社の社宅だったため美穂さんが転居せざるをえなかったのである。実家に戻った理由は、子どもがまだ小さく、経済的に自立することは難しいと考えたからである。

実家は、持家だったが、二世帯分の家財道具を入れるスペースはなく、いろいろなものを処分して同居のためのスペースを確保したという。

離婚後、住宅で困ったことを尋ねると、「戻る実家があるわけだし、家が狭くて、家財道具が入らないとかはあったけど、結構、恵まれている方かなと。ただ、近所の人の目が気になったかな。前住んでたあたりは、離婚した人のうわさ話なんかがすぐ広まるし。親は、それが気になったみたいで。それを見るのは精神的に辛くて、申し訳ないなと。でも、他に行き場がないし、もう、そこにいるしかね」。

しばらくして美穂さんの両親は、持家を売却し、市内のマンションを購入する。転居について、美穂さんは「近所の目とかもあったと思うけど。実家が狭くて古かったというのもある」という理由を挙げた。

現在の住宅は、広さが十分あり、住宅自体に不満はないが、両親に気を遣うので精神的に辛いと漏らす。「親は年金暮らしなのに、自分が低賃金なのでとても肩身が狭い。勝手に結婚し、勝手に離婚して、自分勝手だとか、近所の目があるから早く自立して出て行ってほしいなど毎日のように言われる」。そのストレスで美穂さんは体調を壊したこともある。実家からの転居を希望しつつも、育児支援がえられなければ生活が行き詰まることも美穂さんは自覚していた。現職はパートではあるが、比較的自給もよく、働きやすいため、なんとしてでも続けたいのだと美穂さんは語った。以前の職場で、いい思い出がないことも現職にこだわっている理由であろう。

「子どもの面倒を見てもらえないと、早朝出勤や残業ができないから、今の仕事を変わらないといけない。実家から自立しても、子どものことで転職したらまた低賃金になって生活できなくなる。もう少し子どもが大きくなるまで実家で我慢しようかと思う」と美穂さんは回答している。

聞き取り調査は、美穂さんの実家があるマンションのロビーで実施した。支援団体の協力依頼だったため、無理に受けてくれたようであった。「両親や近所の人に聞かれたら困るから」と申し訳なさそうに言いながら、小さな声で、周りを気にしながら早口で話す姿が印象的であった。

3. 震災と母子世帯

経済的に課題を抱える母子世帯が被災し住まいを失ったらどうなるのだろうか。貯蓄もなく、保障のない働き方をしている母子世帯にとって、一時的にでも、仕事ができなくなることは死活問題となる。子どもを抱え、いかにして、過酷な状況から立ち直っていくのか。ここでは、筆者が、二〇一六年六月、熊本の支援団体の協力を得て二組の母子世帯に実施した聞き取り調査の内容を紹介したい。

(1) 平時の居住貧困と住宅被害

熊本地震では、同じ場所で二回も震度七を観測する揺れが発生している。渡辺実さん(仮名・三〇代)も、清水裕子さん(仮名・四〇代)も、二度目の揺れで自宅が全壊したと言う。

熊本市内にある渡辺実さんの自宅は、一階が事務所スペース、二階から五階が住居というタイプの建物であった。

二回目の大きな揺れに驚き、外に出ると、一階部分はすでに倒壊していた。実さんの住宅は、３ＤＫ、共益費、駐車場込で三万八千円と、相場よりかなり安い物件であった。とはいえ、パートの自給は八五〇円、月給手取り一〇万円で子どもを三人養う実さんにとっては、それ以上の家賃を負担する余裕もなかったと回答している。

他方、同じく市内にある清水裕子さんの自宅も、実さんと同じく、一階が店舗部分、二階から上が住居というタイプであった。間取りは２ＤＫ、家賃は共益費込で三万八千円である。老朽化してはいるが、「これ以下の家賃で入居できる住宅はそうそうない」という理由から、一五年間、そこで暮らしてきた。自給七二〇円のパートで働く裕子さんの月給は、多い月で一三万円である。中学校になった娘がクラブ活動をはじめ、支出が増えたため、低家賃の公営住宅への入居を検討し始めた矢先の被災であった。

一回目の大きな揺れの際、自宅には一五歳の娘が一人で留守番をしていた。近隣住民から仕事場に「ドアが開かず、娘が閉じ込められているので、窓の柵を外していいか」という連絡が入る。即座に了承し、慌てて自宅に帰り、その日は、屋外で娘と眠った。二回目の余震で一階部分が崩落し、住居部分も大きなダメージを受けた。すでに窓枠が外してあったことが幸いし、なんとか表にでることができたのだという。

阪神淡路大震災時のように、やはり、低家賃住宅が大きな被害を受けたのだろうか。

被災母子の支援をするＮＰＯ法人子育て応援団みるくらぶの市原由美子事務局長は、住宅被害の全貌が明らかになっていないので、明確には言えないと前置きした上で、「一階が店舗という建物が多く倒壊したというのもあるんですが。彼女たちの住宅はまさにそのタイプでしたから。でも、低家賃だったからという理由も。それはあるでしょうね。彼女たちの住宅はかなり老朽化も進んでいましたから」と回答している。

(2) 子どもを抱えて避難する

二回目の地震後、すぐにそこを出なければと、実さんは、車中で、三泊している。その後、近所の小学校へ出向くも、体育館には入れず、校庭に止めた車の中で一週間を過ごすこととなった。先が見えない状況の中、三人の子どもたちがぐずったことと、風呂に入れないなどの不満が募り、一旦、遠方の友人宅に仮住まいをする。一週間後、長崎のホテルが避難者を受け入れるとの情報を得て、長崎に入るも、室内で缶詰状態の生活はストレスが溜まり、再度友人宅に戻ることとなる。その後、大牟田が市営住宅で被災者を受け入れるという情報を知り、そこに避難することとなった。大牟田市は、一年間の滞在を許可しているが、子どもの学校のことを考えるとそこまで長居はできないと回答していた。

では、仕事や収入はどうなっているのであろうか。

「職場も休業していたので。働けなかったですね。給料が入ってこないのはすごく大変でした。被災して、すぐに児童扶養手当が入ったんで。それで何とかなりました。あとは、市外に住む元夫から、支援してもらって。それに、四月分の家賃も返してもらえたんで。それをかき集めてなんとか」という回答からも、綱渡り状態だった実さんの窮状がうかがえる。

なお、清水裕子さんは二回目の地震後、すぐに近くの小学校へ避難した。子どもはＡＤＨＤ（注意欠陥・多動性障害）と診断されていることもあり、避難所にはなかなかなじめないという問題があった。しかし、車を所有しない裕子さんにとって、避難所以外の行き場はなかったという。職場はすぐに再開したが、娘が震災の影響で不安がるため、一週間ほど休むこととした。

「住宅が全壊して一週間休んだだけ?」という筆者の反応に、「日給月給なんで、休むと生活できないんで。うちはまだましです。職場がすぐに再開しましたから」と裕子さんはきっぱり返答している。その後、小学校の避難所は五月八日に閉鎖。別の避難所に移されることとなる。五月二八日には、再度別の避難所に移動している。「娘にとっては、避難所を何度も変わることは望ましくなかったんですが。なかには、娘に干渉したりする人もいて。親切なんですけど。それが逆にでちゃうこともあるんで」と避難所暮らしの苦悩を語っている。

(3)　みなし仮設住宅を探す

渡辺実さんも、清水裕子さんも、罹災証明を受け取り、全壊判定となった。そこから、市内で住宅を探し始めるも、まったく物件がないのだという。

みなし仮設住宅の適応を受けることができれば、最大二年間、四人家族で、上限六万円、五人以上の家族で上限九万円の民間賃貸住宅に入居することができる。

渡辺実さんは、罹災証明を受け取ったその日から、住宅探しを始めた。しかし、手ごろな住宅がなかなか見つからなかったという。被災した住宅のオーナーが手を尽くし、紹介してくれたが、全て学区外だったため、断っている。子どもを転校させることに抵抗があった実さんは、あくまでも、学区内での転居にこだわった。最終的に、学区内に３ＤＫの物件があると聞きつけ、実さんは即決している。その住宅は、みなし仮設住宅家賃上限の六万円と共益費が持ち出しで五千円なのだという。「持ち出し部分は痛かったですが、これを逃したらもうないかもしれないと。大牟田に長くいるのも大変ですから」と語っている。

他方、清水裕子さんは、「業者に何度電話してもだめです。とにかく物件がないんです。びっくりするのは、今まで四万円くらいで貸していた住宅が六万円で出てて、しかも、共益費別となっているんです。」というように未だ、住宅探しは難航していた。

という。

裕子さんは、仕事の合間を縫って、辛抱強く住宅探しを続けているが、なかなか思うような住宅が見つからないという。

「今日、じつは内見に行ってきたんです。オール電化っていうから、見に行ったら、小さなキッチンに、卓上IHが一台置いてあるだけで。1DKで五万円って言われて。焦ってたので、入居しますっていちゃったんですよね。でも、中学生の娘と二人、二部屋はないと無理かなって。それに。あの住宅で、五万円というのは。納得できなくて。でも、断ったら、入れる物件がなくなっちゃうんじゃないかって」。

(4) 二年後どうなるのか不安

渡辺実さんも清水裕子さんも、全壊判定を受けたことで、「二年間息継ぎができます」と語っている。住宅が全壊し、住まいを失ったにもかかわらず、息継ぎができるとはどういうことかと思われるかもしれない。その理由は、むこう二年間家賃が不要になるため、ということである。これを聞いて、読者の中には、不謹慎だと思われる方もいるかもしれない。しかし、それほど平時の生活事情がひっ迫しているからこそ出た言葉だと、筆者は理解している。しかも彼女らは、浮いた家賃分を「子どもの教育費に回してやれる」と語っているのだ。

実さんは、「子どもが三人もいるから。やっぱり、将来は気になります。この先、どれぐらいお金がかかるんだろうって。昨年は長男が手術をしたりで働けない時期もあって。被災する前も家賃が高いので、県営に応募してみようかって。その矢先だったんです。本当に、生活はすごく大変で。私は実家に戻ることもできないんで。でもなんとかなるさって。信じるしかないですから」と平時の窮状を語ってくれた。

また、裕子さんは、楽しそうにクラブ活動に専念する娘の姿が嬉しく、反面、不安になりながら見ていたという。クラブ活動には想像以上にお金がかかる。道具を揃え、遠征のための費用も必要になる。「意外にも、娘がクラブ活動を楽しいって言って。できれば続けさせてやりたいじゃないですか。娘には、ママがもうギブアップというまでやっていいから」と伝えていたのだという。お金がないから、できないということは、絶対にしたくないと、日勤に加え、裕子さんは夜間の仕事も増やしていた。現在の職場は、夜のシフトも頼めば入れてくれるのだという。時給は変わらないが、手取りの給料は増えるからと裕子さんは笑った。

他方で、二人とも、みなし仮設住宅制度が切れたのちが不安だと述べた。これまで、低家賃住宅で暮らしてきた彼女らにとって、五～六万円という家賃は到底払えないというのである。そのため、何の補助もなければ、二年後は住み替えが必至とのことであった。しかし、震災後、低家賃住宅が少なくなり、家賃相場が跳ね上がっていることも、彼女らの不安を煽っていた。二人とも、県営住宅への入居に期待を持っていたが、これまで、空きのあった県営住宅は震災後満室となっているのだという。

裕子さんは、「車を持っていないんで、今の仕事を続けるとなれば、この辺りにこだわるしかないんです。もう、年齢的に転職も難しくて。やっと見つけた仕事なんで、手放したくないんです」と必死に訴えていた。

4．ＤＶ母子世帯の住宅問題

暴力の後遺症を抱え、被害者の追跡に怯えるＤＶ被害者の生活再建はより過酷なものとなる。とくに、彼女らの場合には、全く土地勘のないなか、手探りで住まいの確保を行わなければならない。切迫した状況のなかで、彼女らは、どのようにして安定した住まいを確保していくのだろうか。ここでは、三つの事例を用いて、ＤＶ被害者の避難から安定居住までの道のりを紹介する。

(1) 民間シェルターから民間借家に転居したケース

高橋愛子さん（仮名）に対する元夫の暴力は、長男が生まれたころから始まった。また、そのころから元夫は仕事を休むようになる。生活費は底をつき電気や水道を止められたこともある。生活苦から働きに出たいと言うと「俺を馬鹿にするな」と意識がなくなるまで殴られたという。愛子さんが逃げないように、電話の通話記録を調べる、郵便物を調べる、実家との接触を絶たせるなど厳しく監視される生活が続いた。何度か家を出て見つかり、そのたびに「死ぬのではないかと思うほど殴られた」という過去を思い出し、愛子さんは目を伏せた。

「（元夫が）日ごろから生活費を入れてくれなかったので、持って出られたのは数百円程度でした。前に、実家に逃げて連れ戻されたことがあって。今回は買い物に出かけるふりをして民間シェルターに電話して。保護につながりました」

愛子さんは小学生の子どもを二人抱えており、夏休みが終わるまでに、住まいを確保しないといけないという事情を抱えていた。

「あっち（元夫）は子どもの親権を欲しがっていて。裁判が始まって子どもが学校に行ってないとなると、不利な状況になる、と弁護士の先生に言われて」。

一時保護所の入所期間はほとんどの場合、二週間から一カ月程度である。この期間内に次の転居先を見つけて新たな生活をスタートさせなければならない。

「逃げて、やっとシェルターに来て。ほっとしたら、次は旦那に見つかったらどうしようとか。毎日びくびくしてました。一番つらい時期だったかも。しんどいなか、住宅探したり、いろんなこと決めたり。精神的に辛かったですね」。

居住地は、シェルタースタッフの勧めで、DV被害に理解の深い小学校区内に決定した。一時保護中、愛子さんは毎日のように、子ども二人を連れて不動産屋に足を運んだが、いい物件は見つからなかった。その地域は、とくに安価な民間借家が少ない地域だった。それに加え、就業していないことと、子どもがいること、母子家庭であることがネックとなった。住宅を借りる際の一時金と数カ月分の家賃は、数人の友人に借金をして賄うつもりだったが、それほど大きな額は望めなかった。転居後、生活保護を受けることも想定して、保護基準内の家賃を不動産業者に提示した。また、保証人は友人の夫になってもらった。限られた金額で入居できる住宅といえば、風呂がない、風呂があってもお湯がでない、炊事場のお湯がでない、日が全く当たらないなど、悪条件のものばかりだった。

結局、愛子さんは、五万五千円の民間借家に転居したが、そこを一年程で転居している。狭いために、子どもが友達を呼べないと不満を漏らしたことがきっかけだった。

愛子さんと子ども達は逃避から四年経った今も暴力の後遺症に悩まされている。

「娘は高学年になっても、失禁していました。私から離れると半狂乱になることも、未だにあります。息子は、突然暴れだして、手が付けられなくなることがあります。時々、当時の記憶がよみがえるんだと。そう言うんです。いきなり、あの時あの人なんであんなことしたんだろうとか。あの時っていつ？　とか聞き返すんですけど。辛いですよね」。

DV被害者の多くは、まとまったお金を持たず、精神的、肉体的にも極限の状態で逃げてくる場合がほとんどである。こういった状況で住宅を確保し、生活を再建するにはあまりにも負担が大きい。本来であれば、一時保護期間中に徹底したメンタルケアが必要なのだろうが、その点で未だ日本は遅れていると言われている。自立の基準が、住まいの確保や、就労の確保などに置かれているためであろう。しかし、愛子さんのように、後遺症に悩まされ、苦悩する被害者は数え切れないほど存在する。スムーズな住宅確保支援と、地域生活移行後も被害者を支える、切れ目のない支援の構築が必要と言えるだろう。

(2) 公的一時保護施設から民間借家に移ったケース

岡村弘子さん（仮名）の元夫は薬物中毒で錯乱状態になると弘子さんに暴力を奮った。元夫が家にいない隙に警察に保護を求め、五歳、三歳、一歳の子どもを連れて家を出た。その日のうちに警察から公的保護施設へ移動した。そこは滞在期間が決められていたため、入所の翌日から、転居先を探すように指導されたという。

「ほっとしたと思ったら。すぐに行き場を探せって。精神的に追い詰められますよね。なんせ、何にも知らない土地だし、何を基準に住宅を探したらいいのかって。これからどうなるのか不安だし」

一時保護期間中、担当者が、自立後の生活をイメージし、どこに居住地設定をするかなど、手厚いアドバイスをするところもあるのだが、入所中に行き先を自身の責任において探すよう指示する担当者も少なくないと聞く。

とくに弘子さんは、婚姻時に生活保護を受給していたため、継続して生活保護を受けることができた。そのため、保護機関の担当者は生活保護の家賃上限のみを示し、住宅確保を急がせたのである。

しかし、どう動いていいかわからず、戸惑う弘子さんに、痺れを切らした別の指導員が、雇用や福祉面等の総合的なアドバイスをしてくれたことで、ようやく居住地を選定することができている。

当時の状況について弘子さんは、「ゆっくり選ぶ暇がなかったです。ここに不動産屋があるからって言われて、とにかく業者に行って。ＤＶとか、（生活）保護だとか。まず、そこからですよね。条件が条件で、期待もしなかったですけど。出てきた物件も三つくらいだったかな。そこからもう消去法ですよ。とにかく、はやく一つ選べって。結局、日当たりがめちゃくちゃ悪い木造住宅を選んじゃって」と当時を回想する。

ＤＶという状況を説明した際、不動産業者の担当者は、「それ大丈夫なんですかね？　危険じゃないですかね？」と質問したという。「危険というのは、私を心配したんじゃなくて、建物に、夫が来ないかってことを気にしていたんだと思います」というように、不動産業者にとって、ＤＶという問題は、避けたいもののようである。

しかし、その住宅に入居した直後、劣悪な居住環境に弘子さんも子ども達も耐えられなくなった。結局、転居から三年足らずで再度民間の借家に転居した。ケースワーカーに窮状を訴えてから、かなり長い年月が経っていた。住む地域は、後々のこと、たとえば、子どもの生育環境なども含め決定すべきだったと弘子さんは振り返る。焦って選定した地域は、学校の環境もよくなく、子どもが学校になじめなかったことが大きな問題であった。「もう少し、時間と情報があったら。子どもたちだって。転居なんか。何回もしたくないですよ。」と弘子さんは厳しい口調で言う。

弘子さんの場合のように、ほとんどの被害者が安全面を考慮して婚姻時の居住地から遠く離れた地域へ逃避する。土地勘もなく、時間のないなかで急いで居住地を決め、後になって利便性や環境などの問題に頭を悩ませる被害者は少なくないのが現状なのである。

(3)　一時保護所を転々としたケース

松岡亜希子さん（仮名）は、高校生と中学生の子どもを連れ都道府県外から逃避してきた。元夫の追跡が及ばぬようにと、とにかく元居住地から離れた地域まで移動し、警察に保護を求めた。しかし、管轄が違うという理由から、居住地の警察に保護を求めるように指導される。居住地に戻ることがどれほど危険か説明をしたが、取り合ってもらえなかった。「やっとたどり着いて、そこでそんなことを言われるなんて」と亜希子さんは涙ぐんだ。ＤＶに対する知識や認識は、関係機関、そして個人によっても様々である。そのため保護につながらず、仕方なく、自宅に戻る被害者も多いのである。

亜希子さんは、警察による保護をあきらめ、現地の役所に相談の電話をするも、別の部署へ電話するようにと助言されるのみであった。その後も、さまざまな部署をたらい回しにされ、ようやく当該地域の警察に保護してもらえたのはその日の夜であった。

亜希子さんの元夫は金使いが荒く貯蓄もほとんどなかった。亜希子さんも勤めに出ていたが、それを生活費にまわし、貯蓄する余裕もなかったため所持金はわずかだった。職場には、家を出る時に事情を説明し退職した。職場の同僚も体のあざなどから、暴力の事実は知っていたため、引き留めることもしなかったという。

「長く勤めた職場でした。これからの事を考えると辞めたくはなかったです。でも、職場に行くことで居場所がばれる方が怖った。家を出て殺された人の話なんかも聞くし……」。

ＤＶ被害者は、家を出ることによって退職を余儀なくされる場合が多い。辞めたくなくても、元夫が職場に嫌がらせなどをして迷惑をかける、被害者を待ち伏せするというケースがあるためである。また、保護につながれば、基本的には、通勤は禁止される。

このように、長く勤めてきた職場も、住み慣れた地域も友人も、家等の財産も全て奪われてしまうのがＤＶの実態なのである。

松岡亜希子さんは二週間ほど公的保護機関にいたが、なかなか次の行き先が決まらなかった。

「行き場がない母子は、母子生活支援施設があると言われたけど。中学生の男児がいると無理だと言われて」

仕方なく、松岡さん家族はそのまま別の施設に移されることとなった。その施設は古く、ほこりっぽく、劣悪な環境であったため、家族全員がアレルギーを発症してしまい、翌日、民間のシェルターに移されている。その一〇日後、公的保護機関に空きができたという理由で再度移動している。

結局、一カ月足らずで四回も保護所を転々とした亜希子さんは、「なんでそんなに移動しなければならなかったのか。行政の事情だと思うけど。負担がすごく大きかった」述べている。

なかなか行き場が決まらない亜希子さんに、行政は公的ステップハウスの利用を勧め、亜希子さんもそれを了承した。その後、住所が確定した段階で生活保護の申請手続きを進めることができたという。

公的ステップハウスは、公営住宅の一室を目的外使用で一定期間有料で提供されるものである。そのため行政は、亜希子さんに一年の間に次の行き先を探すように指導したという。

「ここもあと少ししたら出て行かなくてはならない。次の行き先が決まらないので。それを考えると不安で仕方がない。夜も眠れない。」と亜希子さんは漏らす。

被害者の多くは、ＰＴＳＤ（心的外傷後ストレス障害）やうつなど精神的問題を抱えていることが多い。亜希子さん自身も精神内科に通い薬をもらっている。ステップハウスに移ってから、早く生活再建をしようと、働きに出たが、精神的に辛く、続かなかった。また、亜希子さんの子ども達も心療内科に通っている。長女は、転入先の高校になじめず、入学後数カ月で退学した。転校先で、制服を持っていないことを担任になじられたり、ＤＶぐらいで、甘えるなというようなことを言われたりして、バランスを崩したのではないかと亜希子さんは推測している。また、中学生の長男は、転校先で友達関係がうまくいかずに、元の学校に戻りたいと泣くのだという。

「子どものために、元の生活に戻った方がいいのかなって思います。逃げて、暴力がなくなったら、幸せに暮らせると思ったんですけど。間違っていたのかな」と亜希子さんは涙ながらに語る。

こういった事例から、被害者の精神状況も考慮し、スムーズな一時保護、そこから切れ目なく、安定した住まいに移行できる支援を早急に整備する必要があると言えるだろう。

第6章　父子世帯を取り巻く育児・住生活環境

家族の変容と居住ニーズの多様化が盛んに言われるようになったが、相変わらずわが国の住宅政策は、それぞれの困窮事情を無視した画一的な内容にとどまっている。よって、そこから漏れ落ちる表面化しない居住不安定層は置き去りにされる傾向が強い。

とくに、ここでとりあげる父子世帯はその数が少ないことや、男性世帯主世帯であるがゆえに経済的に問題のないグループとの認識が強く、彼らの住生活ニーズを具体的にとらえようという動きはこれまでほとんど見られなかった。

たしかに、二〇一〇年の「国勢調査」によると、父子世帯数は二〇万四一九二世帯（うち七割が生別）と、同じひとり親である母子世帯数の五分の一程度でしかない。これは、離婚に際して、妻が子の親権を行使する割合が圧倒的に高いことが要因である。

中田照子、杉本貴代栄、森田明美編著［二〇〇二］は、ひとり親が直面するジェンダーから派生する困難のひとつとして、子育てや家事が女性の役割とされていること、いわゆる性別役割分業規範の存在を指摘している。つまり、男は仕事、女は家事という規範が浸透している社会において、ひとり親になるということは男女いずれにとっても多大な困難がつきまとうということである。世界的に見ても、離婚に際して女性が子を引き取ることが当然という社会通念は根強いが、この背景には男性が一人で子どもを育てることが極めて困難な社会構造がある。よって、父子世帯は、母子世帯とはまた種類の異なる困難を抱え込むことになるのである。

厚労省「全国母子世帯等調査」（全母調）の二〇一一年のデータでは、父子世帯の就労は母子世帯と比較して安定している。婚姻時に就業していた父子世帯は九五・七％であり、そのほとんど（七三・六％）が正規社員である。また、調査時の就業率は九一・三％、やはり、うち約七割が正規職員として働いている。

では、父子世帯は子を抱え、どのようにしてこのような安定した就業環境を手にしているのであろうか。本章では、父子世帯の育児を含む、住生活環境が父子世帯化前後でいかに変化し、また、子育てと就労の狭間で彼らはどのような課題に直面しているのかについて明らかにする。

1．支援から排除される父子世帯

長い間、父子福祉については根拠となる独自の法律がなく、このため、父子世帯への支援は母子福祉施策の一部を対象拡大、改正する形で実施されてきた。二〇〇二年に「母子及び寡婦福祉法等の一部を改正する法律」が成立し、父子世帯が同施策の対象として明確に位置づけられることとなったが、相変わらず、父子世帯が得られる支援は限られたものであった。

たとえば、母子世帯に対しては、「母子及び寡婦福祉法」に基づき、母子世帯の問題を専門に扱う母子自立支援員が各都道府県に配置されている（第八条）が、父子問題専門の相談員を有する自治体はほとんどなかった。同法第十三条に基づく母子寡婦福祉資金事業や第三十一条に基づく母子家庭自立支援給付金、さらには、「児童福祉法」第三十八条の母子生活支援施設の供給についても父子世帯は適用外である。また、一九六一年に施行された「児童扶養手当法」は長らく父子世帯を対象とはしてこなかった。なかには、父子世帯にも手当てを支給していた自治体はあるが、それはいずれも単独事業として行われていたものである(1)。

では、父子世帯に対応した支援はどのようなものがあったのか。一九八二年から父子世帯についても母子家庭介護人派遣事業が利用できるようになった。これは、疾病やその他の理由により日常生活が困難となったひとり親家庭に家庭生活支援員を派遣して、家事や育児等を一時的に支援するという事業である。

このほか、子育て短期支援事業として、日常生活が困難となったひとり親の子の養育を一時的に施設等に委託するショートステイ事業、仕事やその他の理由(2)により帰宅が遅くなるひとり親家庭を対象に、特定の施設等にて夜間の育児支援を実施するトワイライトステイ事業がある。

一九九六年には父子家庭支援事業が開始された。この事業は父子世帯向けに創設された極めて珍しいものである。具体的な内容は

①父子世帯が日ごろの悩みや情報交換ができる場の創設

②父子世帯の子の相談を受けたり学習指導を行ったりする大学生を家庭に派遣する（ホームフレンド事業）

③父子世帯が利用できる制度の周知を図るための広報事業

などである。しかしながら、父子世帯の公的施策の利用率はそれほど高くない。

たとえば、全母調の二〇〇六年調査では、家庭生活支援員派遣事業の利用実績が集計されているが、この制度を利用した父子世帯は〇・七％（母子世帯は〇・四％）であり、今後利用を希望するとの回答は一二・九％（母子世帯は一七・〇％）である。二〇〇八年四月には、「母子家庭及び寡婦の生活の安定と向上のための措置に関する基本的な方針」が発表されたが、ここでも、父子世帯は「母子世帯と比べて、子どもの養育、家事等生活面で多くの困難を抱えており、子育てや家事の支援の重要性が非常に高い」とされながらも、他方で「公的制度を利用する人はわずかである」と報告されている。いずれにしても、手当てや貸付制度といった経済支援は母子世帯のみを対象とし、

父子世帯に対しては、専ら、育児、家事支援が提供されてきた。これは、彼らが男性であり、不慣れな家事・育児等に苦労をする一方で、母子世帯よりも就労条件が有利であるととらえられてきたためであろう。

しかしながら、日々、悪化し続ける雇用情勢の中で、父子世帯の貧困は看過できないものとなりつつある。全母調の二〇一一年調査によると、父子世帯の年間収入は三八〇万円と母子世帯（二二三万円）よりも高いが、一般世帯（五六三・八万円）とは歴然とした格差がある。

二〇〇九年ごろからは、父子世帯の窮状を訴えようと、当事者団体が全国各地で結成されている。従来、少数派の父子世帯が地域社会で繋がることは難しかったのであるが、近年では、ソーシャルネットワークサービス（SNS）の発達により、互いの課題を共有することが容易になった。インターネットという仮想の場における彼らの集いは、次第にリアルな活動へと導かれていく。そこで、彼らが注力したのは、児童扶養手当の父子世帯への拡充である。同じひとり親で同様に困窮していても、男親はその対象とならない現状に異議を申し立てたのである。彼らは、ネット上で、父子世帯の声を集め、その生活課題を克明に可視化し、具体的なエビデンス（根拠）を武器に積極的なロビーイング活動を展開してゆく。結果、二〇一〇年、児童扶養手当法が改正され、同年八月より、父子世帯に対しても児童扶養手当が支給される運びとなった。さらに、二〇一四年には、母子及び寡婦福祉法が、「母子及び父子並びに寡婦福祉法」に改称、これまで母子世帯に限定されていた支援が、父子世帯に対しても開かれることとなったのである。

2. 低い転居率と高い持家率

続いて、父子世帯の住宅事情を具体的に見ていこう。

表6−1　ひとり親世帯の住宅

（単位：世帯、％）

		持家	公営住宅等	民間借家	給与住宅	間借り	総計
父子	全体	149,186 73.2	13,845 6.8	34,784 17.1	2,511 1.2	3,479 1.7	203,805 100
	独立	50,628 57.3	9,220 10.4	23,597 26.7	1,990 2.3	2,990 3.4	88,425 100
	同居	98,558 85.4	4,625 10.5	11,187 9.7	521 0.5	489 0.4	115,380 100.0
母子	全体	440,762 41.0	208,331 19.4	379,960 35.4	7,034 0.7	38,118 3.5	1,074,205 100
	独立	184,840 24.7	185,316 24.7	337,001 45.0	5,814 0.8	35,977 4.8	748,948 100
	同居	255,922 78.7	23,015 7.1	42,959 13.2	1,220 0.4	2,141 0.7	325,257 100

出所：総務庁［2011］により筆者作成。

二〇一〇年の国勢調査によると、全父子世帯、二〇万三八〇五世帯のうち、なんと約六割（一一万五三八〇世帯）もの世帯が親族と同居をしている。父子世帯では、就労環境を整備するために、また、慣れない育児に困惑し、親類等を頼る割合が高いのであろう。なお、その同居先は、九割近くが持家である。一方、単独で生活する四割の住宅所有関係は、持家率が六割と圧倒的に高く、この数字は同条件の母子世帯の約二倍に相当する（表6−1）。

母子世帯では、死別、生別により、住宅所有関係に相違が見られたが、父子の場合はどうであろうか。国勢調査では、発生要因別の住宅所有関係は公表されていないが、全母調の二〇一一年調査ではそれが確認できる。これを見ると、死別（七三・四％）、生別（六五・五％）いずれも、極めて高い持家率を保持している。これらの持家率の格差については、死別か離別かといった発生要因よりも、年齢による影響が強く働いているのではないかと考えられる。

葛西［二〇〇九］では、福岡県、長崎県、熊本県、広島市、北九州市、福岡市の公表データを使用して、年齢階層別父子世帯の住宅所有関係について分析している。これによると、いずれの地域においても、四〇代の持家率は、三〇代と比較して、一五～二五％程度高いことが明らかになっている。全母調の二〇一一年調査では、死別の平均年齢（四三・八歳）が、生別のそれ（三七・三歳）を六歳ほど上回っていることから、この格差が持家の格差に反映されていると推察される。

では、母子と父子の住宅所有関係の格差はなぜ生じるのか。第2章、第3章で確認したように、母子世帯の多くは、離婚時に転居をし、民間借家や同居に移動するというプロセスをたどる。そのため、彼女らの持家率は極端に低く推移していた。

一方、「平成九年 離婚家庭の子ども」（厚生省）によると、離婚に際して転居する父子世帯は二七・七％と、同調査における母子世帯の転居割合（六六・六％）よりも随分と低い。また、婚姻時に持家や同居だった世帯は引き続きそこに留まる傾向が高く、借家や社宅・官舎などの給与住宅に居住していた者は、それぞれ約四割が転居し、その後同居に移行している（図6-1a～d）。このような住宅移動の結果、父子世帯の持家率は離婚前後でほぼ変化せず、他方で、借家の割合が低下、同居の割合が上昇している。つまり、父子世帯の持家率の高さの要因は、婚姻時の持家率がそもそも高く、離婚後も引き続きそこに留まる割合が高いことにあるといえる。

父子、母子にかかわらず、ひとり親が安定就労を継続するためには、私的な育児支援は欠かせない。とくに、父子については、慣れない育児と融通の利かない就労との狭間で、親類等からのインフォーマルな支援に対する要求はより一層高くなると予測される。このため、父子の同居の割合は母子よりも高い傾向にあるのだろう。ただし、母子世帯では、育児支援を求めて自ら転居するケースが目立ったが、父子世帯では転居率そのものが低い。婚姻時から両親と同居、あるいは近居をし、安定的な育児サポートが得られるケースもあるだろうが、全ての世帯がそういった条件にあるとは考えがたい。当然のことながら、親類からの援助が全く期待できない父子世帯もいるだろう。

マクロデータを再分析する中で、筆者がまずもって疑問に感じたのは、父子世帯は転居せずにいかにして育児環

図6−1　婚姻時に居住していた住宅の移動先（1997年現在）

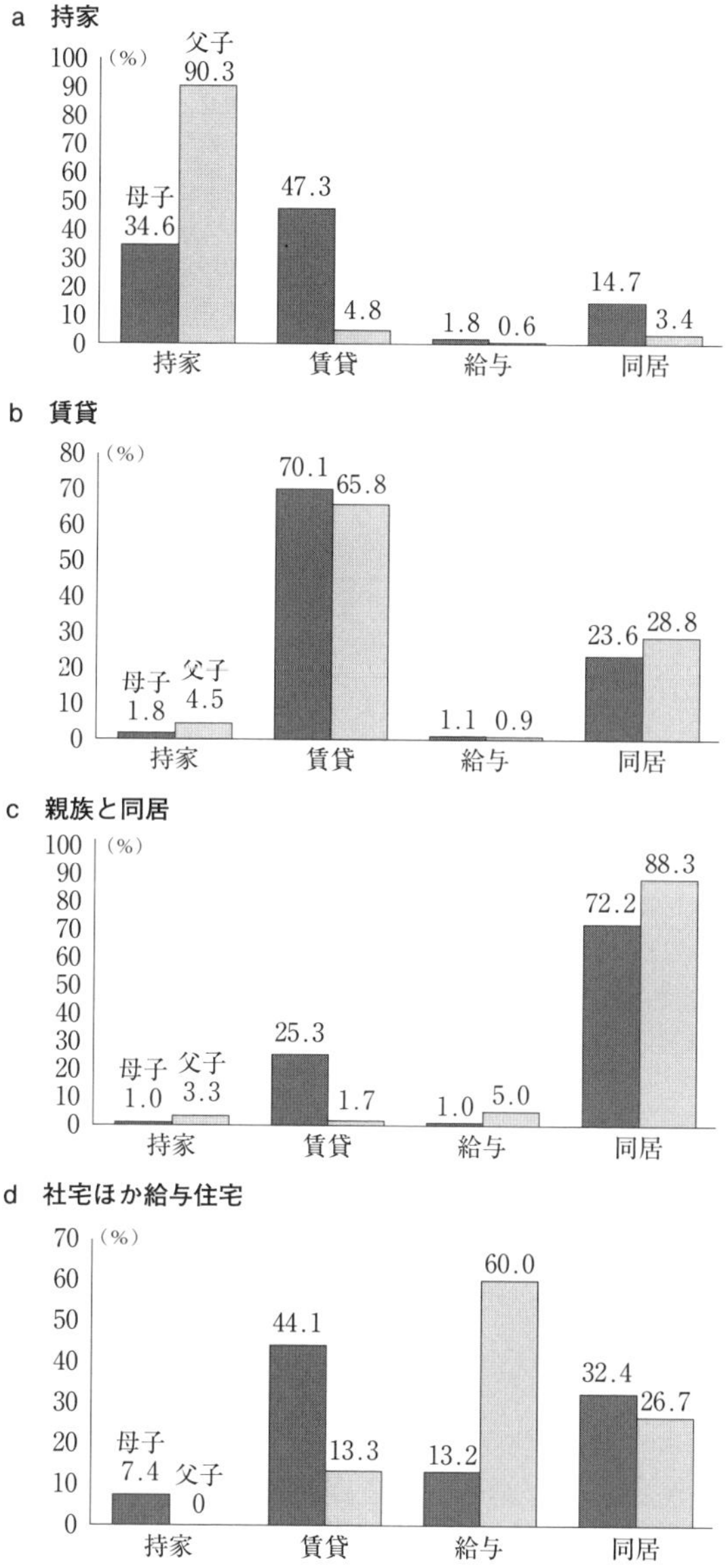

出所：厚生省［1997］。

境を整備しているのかという点である。そこで、以下では、父子世帯二四名に対して実施したインタビュー調査[3]を用いて、住環境の視点を軸に、父子世帯の育児と就労の両立の実情について検討をしていく。

3．離婚と父子世帯の就労環境整備

まず、本調査における父子世帯の就労状況を見ておこう。調査対象世帯の概要を示したものが表6－2である。婚姻時、調査対象者のすべてが就労しており、正社員は二四名中二〇名であった。このほか、自営業三名、当時

状況の変化（2011 年）

婚姻中の就労	現在の就労	転職の有無	転職しなかった者の働き方の変化	収入の増減
正社	正社	なし	職種変更、部署異動、勤務地変更	減った
正社	派遣	あり		減った
正社	臨時	あり		減った
正社	自営	あり		減った
正社	無職	あり		減った
正社	正社	なし	時間外労働の免除	減った
正社	正社	なし	時間外労働の免除	減った
正社	正社	なし	時間外労働の免除	減った
自営	自営	なし	出社と退社を1時間遅らせた。時間外労働分を土曜日に消化	減った
正社	正社	なし	特になし	変化無
正社	正社	なし	特になし	変化無
正社	正社	なし	特になし	変化無
自営	自営	なし	特になし	変化無
正社	正社	なし	就労の短縮、勤務地変更	減った
正社	正社	あり		減った
正社	派遣	あり		減った
正社	無職	あり		減った
自営	自営	なし	特になし	変化無
正社	正社	あり		増えた
正社	自営	あり		減った
パート	無職	あり		減った
正社	無職	あり		減った
正社	正社	あり		減った
正社	無職	あり		減った

表６−２　父子世帯化前後の転居と住宅移動、就労

No	父子世帯化直後の転居	婚姻中の住宅	離婚直後の転居先、呼び寄せ等	2011 年現在の住宅	本人年齢（歳代）	子ども数	末子の年齢（歳）	
							現在	当時
1	父子	持家	−	−	30	1	9	8
2	なし	実家	−	−	40	2	14	4
3	なし	実家	−	−	30	2	9	1
4	なし	持家	−	−	30	2	9	3
5	なし	民間賃貸	−	−	30	1	8	2
6	なし	持家	−	−	30	3	5	0
7	なし	持家	−	−	30	3	5	1
8	なし	持家	−	−	30	1	4	0
9	なし	持家	呼び寄せ同居	呼び寄せ同居解消	30	1	7	2
10	なし	持家	−	−	30	3	4	2
11	なし	民間賃貸	呼び寄せ同居	−	30	2	7	5
12	なし	民間賃貸	−	−	30	1	6	4
13	した	持家	実家（持家・親）		30	2	5	3
14	した	民間賃貸	実家（公営・親）		20	1	6	4
15	した	民間賃貸	実家（持家・親）		30	1	7	5
16	した	民間賃貸	実家（持家・親）		20	1	6	4
17	した	民間賃貸	持家・自分		30	2	12	1
18	した	民間賃貸	持家（呼び寄せ同居）		30	3	9	3
19	した	妻実家	実家	民間賃貸	30	1	8	1
20	した	民間賃貸	友人宅	民間賃貸	30	1	10	1
21	した	妻実家	実家	民間賃貸	30	2	7	0
22	した	民間賃貸	実家	民間賃貸	30	2	9	3
23	した	民間賃貸	実家	親名義持家	30	1	12	3
24	した	公営住宅	実家	民間賃貸	30	1	13	5

出所：父子世帯 24 名への筆者聞き取り調査の概要（2009〜11 年）。
注：呼び寄せ同居とは父子世帯自身の自宅に実家の両親等を呼び寄せる形での同居を指す。

からパートだったという者は一名のみである。このうち、父子世帯化後も婚姻時と変わらぬペースで働くことができた者はたったの五名のみであり、それ以外の二〇名は、離職や転職、部署異動や勤務時間の変更など、何らかの変化があったと回答している。

父子世帯化後の就労の主な課題は、これまでの仕事をいかにして持続させるかという点である。この点が、婚姻時に無業やパート労働の割合が高く、母子世帯化後、新たに生計を支えうる仕事に就く母子世帯とは決定的に異なる。

とくに、父子世帯では、婚姻時、家事や育児を妻に任せ、残業、出張、夜勤など時間の制約なく仕事に打ち込んでいたというものが多い。育児をこなしながら、第三者の手をかりずに、こういった就労環境を維持することは困難と言わざるを得ない。婚姻時のようなペースで働けなくなったことを理由に、会社側から暗に辞職をほのめかされたり、プレッシャーをかけられたりという回答は多く挙がった。結果、一三名（五四・二％）が父子世帯化後に退職している（図6－2）。この全てが、育児と就労の両立が可能な職場を求めて転職活動を行ったと回答しているが、うち五名は、現在も無業のままであった。

就業している一九名の状況を見ると、正社員が一一名へと大幅に減少し、自営業や派遣・臨時職に転じるものが確認された。これらは、正社員としての職にこだわって求職活動を続けたが、それが難しく、現職に甘んじたと回答している。自営に移行した者からは、「時間の融通が利くと思ったから」という回答が挙がっていたが、結婚時から自営であった者からは、出張や夜の打ち合わせなどをこなせなくなり、仕事が激減したとの苦悩も聞かれている。

転職しなかった一一名についても、父子世帯化後に働き方を変えたというものが六名いた。これらは、会社側に対応を求め、職種を変えたり、就業時間を変えたりして、就労の継続に努めていた。

図6−2　父子世帯化後の仕事の状況（2009〜11年）

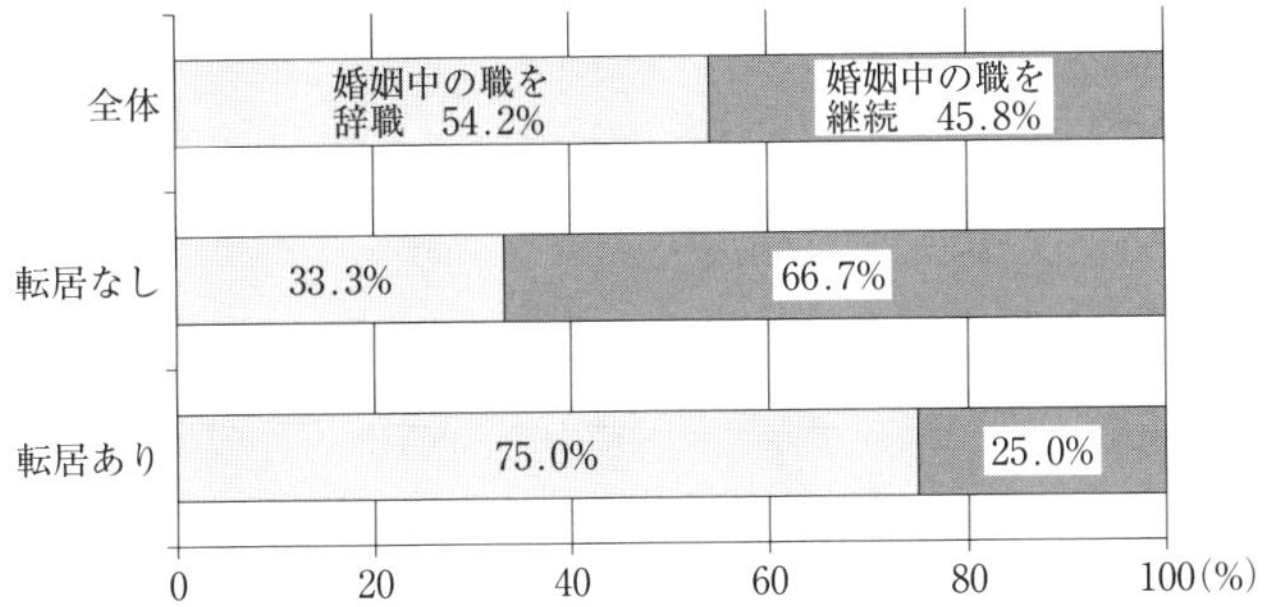

出所：父子世帯24名への筆者聞き取り調査の概要（2009〜11年）。

図6−3　父子世帯化前後、転居の有無と収入構成（2009〜11年）

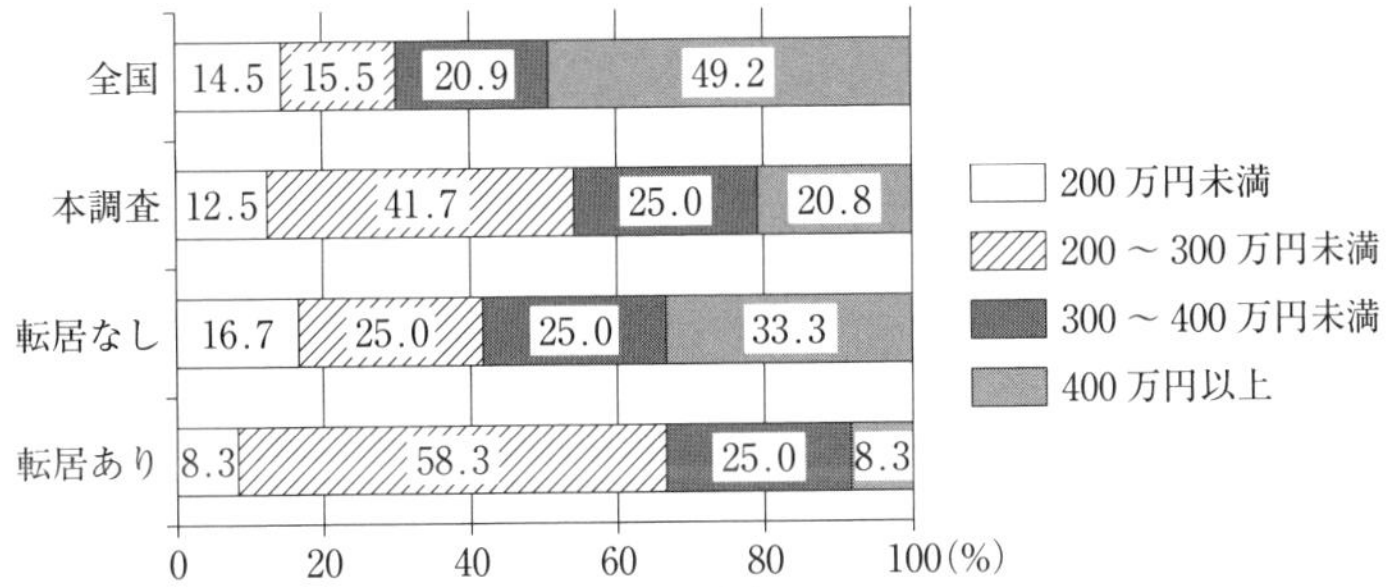

出所：父子世帯24名対する筆者調査（2009〜11年）。

なお、二四名中一八名が、父子世帯化後に所得が減ったと回答しており、転職しなかったものについても、半数が所得の減少を経験している。さらに、三名が生活保護を受給していた。なお、調査時点の父子世帯の年収階層は図6‐3に示す。全国の数字は、全母調の二〇一一年調査のものを使用しているが、これと比較すると、本調査では、二〇〇～三〇〇万円未満の割合が二倍以上となっており、四〇〇万円以上の割合が半分以下という結果であった。

筆者の調査では、半数が結婚時の住宅にとどまっている。うち、一〇名が婚姻時から親と同居や近居しており、加えて持家率が高い（五八％・七名）ことが特徴である。

他方で、残る半数が父子世帯化に伴い転居をしているが、その理由のほとんどが、「私的な育児支援を求めた」というものであり、一〇名が離婚直後に同居に移行をしている。また、転居者の特徴としては、持家率が低い点（一二名中一名が持家）や頼れる親類などと遠居していたなどが挙げられる。

このような前提条件の相違が父子世帯化後の就労に影響を与えている可能性は高いと考えられる。ここからは具体的な事例を用いながら、父子世帯化後の就労環境整備の実態と課題についてみてみよう。

(1) 家族からの育児支援を得る

婚姻時から、親と同居あるいは近居しているものの中には、父子世帯化後も全面的な支援を受けて、婚姻時と変わらない就労環境を獲得しているケースもある。しかし、筆者の調査では、そういったケースはむしろ少数派であった。多くの者が、「家族も働いている」、「要介護の家族の世話で手一杯」などのため、基本的な育児は自分でやるほかないと回答している。そういった状況であっても、事前に調整をすれば、残業ができたり、出張ができたりと、支援者のいないケースよりは随分恵まれているという印象を受けるのであるが、それでは不十分なのだという。それは、男性の働き方そのものが、ワークライフバランスなど完全に無視したものとなっていることに要因があると言えるだろう。就業時間一杯まで働くだけでは、評価はされず、時間外労働はあたりまえ、接待や付き合いも仕事のうちなど、多くの時間を仕事に捧げる男性たちにとって、育児の時間などこれっぽっちも残されてはいないのである。

たとえば、村上博さん（仮名）は、結婚時から自身の実家で同居をしていたが、両親ともに仕事を持っているため、育児は自主的に努めるほかなかった。結婚時の仕事は、長時間労働があたりまえであり、日に一七～一八時間働くこともあった。これでは、育児と両立できないと、進んで退職を決めた。再就職先は収入もよく、面接者は育児にも理解を示してくれたという。しかし、いざ入社してみると、当初の約束とは全く違う職場環境であった。

「男のくせに残業もできないのかって、なじるんですよ。それも、面接した当人が。残業している人に、ほらほら（村上さんが）帰るぞって。俺に聞こえるように。女の人が、子どもの迎えがあるんで帰りますとか言うじゃないですか。それには皆、お疲れ様、大変だななんて言うんですけど。男には冷たいもんですよ。あれじゃ精神的に続かないって」。

結果、村上さんは、精神的に追い詰められ、辞職の道を選んだ。その後も、転職活動をしたが、いずれも育児問題で躓いた。いろいろ思案した結果、子が就寝する夜間であれば、親の育児負担が軽く済むと、現在は、介護現場にて夜勤を専門にこなしている。

三浦直人さん（仮名）は、二歳の子を抱えて離婚した。実家は、車で一五分程度のところにある。しかし、実家には、要介護の祖父がおり、全面的な育児支援を得ることは難しかった。また、実家には余分な居住スペースがないため同居もできない。父子世帯化後、育児との両立を考えて契約社員としての職についた。職場環境はよかったが、待遇面の不満と将来の不安から数年後に正社員としての職に就くこととなった。転職先は、父子世帯に対する理解もあり、しばらくは無理なく働くことができた。しかし、昇進し、役職に就いたことで、状況は激変する。仕事量が増大し、立場上、残業も毎日のようにこなさなくてはならなくなった。

「役職には就きたくないと言ったんですが、会社側は名誉なことだぞって。最初の上司は、よくしてくれましたけど。その上司が異動になると、雰囲気はがらっと変わっちゃって。好き勝手やってるわけじゃない、初めに約束したじゃないかって言いたいけど、下からも不満がでますしね」と三浦さんは当時を振り返る。そのしわ寄せは実家の母にいくこととなるが、三浦さんは頭を下げるしかなかったという。

会社と実家の板挟みとなり、結果的には体調を崩して退職に追い込まれた。現在は、失業保険を受給しながら、再就職に備えて職業訓練所に通っている。

(2) 呼び寄せ同居という選択

離婚後に、新たに持家を購入し、そこに実母を呼び寄せることで、就労の継続に努めた事例もある。このケースは、子を転校させず、自身の就労環境を維持させるためには、学区内に持家を購入し、同居のための住環境を整備することが最も合理的な解決策だったと回答している。何より、この選択は、自身の就労がこれまで通り安定すれば、実家の生活も丸抱えできるという計算があってのことである。このあたりが、薄給で働く母子世帯とは大きく異なると言えよう。

マクロデータで確認したように、父子世帯の転居率は低いが、同居の割合は極めて高い。このなかには、婚姻時から実家で同居していたというケースもあるだろうが、前記のケースのように、実家の親を呼び寄せる形で同居に至ったケースも相当数あるのではないかと考えられる。

なおこの、いわゆる「呼び寄せ同居」は、転居しなかったグループにおいても二事例見られた。これらはいずれも、実家まで三〇分程度の距離にありながら、実母を呼び寄せている。

この理由として、岡田直樹さん（仮名）は、早朝出勤や残業の多い職種に従事しており、これを続けるためには、全面的なサポートが必要であったと回答している。岡田さんの自宅は民間の借家であり手狭ではあったが、実母が年金暮らしで民間の借家に独居していたことや、子の保育所の都合などを考えると、呼び寄せ同居をした方が、双方のメリットが大きいという結論に至ったのだという。その結果、実母からの全面的な支援を受けて、岡田さんは、婚姻時と変わらぬペースで仕事を続けることができていた。

また、船本務さん（仮名）は、自身がローンの残る持家に居住し、そこを事務所として自営をしていたことを理由に挙げた。同居後は、実母に家事と育児の一切を任せ、仕事だけに専念することができた。しかし、そこから数年後、実母が他界したことで状況は一変する。

「今までほとんどしてこなかった家事全般、とくに、料理には苦労しましたね。出張も夜の打ち合わせも全部だめで。それに、子どもがインフルエンザになったりすると、一週間くらい身動きが取れない。本当にどうにもならなかった」と船本さんは当時を振り返る。仕事は激減し、生活が苦しくなる中で転職を考えたが、現実はそれほど甘くはない。残業のない職となると、どうしても薄給となり、それでは生活が立ち行かないのだという。その最大の要因は、月々十数万円の住宅ローンの返済である。

「売ることも考えたんですが、なかなか買い手がつかない。売れてもローンが残るので意味がない。新たに家賃が発生するわけですから。ローンが支払える間はここに住むしかないと思っています。なんで持家なんて買ったのかって。いらないですよ実際。親子二人には広すぎるんだから」とやり場のない気持ちを強く訴えていた。

(3)　持家を所有するというリスク

船本務さんのように持家が足かせとなり、転居したくてもできなかったという回答は意外にも多かった。筆者の調査では、八名が婚姻時の持家に居住しており、父子世帯化を機に売却を検討したものは七名、うち、実際に売却ができたものはたったの一名である。

たとえば、水野邦男さん（仮名）は、近居する実母が、突然要介護となったことで、就労困難に陥った。夜勤や休日出勤の際に育児を頼めるものがいなくなったことが最大の問題であった。役職についていた水野さんの責任は重く、上司に相談に行くも、「そんなことくらいで辞められるわけがない」と、理解が得られるどころか、逆に責め立てられたという。上司の期待に応えようと、実母の介護だけでも大変な実家に、子を託すなどして凌いだ時期もあった。しかし、いよいよ手が回らなくなり、辞職に追い込まれたのだという。退職後は、妻との共働きを前提に組んだ住宅ローンの返済に行き詰まった。当時は、持家を売却して実家に戻ろうと楽観的に考えていた水野さんであるが、それが売却できたとしても多額の負債が残ることを知り、そこで初めて深刻な状況に陥っていることを自覚したという。

「共働きで買った家なんで、離婚した時点で返済計画は狂うわけですよ。それでも仕事ができていればなんとかやっていけた。辞めたあとは、とにかく、月々のローンをどうするんだって。そればっかりですよ」と水野さんは語気を強める。

持家所有者＝経済的に裕福な世帯という定着したイメージから、父子世帯の住宅問題は置き去りにされてきたきらいがある。もちろん、持家を所有することは一種の社会的ステータスであり、資産形成の面においてもメリットが大きいと考えられてはいる。しかし、それは、収入が安定し、順調にローン返済ができればという条件付きである。

国勢調査などでも確認したように、七割近くの父子世帯が持家を所有している。父子世帯の年齢層を考えると、この多くが、未だ多額のローンを抱えているのではないだろうか。こういった実情を照らし合わせると、父子世帯の転居率が低く抑えられている背景には、持家処理の困難という課題が隠れている可能性が高い。

船本務さんや水野邦男さんの事例のように、夢のマイホームも就労が不安定化すれば、大きなリスク資産となってしまう。育児のために就労困難に陥るも、持家が足かせとなり、身動きが取れず、それがゆえ、生活を立て直すこともできない。八方塞がりの中、それでも、そこにしがみつき、月々の返済に苦悩する父子世帯の実情はあまりにも過酷と言わざるを得ない。

(4) 孤立しがちな父子世帯

父子世帯は社会から孤立しがちであるとよく言われる。全母調の二〇一一年調査では、困った時に相談相手がいると回答した父子は五六・三％であり、母子の回答の八〇・四％とは大きな開きがある。筆者の調査でも、「育児支援が得られる相手がいるか」という質問に対して、二三名が、いると答えたが、その全てが実家の親を挙げた。他方で、親類以外に頼る相手がいると回答したものはたったの一名である。行政の相談窓口を利用した者もほとんどおらず、その理由として、「女性の担当者に相談することに抵抗を感じる」という意見が多く挙がっていた。なお、父子世帯の当事者団体に、ネット上で悩みを打ち明けた経験があるという者はいたが、育児を助け合うなどの関係にまでは至っていないということであった。

母子世帯では、母親同士のコミュニティも強固であり、緊急時に保育所のお迎えを頼めるママ友や残業時に子どもの様子を見てくれる近隣住民など、複数の人的ネットワークを有している者も少なくない。しかし、父子世帯では、こうした関係を築くことが難しい実情もあるようだ。

仕事を理由に、近所づきあいや保護者同士の付き合いは、ほぼ妻に任せているという男性がほとんどではないだろうか。これは父子世帯においても例外ではない。父子世帯となり、初めて子どもの交友関係を把握したという者もいるのだから、保護者との付き合いがないという状況にもうなずける。父子世帯になってからも、「女性ばかりの輪の中に入っていくことに抵抗を感じる」という声は驚くほど多く、また、保育所や学校の先生たちが父子世帯であることを気にかけてはくれるが、「かっこ悪くて相談できない」といった意見も挙がった。こういった状況にあって、ママ友からの支援を受けて就労環境を維持している角井崇文さん（仮名）の事例は極めて珍しいと言えるだろう。

角井さんも、持家が足かせとなり、転居できなかったうちの一人である。実家には、同居のためのスペースがなかったため、育児支援を求めて転居しても、新たな住居費が発生する。ローンと家賃の両方を負担する余裕はないために転居は断念した。また、当時八歳の子が、友人関係や習い事を理由に転校を嫌がったことも転居を躊躇した要因の一つである。

では、婚姻時の住まいに留まり、私的な支援者がいない中で、育児と仕事をいかにして両立させたのか。離婚当時、角井さんは、頻繁な残業や出張を伴う営業職に就いていた。こういった働き方では、育児との両立は難しいと、会社に事情を説明し、対応を求めた。会社側は、キャリアを失うことを前置きした上で、規則的な勤務時間が保障される事務職への移動を勧めた。勤務地も自宅から最も近い支店に配属してくれた。所得は、一〇〇万円以上も減ったが、このペースなら何とか、育児をしながら続けられるだろうと安堵したという。ただし、月に数日は残業を余儀なくされる。角井さんは、以前から交流のあったママ友らに事情を説明し、残業時の支援を要請している。

「下校後、習い事に行って、そこから、友達のところに帰宅して、夕食の面倒などを見てもらっています。特定の人に負担が集中すると、関係も壊れちゃうんで、複数のママ友を頼っています。皆よくしてくれています」と角井さんは笑う。

しかし、子が病気になるなどの時には、対応に困ることもある。

「子どもって突然、熱を出すじゃないですか。いくら何でも急には休めない。携帯を枕元に置いて。何かあったら電話するようにって会社に行くんですが。気が気じゃないですよ」。

角井さんのように、病気の子どもを置いて出勤したことがあるという回答は、父子世帯のみならず、母子世帯からも聞かれた。病気のわが子のそばにいてやれないやるせなさを抱え、そうしてでも働きつづけなければ生きていけないひとり親の悲しい現実がそこにはあるのである。

(5) 実家に戻るという選択

本調査では、転居したもののうち、九名が辞職という選択をしている（前掲表6－2）。これらの者の多くが、婚姻時の住まいの周辺に頼れる親類がおらず、就労困難に陥っている。なかには、なんとか就労を継続しようと、子どもを寝かしつけてから再度職場に戻り残業をこなしたり、子を同伴して休日出勤をしたりなどの努力を重ねた者もいるが、それも長くは続かなかったと回想している。生活を立て直そうと転職活動をしても、「残業ができないなどの条件を提示した時点で採用を断られた」など、育児との両立が可能な職場を探すことは容易ではない。ある父親は、時間の融通の利くパートに従事しようと面接に出向いたが、待遇を聞き、それでは生活が立ち行かないと、実家に戻ることを決断していた。

しかし、育児支援を求めて転居をしても、転職に苦労するケースは少なくないし、得られるサポートの程度によっては、会社の意向に沿う働き方ができず、再度失職するという事例もある。ここで、いくつかの転居事例を確認しよう。

実家に戻った直後に山田英二さん（仮名）が就いた職場では、毎日のように残業があったが、それでも給料は婚姻時の三分の二程度しかなかった。激務のため育児に主体的にかかわることができず、その負担は共働きの両親に重くのしかかった。育児をめぐり、両親とのいざこざが絶えず、結局、一年半でそこを辞職している。その後、残業がないという条件で現職に就いたが、実際には、頻繁に残業をこなしている。

「子どものいる女性でも残業している人もいるんで。正社員の自分が残業できないとはなかなか言えないですよ。両親からはもちろんいい顔はされませんけど。もう他にあてはないんで、ここで働くしかないです」と山田さんは語っている。

また、岡村健司さん（仮名）は、幼子を連れ、母親と姉のいる実家に戻った。家族はそれぞれ仕事を持っているため、全面的な育児支援を得ることはできない。同居直後は意気込んで正社員の職についたが、育児との両立に躓き、すぐに辞職した。その後は、「時間的な融通が利くだろう」との期待から歩合制の職に就いたが、あまりの待遇の悪さに続かなかった。結局、六回の転職を経て、現職に落ち着いた。現在は、自宅から一五分の職場にて、派遣社員として働いている。保育所の送迎は、家族が負担してくれるが、子の発熱等、緊急時は自身で対応するほかない。派遣という立場上、職場は急な欠勤や遅刻にも理解を示してくれるが、その分給料は減る。所得は少ない時で一五万円に満たないが、「子どもがある程度大きくなるまでは仕方がない」と肩を落とす。

もちろん、実家に転居し、親等からのサポートを得ることで、就労継続が可能となったケースもあるが、それはたったの二事例のみであった。

たとえば、後藤修さん（仮名）は、出勤時間が保育所の開所時間よりも早いため、朝の送迎のみを支援してもらおうと、同一市内の実家に転居している。実母も働いているため、送迎以外の育児はすべて自分でこなすほかない。職場も後藤さんの事情を理解し、転居後に実家近くの支店に移ることを了承してくれている。時間外労働ができない分、収入は一二〇万円も減ったが、待遇を求めて転職すれば、より過酷な状況が待ち受けているだろうと後藤さんは推測していた。

さらに、小林正幸さん（仮名）は、婚姻時に自己所有の持家に住み、かつ実家まで約十分という条件にあったにも関わらず、同居に踏み切った。その理由として、小林さんは、持家のローンが完済しており、それが売却できたことや、仕事の継続のために実家からの全面的なバックアップが必要であったことを挙げた。なぜ、近居しつつ、育児支援を得る方法を考えなかったのだろうか。この点について小林さんは、「ローンがなかったことは大きかった。それに、持家が売れなければ転居が難しかったのは事実。近いとはいえ、夜中に子ども達を起こして連れて帰ったり、出張や早朝出勤のたびに前日から実家に泊まらせたりっていうのは負担が大きいんで」と語っている。

(6) 働くために子との別居を選択する

仕事を継続するために、子どもと別居している、あるいは、別居した経験があるという回答は五名から挙がった。愛しいわが子と離れて暮らすことは、極めて大きな決断のように思われるが、どのような経緯から別居に至ったのであろうか。

西野弘道さん（仮名）は、生後一カ月の子を抱えて父子世帯となった。実家に戻ることを検討したが、ローンの残る持家をどうするかが課題となった。

「無駄にローンを支払っても、実家に帰ろうと考えましたよ。当時は、実家で寝泊まりすることもありましたから。でも、それ、いつまで続けるんだって。実家は職場からも遠くて通勤にも時間がかかるし」という理由から、しばらくは、子どもだけを実家に預けることとした。子が四カ月になった頃には、近居する姉にその子を預けている。平日は、仕事が終わると姉の家に行き、子と一緒に夕食、入浴を済ませ、自分だけが帰宅するという生活を数カ月続けた。しかし、姉が働きにでることとなり、子を預けることは不可能となった。幸い、保育所への入所も決まり、改めて子と同居する運びとなった。しかし、それまでのように、全面的な育児支援が得られなくなったことで、欠勤の回数は増え、所得も減った。

「事前にわかっている残業なんかの時には、実家に預けることもできますけど。なんせ遠いんで。緊急の場合は、ほとんど連携がとれませんね。自分で対応するほかない」と語っている。

また、馬場真さん（仮名）は、障害のある子を抱えて死別した。一度は実家に戻ることも検討したが、実現には至らなかった。実家は過疎の進んだ地域にあり、戻っても仕事が見つかる保障はなかった。何よりも、馬場さんの親は年金暮らしであり、無職の息子と孫を受け入れるほどの経済的余裕はなかったのである。仕事は夜勤などを伴うもので、育児との両立は明らかに難しかった。何より、子には障害があるため育児の負担は通常よりも重くなる。「二人で暮らすことも考えたんですが。育児しながら、できる職なんて限られているでしょ。年収もぐんと下がる。生活していけなかったら本末転倒だなと」という理由から、引き裂かれる思いで施設に預ける選択をしたという。現在は、週末のみ、自宅で子と過ごすことができている。

西野弘道さんのように、子に障害や慢性疾患があるという回答は、ほかの三名からも挙がった。うち一事例は、やはり、実家の母親に預けて自身が働き、うち一事例は、きょうだいのうち一人を実家に、一人を自身で養育するなどして、急場を凌いでいた。それでも生活は成り立たず、結果的には生活保護を受給することでなんとか生計を立てているという状況であった。

4. ひとり親の生活安定のために必要なこと

ひとり親の調査をすると、母子世帯からは、「父子世帯は仕事もあって、家もあって。母子世帯よりも随分まし」という意見が、逆に、父子世帯からは「僕らの方が大変、母子世帯には手厚い支援があって恵まれている」といった発言がしばしば聞かれる。双方の主張はそれなりに当たっているのであるが、どちらが大変、どちらが恵まれているという議論に終始していては、抜本的な解決策は見いだせないだろう。そもそも双方の抱える問題の質は全く異なるものに見えるが、実は、社会的に形作られた男女の役割の相違という根っこから派生している問題だからである。

つまり、夫婦が揃い、その片方が目一杯働き、もう一方がケアに専念する、あるいは、（そのバランスはともかく）双方がケアを分担することでようやく家庭生活が成り立つ、いわゆる男性稼ぎ主型モデルが浸透しているわが国において、育児とケアをひとりで担わなければならないひとり親が割を食うことは当然なのである。

就業時間いっぱいまで働いても社会的に評価はされず、時間外労働ができてあたりまえという日本の男性の働き方は異常と言わざるを得ない。これが前提とされる社会において、母子世帯が一般世帯並みの生活水準を実現しようとすれば、仮に、彼女らがキャリアを磨いたとしても、このような働き方をしなければならないということではないか。そう考えると、この前提がいかに無謀なのかが見えてくる。

父子世帯へのインタビューにおいて、望む支援を聞いたところ、「手厚い育児支援」を挙げる父親は意外にも少なかった。その回答の一つに、筆者の胸に響くものがあったので紹介しよう。

「育児支援があればあるほど、僕たちは限りなく働けると思います。実際、今までそうしてきたんですから。だけど、子どもとの関係は全くなくなる。それじゃ本末転倒なんです。子どもにお金を渡すだけが父親とは違うと。僕は、たった一人の親なんですから。国に望むことは、適正な労働環境と、子どもを育てながら働くことを許してくれる社会です」

しごく真っ当な意見である。だが、これを実現するためには、日本の就労システムそのものが見直される必要があるだろう。

たとえば、筆者は、デンマークとスウェーデンのひとり親に対する聞き取り調査[4]を実施したことがある。法定労働時間は、スウェーデンで四〇時間、デンマークでは三七時間であり、労働組合の影響力の強い北欧諸国では、これらはきっちりと保障されている。女性の労働力率が高いこれらの国では、男性の育児への参加が前提とされており、たとえ離婚をしても、共同で子を育てるという慣習が根強い。

あるスウェーデン人の父親は、離婚に際して、子を共同で育てることは、非常にナチュラルな選択であり、離れて暮らすことは考えられなかったと回答している。子は一週間ごとに、互いの家で養育し、子どもにかかる費用は完全に折半だという。「子が自宅にいる一週間は、仕事の時間を早く切り上げて、子どもとの時間を楽しみます。子のいない一週間は、就業時間を延長して仕事に専念する。メリハリができてちょうどいいですよ。子どもが病気になったら休んで看病しますよ。当然でしょう。」と語っている。早く帰宅することや、子どものために休むことに、会社側は嫌な顔をしないかというこちらの質問には、「子どもが病気になるのは当然のことじゃないですか。誰かの子が病気になったら、可哀想にとは思うけど、迷惑だなんて思う人がいるのが信じられない。それに、自分の子どもを迎えにいくのに、会社に許可をもらうことの意味自体がわからない」と首をかしげながら、「僕が休んだり、早く帰宅したりするのを見れば、ああ、今週は子どもが来ているんだな。楽しめよぐらいは思っているかもしれない」と笑った。

また、デンマークで出会った父子世帯も、一週間ごとに、子どもとの生活を楽しんでいた。「忙しい時期には、元パートナーと相談しながら、時間をやりくりしています。平等なスパンで子と過ごしているので、養育費のやり取りはありません。必要なものは気づいた方が購入するという感じでやっていますから」というように、双方が平等に協力しあって子を養育するため、時間的にも、経済的にも逼迫するという様子は見られなかった。また、両国ともに、学費は無償化されているため、教育費の面で将来を案ずることもなく、そのことで元パートナーと複雑な調整をする必要もない。

両国への調査を通して、最も印象的だったのは、父子、母子にかかわらず全てのインタビューが「子育てを楽しんでいる」と語ったことである。その背景には、何か問題が生じれば「手厚い支援がある」という安心感、つまり、国への絶大な信頼があるためであろう。

ひとり親となっても、また、共働きであっても不安や苛立ちを感じることがなく、楽しく子育てができる社会の実現に向けて何が必要だろうか。働くことが最優先され、そのことで生じる生活上の弊害を、第三者に委ねなければ生活が成り立たないという仕組み自体を見直すことが求められる。そのためには、育児の社会化と個々人が担うケアのバランスをうまく図ることができる、それぞれのワークライフバランスを重視する社会へと舵を切りなおすことがまずは重要ではないだろうか。

注

（1）　民主党［二〇〇九］。

（2）　冠婚葬祭、職業訓練、就職活動、学校等への公的行事への参加など。

（3）　二〇〇九年二月から二〇一一年三月にかけて二四名の父子世帯に対して一～三時間程度のインタビュー調査を実施した。調査対象者の選定にあたっては、NPO法人全国父子家庭支援連絡会（全父子連）、NPO法人しんふぁ支援協会、宮城県父子の会から協力を得た。全父子連の父子会員は三二名、NPO法人しんふぁ支援協会の父子会員は三〇名、宮城県父子世帯の会の父子世帯会員は二五名であるが、そのうち、調査への協力が得られたそれぞれ八名、七名、九名の計二四名を対象とした。調査対象者の居住地は六都道府県となる。

（4）　二〇一二年三月、デンマークコペンハーゲン市内に居住する七名のひとり親（母子世帯六名、父子世帯一名）に対して、二〇一六年三月、スウェーデンストックホルム市内に居住する五名のひとり親（母子世帯三名、父子世帯二名）に対して一～二時間程度の聞き取り調査を実施した。

参考文献

厚生省大臣官房統計情報部編［一九九七］「平成九年度人口動態社会経済面調査報告——離婚家庭の子ども」

厚生労働省雇用均等・児童家庭局［二〇〇七］「平成一八年度全国母子世帯等調査結果報告」（「政府統計の総合窓口」http://www.mhlw.go.jp/bunya/kodomo/boshi-setai06/）

厚生労働省雇用均等・児童家庭局［二〇一二］「平成二三年度全国母子世帯等調査結果の概要報告」（「政府統計の総合窓口」http://

www.mhlw.go.jp/seisakunitsuite/bunya/kodomo/kodomo_kosodate/boshi-katei/boshi-setai_h23/)
厚生労働省雇用均等・児童家庭局家庭福祉課［二〇〇八］「母子家庭及び寡婦の生活の安定と向上のための措置に関する基本的な方針」
総務庁統計局［二〇一〇］「国勢調査」
総務庁統計局［二〇一一］「国勢調査」
葛西リサ［二〇〇九］「父子世帯の居住実態に関する基礎的研究――既存統計調査から母子世帯との比較を通して」『都市住宅学』第六四号、五九～六六頁
中田照子、杉本貴代栄、森田明美編著［二〇〇一］『日米のシングルファーザーたち――父子世帯が抱えるジェンダー問題』ミネルヴァ書房
民主党［二〇〇九］『父子家庭に対する手当て・支援金等に関する調査結果』平成21年民主党子ども男女共同参画会の報告、二〇〇九年三月

終章　住生活を変える住まいとケアの一体的供給

マーサ・ファインマン［二〇〇九］は、子どもや高齢者などケアが必要とされる人たちの状態を「一時的依存」（primary dependency）と呼び、こういった対象のケアを引き受ける者が陥る状態を「二次的依存」（secondary dependency）と呼ぶ。つまり、家事や育児、介護などの日常的なケアワークを引き受ける者はそれに専念せざるをえず、それがゆえに、経済的に他者に依存するほかないということである。わが国においては、ケアを引き受ける依存者（女性＝主婦）と被依存者（男性＝稼ぎ主）という構造が一般的であろう。しかしながら、本書が対象とするひとり親ではこのような依存構造が成り立たない。そのため、彼らは、離婚等により多大なリスクを背負い込むことになるのである。

ひとり親が生きていくためには、育児を含む家事と就労の両立は不可避である。彼女らに対しては、保育所入所にかかわる優遇措置があるが、早朝出勤や残業、病児の対応など、それのみでは補えないケアは多分にある。よって、ひとり親の就労環境は、公的保育の綻びを繕う私的レベルの育児支援の有無やその程度に大きく左右されるのである。ただし、その就労環境は特定の私的支援者に支えられたものであり、その支援者の都合によって簡単に崩れてしまう脆弱なものでもある。

育児の担い手がいない、一部の子育て世帯層の中には、病児の対応や、保育所の送迎を、ＮＰＯや企業サービスに委ねる者もいる。こういったサービスの多くが、自宅訪問型であり、緊急利用も可能など、安心、かつ、柔軟で敏速なサービス形態が支持されていると聞く。言わずもがなだが、低所得なひとり親が、こういったサービスを利用することは難しい。では、市場サービスから排除されがちなひとり親が、私的な支援者の有無に縛られることなく、個々人が望む場所で、育児と仕事の両立を実現するには、どのような解決策があるのだろうか。本章では、その可能性について検討してみたい。

1. 空き家の増大と住まいとケアの一体的供給の動き

二〇〇七年に施行された「住宅セーフティネット法[1]」は高齢者、障害者、子育て世帯（ひとり親世帯）、ＤＶ被害者など住宅困窮リスクの高いものを「住宅確保要配慮者（要配慮者）」と総称し、支援策として、公営住宅の供給に加え、民間賃貸住宅の円滑な活用を謳っている。確かに、二〇一三年の住宅・土地統計調査によると空き家率は一三・五％であり、このことから、既存ストックを積極的に活用した支援スキームの構築が最も現実的な策と言える。しかしながら、要配慮者の安定的な生活はハードの提供のみでは実現しえず、そこに、恒常的なケアが付されて初めて成立する。

求められるケアは、身体介護、日常の生活支援、メンタルケア、見守り、家事、育児など幅広い。時には「電化製品やガスコンロの使い方がわからない」、「掃除の習慣がなくゴミ屋敷化している」など、住まい方そのものが身についていないケースへの対応もある。また、それぞれが抱える課題の程度や種類は一様ではなく、それが複層化していることも多い。それゆえに、要配慮者に対する家主等からの風当たりは強くなる。家賃の不払いリスクはもとより、自宅内事故や孤独死、残置物処理に近隣トラブルなど要配慮者にまつわる不安要素は山積みである。孤独死ともなれば、原状復帰に多額の費用がかかり、しばらくの間、次の入居者を入れられないばかりか、近隣居住者は気味悪がって退去してしまう。このようなリスクを背負うくらいなら「空き家にしておく方が得策」と考える家主の心情は十分に理解ができる。

つまるところ、要配慮者の安定した住生活を保障し、彼らに対する家主からの抵抗感を拭い去るためには、ハードの安定供給にケアをコンバインさせることが不可欠なのである。では、そのケアを誰が、どのような法的根拠に基づき担うのか。そこが大きなハードルとなる。

従来、日常の自立した生活が困難な人々の居住問題は、社会保障政策、つまり施設への入所を以て解決してきたきらいがある。

たとえば、低所得高齢者については、一九六三年の「老人福祉法」の成立により、特別養護老人ホームや養護老人ホーム（以下特養）が整備された。他方で、金銭的余裕のあるケアニーズに対しては、有料老人ホームが対応し、その隙間を埋めるものとして軽費老人ホームが存在する。女性の役割の変化や多様化する家族関係の中で、家族からの介護が得られない高齢者は急増し、施設ニーズはますます高まっている。二〇一四年の厚生労働省老健局の発表によると、特別養護老人ホーム待機者は五二万人であるが、とりわけ、都市部においてそのニーズの充足が難しい傾向にある。ただし、これらは特養側から見て「真に入所が必要」なケースばかりではないようだ。二〇一一年度に特養待機者の実態を明らかにした厚労省の調査によると、家族による申し込みの理由として「今は自宅で生活できているが将来が不安なため」というものが約五割も存在する。[2] また、居宅ケアマネージャーの見解においても「しばらく自宅での生活は可能だが将来のために申込みしたほうがよい」という回答が四五％と最も高くなっている。つまり、在宅生活を支えうるケアの仕組みを整備すれば、待機者数を大幅に減らすことができるということである。

二〇一一年には、高齢者の居住安定確保に関する法律が改正され、サービス付き高齢者住宅（サ付）の登録制度がスタートした。法改正の趣旨は、諸外国に比して低い高齢者向け住宅の割合を高め、住み慣れた地域で住み続けができるようにすることにある。二〇一七年の国交省の報告によると、サ付の登録戸数は、制度開始からわずか五年の間に二〇万戸を超えている。しかし、その利用料は、住居費、共益費、サービス費や食費等を併せて月平均一三万円強という調査結果もでており、低所得階層には手が届きにくいという課題もある。(3)

2. 生活保護を活用した居住支援による解決

ホームレス等の居住困難層についても、その生活を地域でいかに支えるかが盛んに議論されている。従来、居所のない居住困難層に対しては、「生活保護法」に基づく更生施設等が対応してきた。(4)しかし、二〇〇八年、湯浅誠氏らが企図した派遣村以降、路上から民間賃貸住宅へと直接移行するケースは急増している。ノーマライゼーションの観点から言えば、これは自然な流れと言える。しかし、単に住まいを提供するのみでは、彼らの安定した生活は実現しえない。

筆者が二〇一一年に全国の更生施設に実施した聞き取り調査(5)によると、入所者数は、二〇〇八年九月のリーマンショック以降に急増し、二〇〇八年末から二〇〇九年の年越し派遣村以降に減少するという傾向が聞かれた。(6)その後、入居者数は徐々に回復しているが、その中には、かつて生活保護の利用により住宅確保をしたことがある、居宅保護経験者が一定数を占めていたという。これについて、施設の担当者は「住まいがあっても、恒常的なケアがなければ、生活が破たんするケースは多い。なかには、居宅保護と路上を複数回行き来したあと、施設へ移動してきたケースもあった」と、単に住宅だけを提供する現行の支援に異議を唱える。

事実、このような要配慮者を地域で支えることは難しいと言わざるを得ない。二〇一〇年から二〇一一年にかけて筆者が実施した更生施設退所者二五名への聞き取り調査[7]によると、このほとんどすべてが、親類や友人との関係はなく、過去一週間に接触した他者と言えば施設職員、ヘルパー、かかりつけ医などが主であった。聞き取り調査でも、「自宅内での事故や孤独死に不安を抱く」という声は多く聞かれた[8]。かつて彼らを支援した更生施設職員からも「年々孤独死ケースは増えてきている。二〇一一年度は、十数件の孤独死ケースがあり、そのいずれも身元引受人がおらず、最終的に施設に連絡がきた」という実情が語られた。

こういった現状に立ち向かうために、自治体でも、遊休空き家と要配慮者をつなぐ動きが出てきている。たとえば、豊島区では、いわゆる「空き家バンク」を創設し、空き家を抱える家主と要配慮者をマッチングさせる仕組みを作っている。両者の間にはＮＰＯが介入し、入居相談や入居後の生活支援を担うという。また、主に生活保護を受給する住宅確保要配慮者の住宅斡旋を専門とする事業者も登場している。都内にある不動産業者は、要配慮者の生活支援を担うＮＰＯを別途創設し、行政からの委託により、要配慮者の住宅確保支援からアフターフォローまでを切れ目なく行うことに成功している。空き家を解消し入居者リスクを回避する同社への家主からの信頼は厚く、二〇一一年の開業以来、約七〇〇件を成約させているという。

空き家を利用して生活保護受給者の住宅確保支援を行う民間事業者も急速に増えている。この多くが、所有する、あるいはサブリースする住宅の家賃を住宅扶助の満額に設定し、食事や見守り等のケアをパッケージ化して提供することで採算を合わせる事業モデルを採用している。生活保護を活用した居住支援事業については、貧困ビジネスのイメージや提供される住宅の質など課題は多く残るものの、これにより要配慮者の住宅問題が大幅に解消されてきたことは否定できない。

ただし、本書が対象とするひとり親は、生活保護受給率が低いため、上記のような事業モデルを当てはめることはまず難しい。かといって、家賃支払いもままならない低所得なひとり親から、ケア費用を徴収することも現実的ではない。では、ひとり親に適応できる仕組みとしてどのような可能性が残されているのであろうか。

3. 母子世帯向けシェアハウスの可能性

ここ数年、営利企業による母子世帯向けのシェアハウスの開設が相次いでいる。この背景には、若者のシェアハウスが飽和状態となる中で、新たな顧客開拓に乗り出したいという企業側の意図があるようだ。いずれにしても、見守りや日常のちょっとした生活支援など、法的根拠のないケアを恒常的に、しかも散在する地域へ運ぶとなると、かなりのコストがかかる。ここを一住戸に複数の世帯が集まり、互いの足りないケアを補い合うことでその負担を軽減しようというのが、母子世帯向けシェアハウスの考え方である。

筆者が知る限り、企業による母子世帯向けシェアハウスの開設が始まったのは、二〇〇八年以降である。最初のハウスは、千葉県柏市にて、有料学童保育を運営する企業がもと社員寮一棟を転用する形で開設している。しかし、それは最寄り駅から遠く、周辺の保育所に空きがないなど、働く母子世帯のニーズに合致していなかったことや、入居者をコーディネートする仕組みがなかったことなどから集客に課題を抱え、わずか九カ月で閉鎖している。[9]

その後、二〇一二年三月には、(株)ストーンズが高所得母子世帯を対象としたペアレンティングホームを開設している。同社は良質なハードに加え、週二回のチャイルドケアと夕食の提供といった企画で、そのブランド化に成功している。後に開設したハウスは、少なからず、ペアレンティングホームの影響を受けつつ、他方でその独自性に富んだ事業運営を展開し始めている。[10]

当初は、首都圏を中心に開設されていた母子世帯向けシェアハウスであるが、近年では、全国各地にその事例が確認されるようになった。不動産業界でも、その認知度は高まりつつあり、大手シェアハウスポータルサイトの

（株）ひつじ不動産も、二〇一四年から、ファミリー向けシェアハウスというカテゴリーを新たに設け、母子世帯向けシェアハウスの紹介を始めている。

筆者は、二〇〇九年から二〇一六年にかけて、母子世帯向けシェアハウスを手掛ける十の事業者に対して聞き取り調査を実施した（表終-1）。以下では、各事業者の事例に学びつつ、近年の母子世帯向けシェアハウスの動向について検討してみたい。

(1) 企業型母子世帯向けシェアハウスの実態

① なぜ、母子世帯をターゲットとしたのか

営利を追求する企業が、なぜ低所得であり生活保護受給率が低い母子世帯をターゲットとしたのだろうか。

近年、多くみられるのが、若者や外国人向けのシェアハウスの運営実績を有しつつ、新規物件の企画段階で「ハードが単身者向けにしては広かった」ことや「手がける物件の周辺環境が子育て世帯に適している」、あるいは「単身向けハウスに母子世帯からの入居相談が複数回あった」ことをきっかけに母子世帯向けハウス運営に参入してくる事例である。

近年、増加する空き物件の有効活用を考える際、社会貢献性、新規性を追求した結果、母子世帯向けシェアハウス運営に行き着いたという事業者もある。

他方、少数派ではあるが、「女性や子どもへの支援をしたい」という志を持ち、不動産とは全く関係のない業界から参入してきたという事例もある。

もちろん、これらは、勝算があったからこそ、事業をスタートさせているのであるが、多くが開設当初は集客に苦労したと回答している。

ウスの概要一覧（2009〜16 年）

事例 6	事例 7	事例 8	事例 9	事例 10
2014 年	2013 年	2014 年	2014 年	2015 年
単身世帯の入居も可（男性不可）	母子世帯のみ	母子世帯のみ	多世代型（男性、父子世帯可）	単身世帯の入居も可(男性不可)
不動産関連企業	不動産業以外の企業	不動産関連企業	不動産関連企業	個人
若者や外国人のシェアハウスに複数の母子世帯から入居問い合わせがあったため、母子世帯専用に開設	子どものケアに関心があり、子どもの支援のためには、母親支援が必要との思いから開設。いつでも子どもが預けられる体制づくりのため託児所を併設した	マンション投資事業の傍ら、シェアハウス等の実業に興味を持ち運営に乗り出した。未来に投資する意味でも、子どもを養育する母子世帯をターゲットとした	行政所有の建物を転用するにあたり、政策の一つであった女性支援、子育て支援などに沿った形で検討した結果、ひとり親をターゲットとした	身近に存在する母子世帯の苦悩を知り、社会貢献の一環としてハウスを開設
集合住宅のオーナーズルームをリフォーム	戸建住宅 1 戸をリフォーム	戸建住宅 1 戸をリフォーム	行政の宿舎を転用	戸建住宅を新築
徒歩 3 分	徒歩 8 分	徒歩 20 分	徒歩 2 分	車で 10 分
なし	託児室あり（残業時、病児保育等について無料）。希望者のみ、朝夕の食事（大人 15,000 円、子ども 10,000 円）共用部の清掃、夜間の管理人常駐	なし	育児シェア（1 時間 500〜700 円）企業と提携。年 4 回、同企業による子育てイベントと育児相談あり	なし
6 世帯	4 世帯	5 世帯	母子 8 世帯（単身 13 世帯）*	6 世帯
49,000〜53,000 円（共益費含む）入居時：事務手数料 15,000 円、保障料金 15,000 円 保証人不要	45,000〜48,000 円（共益費、水光熱費含む）希望者のみ朝夕の食事、大人 15,000 円、子ども 10,000 円 保証人不要	63,000〜65,000 円（管理費含む）入居時：保証金 15,000 円 保証人不要	94,000〜118,000 円（共益費含む）敷金 1 カ月分。事務手数料 30,000 円。保証人要	49,000〜50,000 円（駐車場、共益費含む）市外からの転入者は、最長 3 年間、月額最大 25,000 円の家賃補助が利用可能。保証人不要

表終－1　母子世帯向けシェアハ

	事例1	事例2	事例3	事例4	事例5
シェア開始時期	1995年	2008年	2012年	2011年	2015年
対象	多世代型（男性も可）	母子世帯のみ	母子世帯のみ	多世代型（男性不可）	母子世帯のみ
事業主	個人	不動産業以外の企業	不動産関連企業	不動産関連企業	不動産関連企業
開設の背景	育児問題の解決を目的に、母子世帯2名で設立	単身女性向けシェアハウス事業の成功を見て、対象を母子世帯に拡大	ハウスオーナーの周辺で働く母子世帯らが育児と就労の両立に苦悩する様子から着想を得て開設	他のシェアハウスとの差別化を図る目的で、母子世帯をターゲットとした	自社物件の活用方法について任された担当者が、立地や間取り等が母子世帯向けではないかと考え企画
建築ストックの種類	オフィスビル1棟	民間企業の社員寮一棟	1、2階が医療施設、3階の医院経営者宅をリフォーム	戸建住宅1戸をリフォーム	集合住宅のオーナーズルームをリフォーム
最寄駅からの距離	徒歩3分	バスで15分	徒歩3分	徒歩15分	徒歩4分
育児ケアサービスの有無と内容	なし	なし	週1～2回夜間数時間のチャイルドケア（親在宅必須）と夕食の提供	なし	育児シェア（1時間500～700円）企業と提携。月1回、同企業による子育てイベントと育児相談あり
入居定員	5世帯	19世帯	8世帯	5世帯	8世帯
家賃（月額）、共益費、敷金などの住居費	ハウス1棟で20万円。 居室の規模などを考慮して入居者全員で家賃を決定。入居者5世帯なら4万円程度	55,000円（共益費含む） 敷金、礼金、保証金、仲介手数料、保証人などがすべて不要	90,000～92,000円（共益費、チャイルドケア費としての週2回の夕食代含む） 敷金1カ月。保証人不要	88,000～118,000円（共益費、消耗品費含む） 入居時：保証金30,000円	6,000～101,000円(共益費、日用品費含む) 入居時：敷金・家賃1カ月、火災保険料9,500円（年） 保証人不要

事例6	事例7	事例8	事例9	事例10
事業主がサブリース	事業者**	事業者**	事業主がサブリース	事業者**
集合住宅6階、7階のメゾネット式 6階：居室4（7畳×3、5畳）便所、パウダールーム 7階：居室2（8畳）、8畳和室共有スペース、LDK、風呂、便所、バルコニー、洗濯スペース	1階：キッチン、託児所兼リビング、事務所としての8畳1室（宿直室としても利用）、風呂、便所、洗面所 2階：居室4（8畳×2、7畳×2） 共有の庭、駐車場	1階：居室（6畳）、共有のリビング（8畳）、風呂、便所、シャワールーム 2階：居室2（6畳）、LDK、便所 3階：居室2（6畳、7畳）	1階：LDK、風呂、便所、洗面所、収納、駐輪場、居室3 2階：風呂、便所、洗濯室、ミニキッチン、洗面所、居室8 3階：シャワー室、便所、ミニキッチン、洗面所、物干し、居室5 4階：風呂、便所、ミニキッチン、洗面所、洗濯室、居室5 屋上：物干し。母子世帯向け居室は7～9畳	1階：LDK、風呂、便所、洗面所、居室2（6.5畳、6.25畳） 2階：風呂、便所、洗面所、居室4（6.0畳×3、6.25畳）

開設からほぼ一年間入居者がなかったハウスや、入居者が一世帯など、シェアハウスとは呼べない状態が続いたハウスもあった。その背景には、母子世帯向けシェアハウスの認知度が低いこと、そして、「集住」という新しい住まい方への馴染みがなく、「ハウスでの生活が具体的に想像できない」、「人間関係等のトラブルが不安」といった要因があったようである。その後、ペアレンティングホームがメディア等にさかんに取り上げられると、徐々に母子世帯向けハウスの認知度が高まり、入居者が集まったというハウスが多い。

② ハウスの立地と空間

働きながら子育てをする母子世帯にとって、利便性は住まい選びの最重要項目となる。

とりわけ、都市部のハウスの場合、徒歩圏内に主要な路線の駅があることはもちろん、空きのある保育所や学童保育があること、商業施設や医療（主に小児科等）の充実が求められるという。何よ

	事例1	事例2	事例3	事例4	事例5
賃借形態	居住者代表が家主と直接契約	事業主がサブリース	事業主がサブリース	事業主がサブリース	事業者**
間取り	1階：駐車場 2階：キッチン＋リビング（14畳）、風呂、便所など共用部分 3階：居室2（10畳、3.7畳） 4階：居室3（4.5畳×3） 5階：屋上	1階：居室8（4.5畳）と共用キッチン、ダイニング（6畳）、リビング、風呂、便所 2階：居室12（4.5畳）と共用の風呂、便所	居室8（6.0畳）、リビング、ダイニング、風呂1室、シャワールーム1室	1階：居室2（8.3畳、5.7畳） 2階:共用LDK、居室（7.5畳） 3階：居室（10畳、7.3畳）	集合住宅8、9階のメゾネット式 8階：居室2（13.5畳、9畳）LDK、風呂、便所、洗面所、洗濯室、玄関部分 9階：居室6（5畳、6.5畳、7.5畳、8畳、9.5畳、13畳）、便所、洗面所 10階：屋上部分

出所：2009～16年に実施したインタビュー調査や資料収集をもとにして筆者が作成。
注：1）* 2016年9月現在。
：2）**自社物件と居住者の直接契約。

り、保育施設の充実は不可欠である。他の要素が充実していても、待機児童の多い地域のハウスでは、内覧や問い合わせが成約に繋がらないといった課題を抱えていた。また、郊外に立地し、駅から不便なハウスも、集客に苦戦していた。逆に、主要路線の駅から徒歩三～五分というハウスは、一〇万円を超える高家賃であっても、常に満室に近い状態であった（写真終-1a～c）。

なお、まだまだ少数派であるが、地方ののどかな地域に位置するハウスもある。この場合には、自家用車の所有が必須となるが、その分、生活圏も広がるため、都市部ほど利便性は重視されないともいえる。

加えて、母子世帯向けのハウスは、安定した住宅への移行期に短期間、あるいは、子どもが小学校に上がるまでの数年間など、スパンを決めて「仮住まい」的に利用される傾向が高い。ハウスで生活を立て直し、いずれは独立した住まいを確保し退去していくのである。その主な移行先は、

写真終−1　母子世帯向けシェアハウス

a　居室の様子

b　多世代型ハウスのリビングの様子

c　共有空間としての屋上

出所：以上、STYLIO WITH 代官山（東京都渋谷区）http://stylio.jp/with/daikanyama/rent/ より転載。

子どもの成育環境がすでに構築されたハウス周辺となる場合が多い。ハウス卒業後も長くその地域に住み続けられるように、周辺に手ごろな物件があるか、子育てがしやすい地域か、治安はどうかなど、周辺環境を考慮しておくことも重要と言えるだろう。

建物は、事業に先駆けて新築したという事例もあるにはあるが、多くが既存物件の利活用である。既存物件と一口に言っても、商業ビルのワンフロアや一戸建てをリノベーションしたもの、メゾネット型のオーナーズルームをそのまま活用したもの、また、社員寮や自治体所有の宿舎を転用したものまで幅広い。定員数も物件の規模により異なり、筆者の調査では、最小四世帯、最大二一世帯であった[11]。

いずれも、プライベートスペースとしての個室が確保され、台所やリビング、風呂、便所などは、共有となっている（写真終−2ａｂ）。エアコンや洗濯機、冷蔵庫などの最低限の家電は備え付けられており、布団さえ持ち込めば、すぐに新生活がスタートできる。個室の規模は、同一規格の個室を提供しているところもあれば、同一ハウス内でもさまざまな部屋タイプを設けているところもある。本調査では、最も小さい規模で三・七畳、最も大きい規模で一三・五畳というものがあった。(図終−1〜3)。

「プライベートスペースは一つしかないが、その他の共有部分が充実しているため、それほど苦にならないのではないか」というのが多くの事業者の見解である。

どのハウスも、居間に子どもの遊び場を作ったり、大きなダイニングテーブルを複数配置して、大勢で食事ができるようにしつらえたり、大型のテレビとソファを置いてくつろぎのスペースを作ったりと、さまざまな工夫がな

写真終−2　戸建新築型シェアハウス

a　外観

b　リビング風景

出所：以上、ぽたり（福岡県宮若市）事業者より提供。

4F

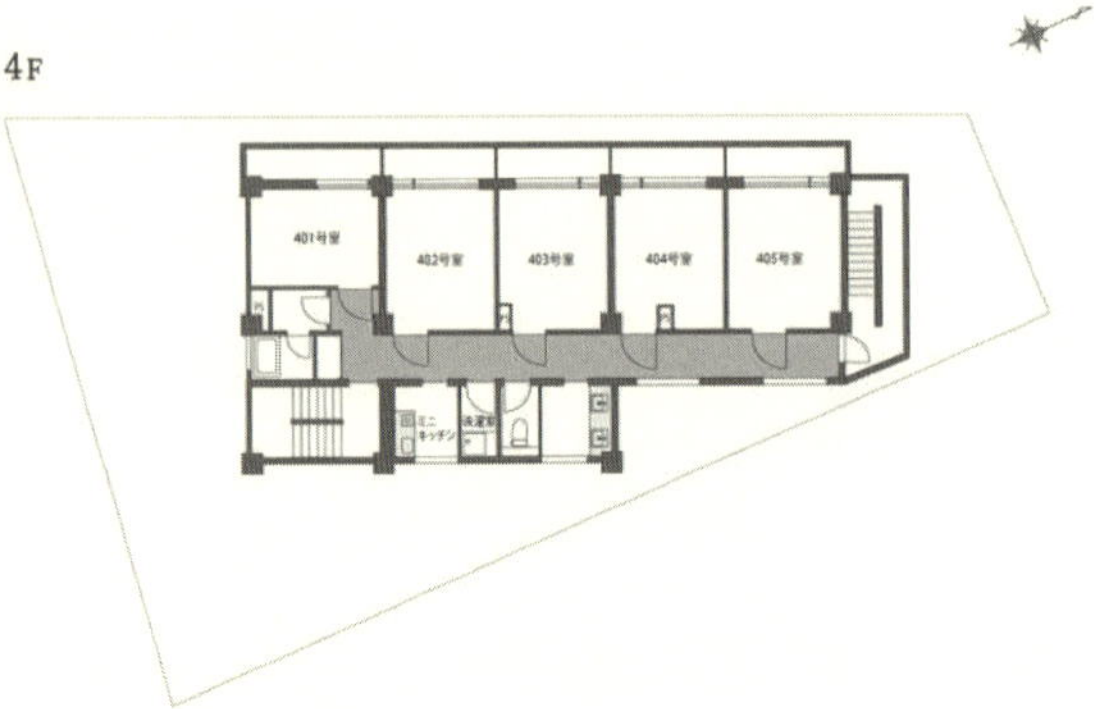

屋上

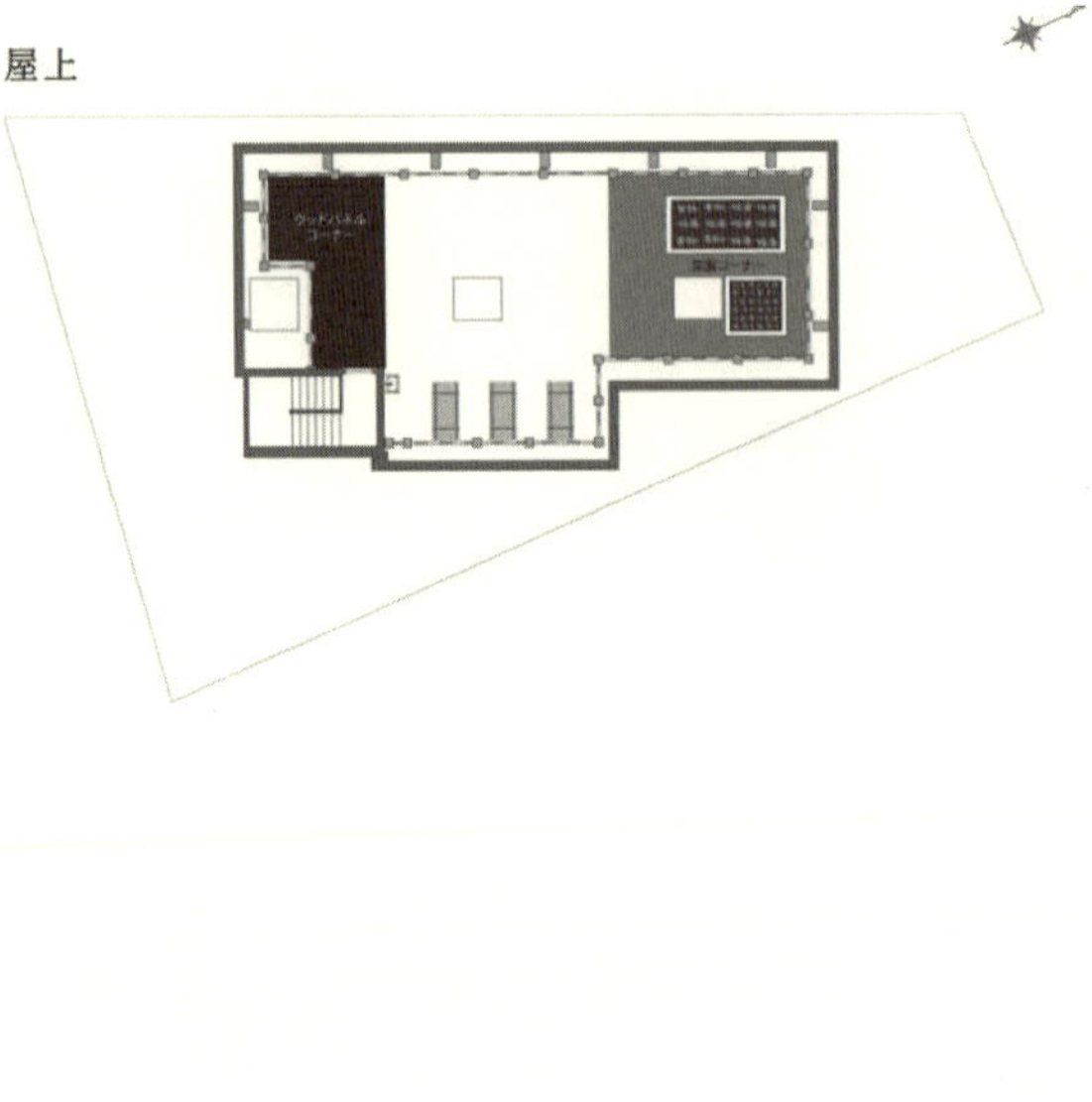

図終－1　多世代型シェアハウスの図面

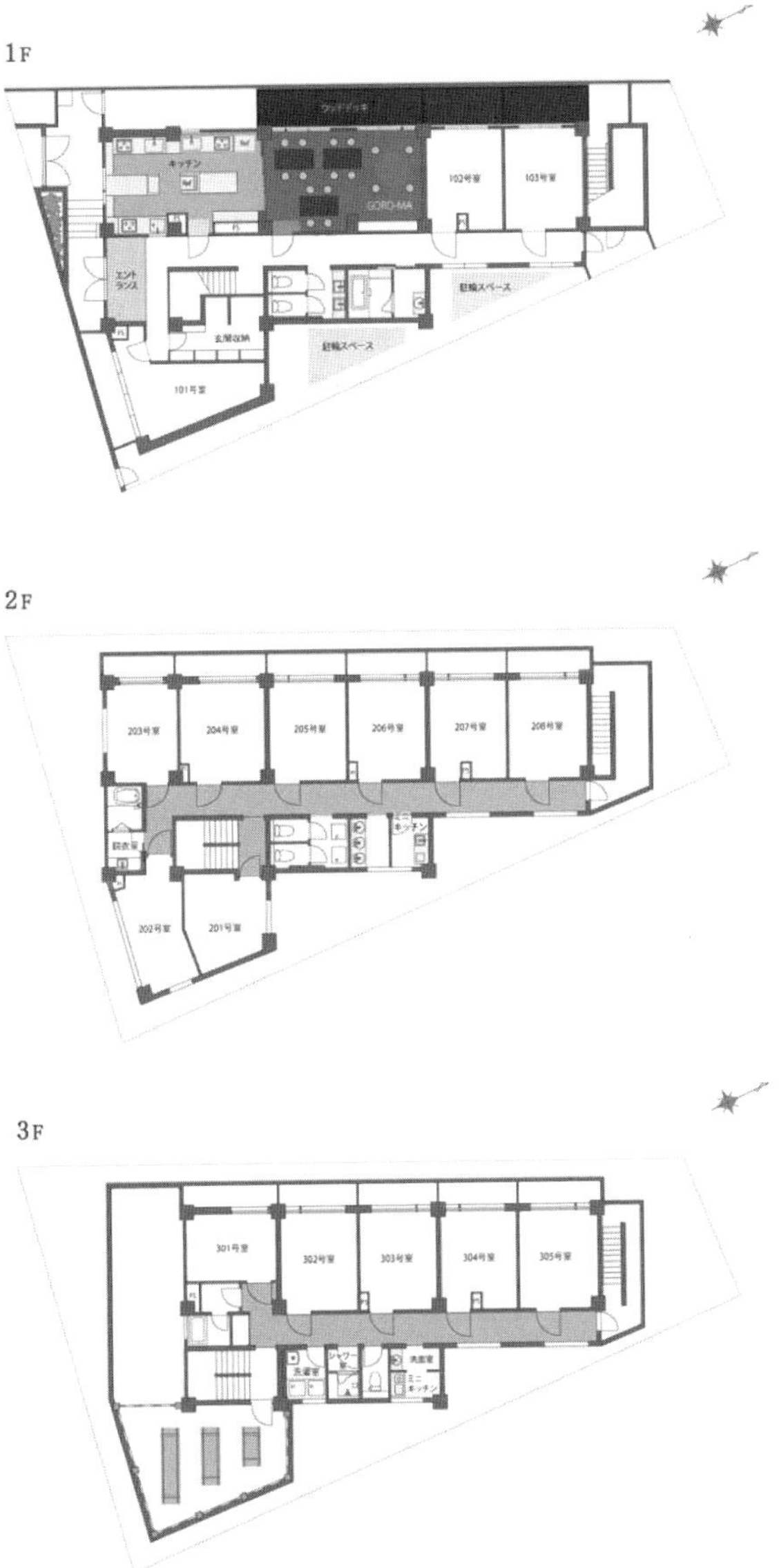

出所：STYLIO WITH 代官山　http://stylio.jp/with/daikanyama/rent/ より転載。

されていた。さらに、大きな庭やバルコニー、屋上があるハウスでは、バーベキューや流しそうめん大会、花火大会などを楽しむ空間として活用されていた（写真終－3ａｂ）。」

③　誰と住むのか、ケアをどうするのか

母子世帯向けハウスと謳っていても、そこに単身者をマッチさせている事例もある。母子世帯のみの生活では閉塞感が漂うのではないかと、企画段階から両者のマッチングを想定していた事例もあるが、当初は母子世帯向けとして企画をスタートさせたが、単身女性からの問い合わせがあり、成り行き上、単身者の入居を認めたというケースもある。

ではそこでの生活はどのようなものなのだろうか。

家事や育児の分担など、明確なルールを定めているハウスは一棟もなく、全てのハウスが、自分のことは自分ですることを基本とし、その上での助け合いは奨励していた。

料理好きの住人が希望者を募って、夕食をふるまう事例や、帰宅が遅くなる居住者のために夕食を準備したり、緊急時には小さな子供の面倒をみあったり、誰かが病気になれば看病したりという互助が自然に発生している事例も中にはある。単身者と母子世帯のハウスでは、残業で遅くなる母親に代わって単身女性が子どもの世話をするなど、良好な関係を築いている事例もある（写真終－4）。しかし、それらの助け合いは、必ずしも恒常的なものではないし、それのみでは補えないケアもたくさんある。これに答えようと、独自の工夫でケアサービスを提供する事例も見られる。

あるハウスでは、週二回、夕食提供とチャイルドケアの派遣により母親の自由時間を確保していた。夕食については、安心安全の食材で栄養バランスのよいものが提供される。プロの料理人が調理担当を務めるハウスもあり、

図終－2　戸建型シェアハウスの図面

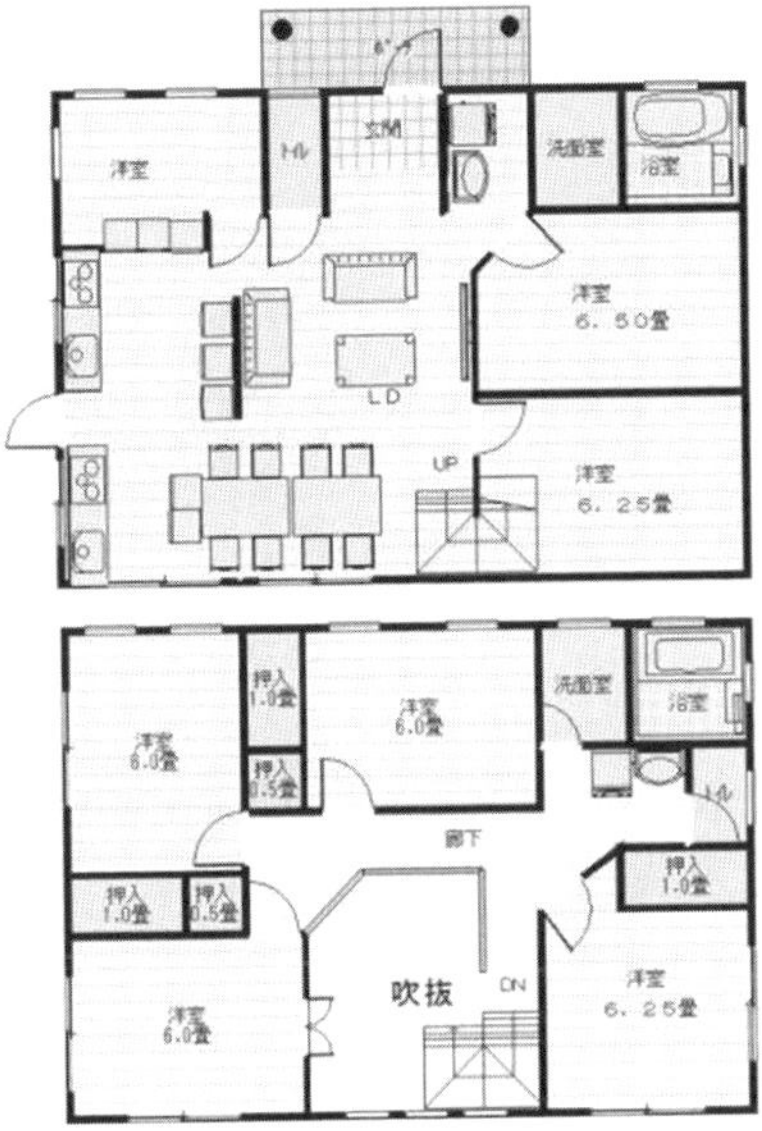

出所：ぽたり、事業者より提供。

図終－3　集合住宅オーナーズルームを転用したハウスの図面

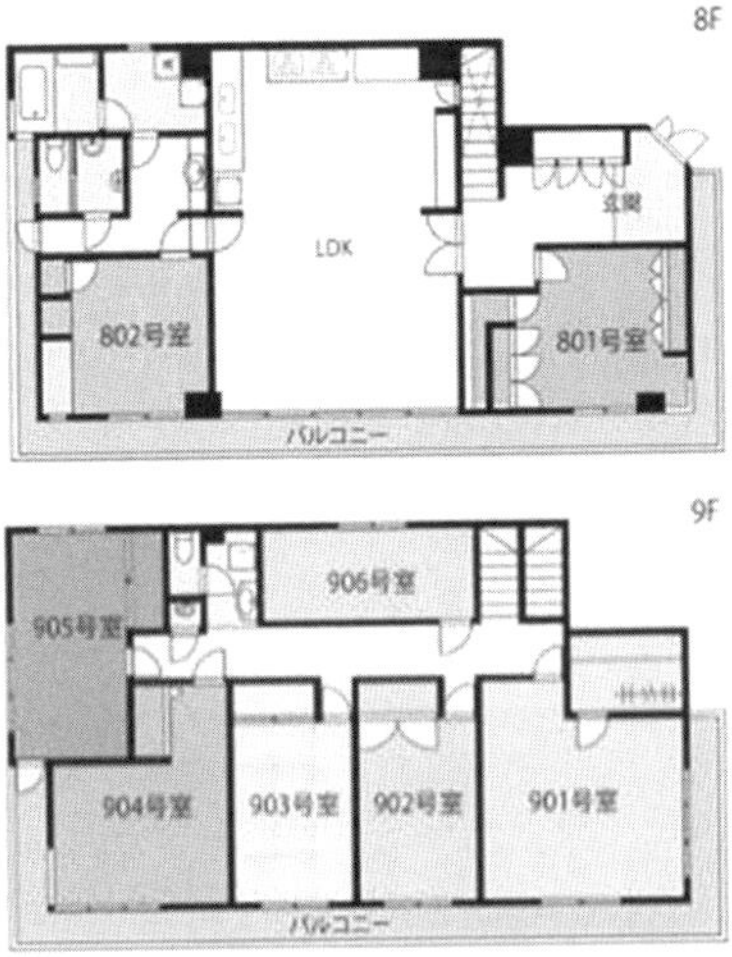

出所：アルソーレ鶴見（神奈川県横浜市）事業者より提供。

写真終－3　シェアハウス内の行事

a　夏休みの流しそうめん大会の様子

b　バルコニーでプール大会の様子

出所：ａｂとも、モン・プラースみなと（大阪市）事業者より提供。

写真終－4　シェアハウス内の伝言板

出所：ペアレンティングホーム高津（神奈川県川崎市）筆者撮影（2012年）。

概ね好評を博している。チャイルドケアとは、保育所で研修を受けたスタッフが、夕方からの数時間、ハウスにて子どもの遊び相手や知育、ドリルを用いた学習指導を行うというサービスである。利用料は、共益費を含め二万～三万円であり、決して安くはないが、これを期待して入居してくるものも少なくないのだという。

さらに、育児シェア企業（AS Mama）とのコラボレーションにより、ケアの課題を克服するという事例もある。同サービスの利用に際しては、ネット上で基本情報のほか、居住地、保育所、職場等の条件を任意に入力しておけば、助けが必要な時、即座に対応可能な近しい会員メンバーが地図上に表示されるという仕組みである。急な残業時等にも柔軟に対応ができ、一時間五〇〇円という安価な利用料、さらには、対価が発生するということで、気後れなくこれを利用できることがウケているのだという。

また、ハウス内に託児所を併設して恒常的な育児支援を提供するハウスもある（写真終－5）。具体的には、保育所の育児を前提とし、それでは補えない育児、たとえば、早朝出勤や残業時の対応、病児保育などを提供するというものである。託児所は地域にも開放しており、その収益も見越してハウス運営を成り立たせるという考え方である。同ハウスでは、希望者に限り、有料で朝食と夕食の提供も行っていた。

このほか、居住者同士の交流の事例としては、クリスマスやハロウィンパーティなどのイベントを定期的に開催するなどというものが多かった。なかには、子どもの運動会に居住者が応援にかけつけたり、ハウス担当者の車で、大型ショッピングモールに居住者全員で買い物に出かけたりということが定例化しているという事例もある。さらに、ユニークな事例として、ライン（携帯コミュニケーションツール）を使い、居住者同士の密な交流を図っているハウスもあった。これにより「調味料がないので誰か貸してほしい」という相談や「〇〇がなくなりました。誰か知りませんか？」というような問いかけなども手軽にできる。ハウスの企画担当者もそのグループに入り、ハウスの状況把握に役立てていた。

④　住居費とターゲット層

同じ母子世帯をターゲットにしていても、住居費は四万円代から最大一二万円までハウスによってかなり幅が広い。また、同じハウスであっても、居室の広さ等の条件から住居費に幅を持たせているという事業者が多い。ほとんどの事業者が敷金等の一時金や保証人を不要としている。ただし、入居時の事務手数料や保証金として数万円を徴収する事業者は多い。入居時の費用は、最も安いハウスで四万五千円、最も高いハウスで二四万九三五〇円にもなる。

母子世帯の勤労収入は、図終-4のように、綺麗なピラミッド型をしており、二〇〇万円以下の世帯が六割を占める。それにも関わらず、月額最大一〇万円を超える家賃を設定している事業は少なくない。

こういったハウスが登場した際、筆者は、低所得の母子世帯がこのような高額な家賃を負担できるのだろうかと疑問を抱いた。しか

写真終－5　ハウスリビングを託児スペースとして開放するハウスの様子

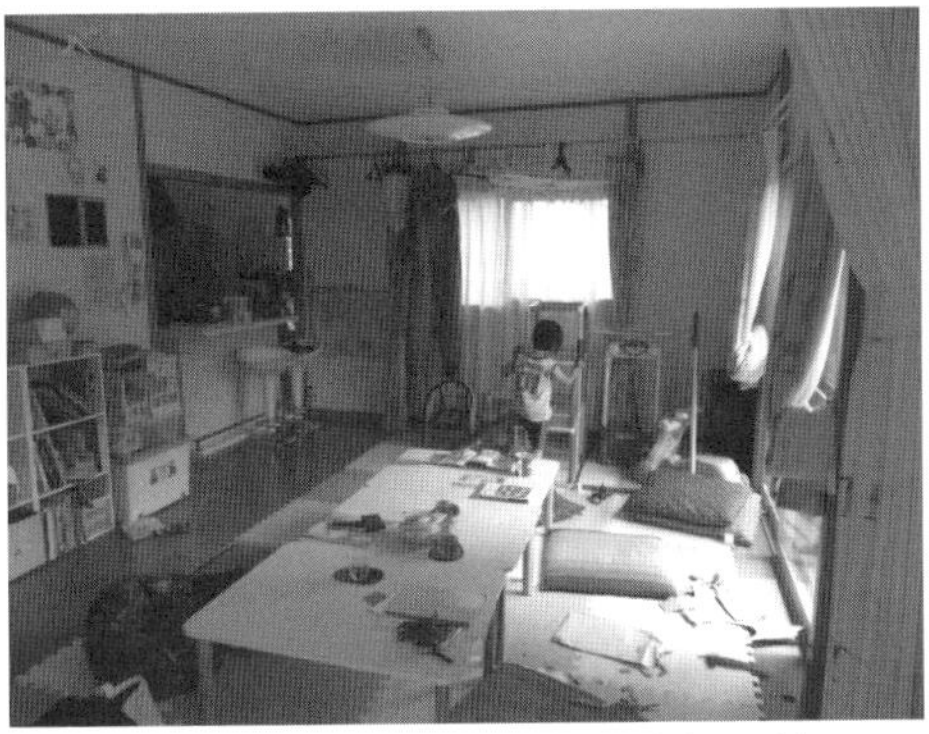

出所：ゆいほーむ（北海道恵庭市）筆者撮影（2014年）。

図終－4　母子世帯の勤労収入階層と割合

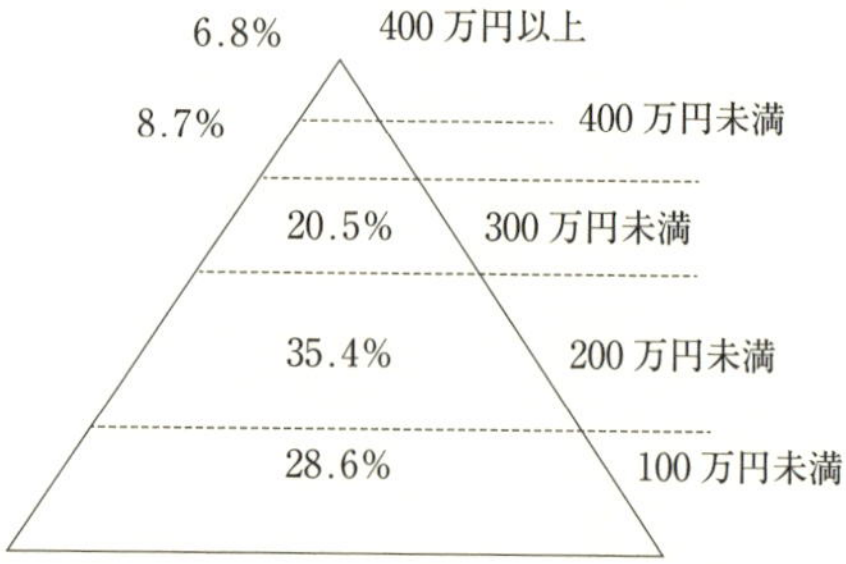

出所：厚労省［2011］より筆者作成。

し、予想に反して、高家賃ハウスの入居率は概ね上々のようであり、むしろ、低家賃ハウスの入居率が低迷するという摩訶不思議な現象が起きている。では、高額所得母子世帯にシェアハウスニーズがあるということなのだろうか。

実態は必ずしもそうではないようである。もちろん、事業計画を立てる段階で、おおよそのターゲット層を想定したという事業者は少なくなく、なかには、所得階層三〇〇万円以上の一五％、つまり、母子世帯のトップオブトップを狙ったという回答もあった。しかし、いざ蓋を開けてみると、想定のターゲット層と入居者の所得階層は必ずしもマッチしていないというのである。

高家賃ハウスを運営する事業者への聞き取り調査でも、「入居者の所得階層はまばらで格差があります。大手の正社員として働いている人もいますし、ハウスの近所でパートをしている人もいる。なかには無職の人も数名います」という回答が得られている。

母子世帯は離婚直前、あるいは、直後に入居相談に訪れる傾向があり、その時点で無職の者が圧倒的に多いため、所得基準を設ければ、対象はかなり限定される。開設当初は、一般の賃貸物件と同様に、就労状況や所得を入居基準としていた事業者であっても、実態を見るにつれ、そこにこだわっていては多くの顧客を取り逃がすことになると、その条件を「家賃が支払えること」に緩和していた。所得はなくとも、離婚時の慰謝料や貯蓄、仕送りや養育費など様々な手法で家賃を支払うケースが多いのだろう。

このため、同一ハウス内に様々な所得階層の母子世帯が混在するという現象が起きているのである。

⑤　運営の実情

いずれの事業者もハウスの趣旨や集団生活を行う上での課題等を説明した上で、入居者の選定を行っていた。どのハウスでも、細かな入居基準はそれぞれ設定しているが、共通するものとしては、家賃が支払えることと、共同生活に向いていることの二項目である。しかし、いくら家賃が支払えるとはいえ、収入のない母子世帯をターゲットとすることはリスクが大きすぎるのではないだろうか。

この点については、無職の場合には、三カ月の定期借家契約を結び、その分の家賃を事前に徴収し、それでも収入が安定しなければ、退去宣告をするという手法でリスク回避をする事業者もある。また、ある事業者は、入居後六カ月間の定期借家契約を結び、その間にトラブルがなければ、引き続き二年間の定期借家契約に切り替えるという手法を取っていた。

なお、契約上の縛りはないが、事前の面談で、精神的にも経済的にも自立した生活が可能かどうか、無職であっても、預金通帳をチェックし、家賃支払いが可能と判断すれば、入居を認めるという事業者もある。この事業者は、同時にコミュニケーション能力や生活リズムが他の居住者と大きくずれていないかといった点も重要なチェックポイントとなると回答している。

入居者選択を間違えれば、居住者の和が乱れ、退去者が出る恐れもある。実際に、安易に入居者を招き入れたがために、入居者間でトラブルが絶えず、共有スペースでの談話が少なくなり、退去者が複数出るという不運に見舞われたというケースもあった。

このように、人間関係のトラブルを含む運営上の課題を抱えるハウスも多く、開設から短期間に閉鎖に追い込まれる事例もある。閉鎖したハウスに共通するのは、生活保護受給者、無職、メンタルケア等の手厚い生活支援が必要なケースを積極的に引き受けていたという点である。結果、生活支援やメンタルケア等のマンパワーが必要となり、全く採算が合わなくなったのだという。自身の生活でも精一杯の入居者が多く、他者と語らったり、助け合ったりという関係がほとんど芽生えることがなかったことも課題であった。

また、運営は継続しているが、家賃の不払いリスクが常にあると回答する事業者もある。たとえば、「今から受け入れてほしい」などという切迫した状況での問い合わせに応じ、面談時に「必ず家賃を支払う」との約束で契約をするが、就職が思うようにいかず、不払いのまま退去してしまったり、入居後数週間で突然いなくなったりという事件が相次いでいた。同事業者では、採算ベースに乗らず、入居基準の見直しも検討したという。しかし、母子世帯の八割が年収三〇〇万円未満という現状において、入居基準を厳格化すれば、ターゲットはおのずと限られる。高額所得者向けハウスとの差別化も視野に入れ、離婚直後の不安定な時期に活用できる住まいという位置づけを色濃くし、長期契約者に限り数カ月の家賃減免や家賃後払い等の仕組みを作り対応していた。

入居の選定や入居後の対応については、思いのほか手間がかかる。営利を追求する民間の事業者としては、一刻も早く空室を解消したいと考えるのが普通だが、ハウスの理念にそぐわない入居者が加われば、それまでのハウスの空気は一変し、ハウスの魅力が損なわれてしまう。ハウスのカラーや理念を保ちつつ、いかに収益を上げるか。これこそが、母子世帯を対象とする企業型シェアハウスの課題と言えるだろう。

⑥　事業者から見る母子世帯のハウスニーズ

ハウスへのニーズとして、母子世帯向けというキーワードに安心感を覚えるのではないかという点は全ての事業者から挙がった。母子世帯というだけで不動産業者から冷遇されたり、いらぬ詮索をされたりという経験を持つ者は多い。その点、母子世帯向けとうたっているのであれば、スムーズに入居が進むのではないかとの期待があるのだろう。

また、ハウスへの問い合わせの大多数は、親類など頼る先がない者からのものである。「仕事をしながら一人で子育てをするイメージがわかない」や、「自分に何かあった時、子どもたちはどうなるのか」などの果てしない不安を抱え、入居を決めるケースも多いのだという。

さらに、経済的、空間的な効率性を指摘する事業者も多い。とくに、高額家賃ハウスは全て、主要路線から徒歩数分と好立地である。なかには、代官山駅から徒歩三分というハウスもある。育児と家事の合理化を図る母子世帯にとって、最寄り駅から近く、徒歩圏内に保育所や商業施設が複数あるといった生活環境は理想である。しかし、家賃の高額な都市部で、母子世帯がそういった条件を満たす住宅を確保することは難しい。シェアハウスであれば、個室は一つしかないが立地がよく、コンディションのよい住宅をそれなりの負担で確保することができる。

また、柔軟な入退去が可能という点も、母子世帯の住宅確保ニーズに合致しているのではないだろうか。離婚前後、住まいの確保に窮する母子世帯は多いが、シェアハウスであれば、高額な一時金も、保証人も不要な物件が多く、最低限の家財道具もそろっている。空きさえあれば、すぐにでも新生活が始められるという利点がある。実際、次の行き先が決まるまでの短期間、ハウスを仮住まい的に利用するケースも少なくないと聞く。

他方で、経営状態が芳しくない事業者からは、行き場がない福祉的なニーズが多い点が指摘された。これらのハウスでは、「今日行くところがない」や「DV等で住処を失った」などの相談も多い。なかには、行き場がなく、行政に相談に行ったところ、ハウスの情報を提供されたというケースまである。入居相談に来るたいていのケースが経済的に困窮し、様々な課題を抱えている。救済を求められて放っておけない心情も十分に理解ができるが、引き受けてしまえば、運営はさらに厳しくなる。何よりも、ケアニーズの重いケースを引き受けるには、それなりの知識やスキルが必要となる。こういったターゲットを企業として扱っていくのであれば、やはり、そこに行政やNPO支援団体との緊密な連携が必要となってくるだろう。

(2) 母子世帯のシェアハウスニーズ

では、当事者である母子世帯は何を目的に、どのような経緯でシェアハウスに入居しているのであろうか。関西圏にあるシェアハウス居住者への聞き取り調査からその内容を少し紹介したい。

そのハウスには、現在、三組の母子世帯と単身女性の四世帯が暮らす。入居の理由としては、「仮住まい先に居づらくなり即日入居できる住まいを探していた」や「住居費が支払えずすぐに転居する必要があった」という事情から入居に至ったもの、また、子どもと二人きりの生活に閉塞感を感じ、その解消のためにハウスを選択したという理由もある。このケースは、職場まで車で一時間かけて通勤し、子は職場の保育所に預けている。職場の近くに住宅を確保すれば、生活は合理化されるが、それよりも、他者と触れ合いつつ生活できるハウスにメリットを感じていた。

また、盲点だったのは、「子どもに何かあった時」ではなく、「自分に何かあった時」のためにハウスでの生活を選択したという意見である。子どもが体調を崩せば、自分が看病すれば済むが、自分に何かあった時、この子たちはどうなるのかと不安に感じる母子世帯は多い。こういった意見は、とくに、実家等頼るところがない母親からよく聞かれる。同ハウスでは、母親が体調を崩せば、入浴や食事の世話をしあうなどの光景もみられ、こういった助け合いは、入居者の安心につながっていた。

さらに、全ての世帯がハウスの空間的な広さに魅力を感じていた。母子世帯が単独で確保できる住まいは狭小で低質なものになりがちである。以前は、木造の賃貸住宅に住んでおり、騒音が気になるため、子どもの遊びを厳しく制限していたという母親は、「ハウスではのびのび遊ばせることができ、親子共にストレスがずいぶん減った」と語っている。とくに、広々とした共有空間での子ども同士の交流を「ありがたい」と感じている声は多い。子どもと一対一の生活では、子どもとの時間に割かれる時間が多かったが、ハウスでは子ども同士で遊ぶため、余裕ができたなどがその理由として挙がった（写真終−6）。

なお、ハウス入居の際、生活に必要な情報がパッケージ化されていることに利点を感じたという声もある。ハウス側は、離婚前後に相談に訪れる母子世帯のニーズに応えようと、周辺の保育所情報や母子世帯向け制度情報、夜間救急や小児科の場所や評判なども揃えて提示している。何より、そこにはすでにコミュニティまでもが作りこまれている。通常であれば、一つひとつ手探りで獲得していかなければならない、情報や関係性を、ワンストップで獲得できるという点も、ハウスの大きな魅力と言えるだろう（写真終−7）。

また、ハウスオーナーは、頻繁にハウスに足を運び、居住者の相談などに積極的に応じている。これも、ハウス

写真終−6　シェアハウス内

a　子どもの遊び場

b　母子世帯向け制度情報ブース

出所：以上、モン・プラースみなと、筆者撮影（2014年）。

での生活が円滑に回っている鍵ではないだろうか。

筆者がハウスを訪れたのは、平日の夕刻。一組の世帯がダイニングで食事をとっていた。すかさず、オーナーは、「熱下がったん？　でもまだ鼻でてるなあ。今日も病院行ってきたん？」とその入居者に声をかけていた。幼い子どもが熱を出し、不安になった母親がオーナーに相談の連絡を寄せていたようだ。

居住者同士の助け合いや交流も緩やかに生じている。平日は、出勤時間や帰宅時間がまばらなため、食事の時間が重なることも少ないが、休日には、複数の世帯が共有空間にて語らったり食事を取ったりする場面が多くみられる。

夏休みには、バーベキューにプール、流しそうめんに花火と盛りだくさんのイベントを開催した。塗料業者との協賛で、ハウスの壁にお絵かき大会をしたことは子どもにとってとてもいい思い出になっているようである。ママさんたちの慰労にと、オーナー自らの運転でショッピングに出かけることもある。もちろん、子守はオーナーが担当する。子どもの運動会もハウスの重要な行事となった。

今後の居住の意向について、一名は、すでに次の転居先が決まっていた。また、一名は、まだ入居間もないため、今後の事は考えていないと回答している。残る一名は、「子が一人っ子であり、多様な人とのかかわりを持ってほしかった。小学生になれば友達ができるが、それまでは交友関係が限られてしまうため、ハウスでの生活は大きなメリット」とした上で、子の成長とともに、スペースが手狭になるため、数年で退去しようと考えていると回答している。ハウスの個室空間の狭さは、他のハウスでもよく聞かれる。なかには、五～七畳という個室スペースに二人の子どもとともに暮らす事例もある。このため、子どもが小さい間の一定期間と割り切ってハウスでの生活を選択する母子世帯は多いのである。空間面の限界をどう考えるか。今後の大きな課題である。

4．多世代型集住の可能性

(1) 母子世帯と単身世帯の集住

単身者と母子世帯の集住スタイルは増えてきている。では、単身者が母子世帯と暮らすメリットはどこにあるのだろうか。子どもの声がうるさい、煩わしいなど、生活のしにくさはないのだろうか。

大阪府内にあるモン・プラースみなとでは、単身女性一名と母子世帯三世帯がともに暮らす。単身女性は、かつてシェアハウスに居住し、そこで「誰かと暮らす安心感に救われた」という体験を通してモン・プラースへの入居を決めている。当初は、単身世帯用のハウスを探したが、気に入る物件が見つからなかった。モン・プラースは母子世帯向けと謳っていたが、なんと言っても家賃が手ごろで空間的にも納得のいくものであったことから、思い切って問い合わせをし、入居に至っている。母子世帯との生活に違和感はなく、集住によるメリットは「生存確認をしてもらえる安心感」だと語る。とくに、体調を崩した際に、子ども達から心配され、その母親らから看病をしてもらったことについては、「本当に救われた」のだという。また、日常的にも、仕事で帰りが遅くなると、誰かが夕食の準備をして待っていてくれたり、リビングでご飯を食べながら誰かと会話ができたりという時間は、一人暮らしでは決して味わうことができない貴重なものだろう。彼女は、思いのほか、母子世帯向けシェアハウスでの居心地がよく、しばらくはここに住みたいと回答していた。

また、都内にあるシェアハウスでは、単身者三名と母子世帯一世帯が集住している。この中で、中高齢単身女性一人と母子世帯の間に、緩やかな助け合いが生じている。母親が残業等で、自宅をあける際には、子は単身女性と楽しい時間を過ごす。時には、三人で、広いリビングで一緒に食事を楽しんだり、ＤＶＤを鑑賞したりと、一見すると本当の家族のようである。聞けば、単身女性は、一人暮らしの寂しさや独居の不安から集住というスタイルに魅せられたのだという。かたや、母子世帯にとっては、子供と常に一対一で向かい合うのではなく、自分以外の誰かが子供を一緒に見てくれているという精神的な安心感を大きく評価している。かつて母子世帯は実家にて両親と暮らしていたが、息苦しさに耐えかねて、シェアハウスでの生活を選択していた。互いの存在を干渉せず、緩やかに繋がることができる関係が心地いいのかもしれない。

二〇一四年には、代官山にて、単身者とひとり親のシェアハウスが誕生している。ひとり親八世帯、単身一三世帯、男女、大人、そして子ども総勢約三〇名での集住である。

一見、無愛想な若いお兄さんたちも、リビングでは優しい顔をして子どもたちと遊ぶ。ガラス食器が割れた際には、単身の男性が、そこで遊ぶ幼い子ども達を避難させ、ある程度掃除をしてから、管理会社に一報を入れてくれたという。単身者側は、子どものお迎えにいったり、食事の準備をしたりと直接的なケアにかかわるわけではないが、大人の目があるという環境が親の安心感と子どもたちの安全を守ることにつながる事例だと企画担当をした東急ライフィアの露木圭氏は語る。

「ファミリー世帯と単身世帯はうまく共存していますよ。子どもが好きな単身者は、積極的にリビングに降りてきて、コミュニケーションをとっています。でも、もちろん、なかには、自分だけの生活を楽しみたい人もいる。それって、地域社会でも同じじゃないですか。それに、子どもだからって許されることはなく、普通に廊下で騒げば叱られます。大人も子どもも平等にここのルールに従って、それぞれの立場で、みんなうまく生活してくれています。子どもにとっては、いろいろな大人がいるということを知る意味でいい環境じゃないかな」。

これらの事例のように、単身者には単身者なりに、家族と住まうメリットがあるのである。コミュニティや家族関係が希薄化する昨今だからこそ、注目される住まい方なのかもしれない。

(2) 母子世帯と高齢者の集住

母子世帯と高齢者の集住はどうだろうか。事業者へのインタビューの際、この可能性について尋ねてみた。すると、多くの事業者が、ニーズはあるだろうとした上で、高齢者側にとって、シェアハウスが終の棲家となってしまわないかや、要介護になった際の対応をどうするかなどの懸念が聞かれた。高齢者住宅のノウハウを有する事業者からの参入ならば、それらの課題を回避することができるかもしれない。

シェア居住というスタイルではないが、高齢者と母子世帯の交流を促す事例もある。登別にてグループリビングを運営するＮＰＯは、高齢者と多様な世帯のかかわりを作りたいとの思いから、ホームの隣地に母子世帯向けの住宅を二戸建設した。子どもはすでに小学生となったが、小さいころには、ホームのおばあちゃんたちの所に遊びに来ていたという。ホームの誕生日会に参加した男児が野に咲く花を摘んで「おめでとう」といってくれたエピソードが忘れられないという高齢者もいる。ここ数カ月、週に一度、学童保育がない日に、直接ホームに帰ってくる子がいる。その子はホームにて、宿題を済ませ、母親の帰りを待つ。小学生となり、手はかからないのであるが、帰宅後、ひとりで留守番をさせることを懸念した母親がホームに相談を持ち掛けたのだという。母親は「運動会の代休や学級閉鎖の際にも子どもをホームで見てもらっています。本当に助かります」と語っている。高齢者側も、週に一度は、キャラメルをたくさん買って子どもの来訪を待ち受ける。この事例のように、ともに暮らさなくても、地域の拠点が多様な世帯が集うコモンスペースになる可能性は十分にあるだろう。

実際に母子世帯と高齢者のシェアハウスを具現化しようという動きもある。都内にてシニア向けサービスを展開する事業者が、母子世帯向け就労支援を行う企業とタッグを組んで実施しているチャレンジングな取り組みがそれである。同社の狙いは、規模の大きな持家を所有する高齢者宅に母子世帯を招き入れる形での集住の仕組みを作ろうというものである。高齢化により、管理が難しくなることはよく聞かれる。庭の手入れや、掃除はもちろん、一階での生活が常態化し、二階部分をほぼ使っていないというケースも少なくない。また、体力の低下とともに、自宅内での事故のリスクも高まる。ここに、母子世帯をマッチングさせることで、上記の課題を解決できないかと考えたのだという。

同事業のユニークな点は居住者同士のコーディネートに重点を置いている点であろう。シェア居住に興味のある、複数の高齢者と母子世帯を集め、料理教室等のイベントを通して、互いの相性を確認した上で、集住をセッティングするのである。しかし、持家を開放するも、トラブルが生じたときにはどう対応すればいいのかと不安を口にする高齢者も少なくない。そこで、同社では、マッチング後のアフターフォローやトラブル対応などを担う仕組みを作った。費用は、マッチングについては無料とし、入居が決まれば、設定家賃から月々一五％を事業者側がマージンとして受け取る。残念ながら、調査時点では、成立事例はなかったが、これがうまく進めば、高齢者側は、長く地域に住み続けられ、母子世帯は住宅選択の幅が広がると考えられる。今後、同事業の動向に期待が寄せられるところである。

(3) 父子世帯へのシェアハウスの可能性

ファミリー向けハウスに父子世帯が居住している事例はいくつか確認されている。しかし、母子世帯に比して、シェアハウスに居住する父子世帯の事例はかなり少ないというのが筆者の印象である。事業者の中には、「ひとり親」という括りにして、父子世帯でも入居が可能としているところもあるが入居には結びついていないという。

では、父子世帯のシェアハウスに対するニーズは高くないのであろうか父子世帯に対する聞き取り調査の際に、シェアハウスへの入居意向を尋ねてみた。多くの父親が、「自宅に誰かがいて、子が一人にならない環境は望ましい」としながらも、「プライバシーに欠ける」や「男性は群れないし、リーダーになりたがる人が多いから、交流を前提にするなら難しいんじゃないか」というようなネガティブな意見が多く挙がっていた。なかには、「女性がいることで、男性は素直に言うことが聞けるかもしれない」など、母子世帯とのシェアを肯定するものもいたが、「母子世帯と父子世帯だと、異性関係でもめることもありそうで面倒」というような意見も聞かれた。

また、シェアハウスに興味があるが「そもそも持家なので動けない」という意見もあった。第六章でも確認したように、持家所有者の中には、父子世帯化後に就労困難に陥り、ローン返済に喘ぐ者も少なくなかった。そこで、自ら持家を開放して、シェアハウスとする可能性はないだろうか。多くのものが、家賃収入が得られる点で「それは助かる」としながらも、集客や居住者コーディネート、家賃不払いを含むトラブル時の対応など、煩雑な作業が伴うことを懸念する声が挙がった。この問題に対しては、上記の高齢者と母子世帯のシェア居住事例のように、第三者が仲介するという仕組みに可能性を見出すことができるかもしれない。

かつて、筆者が出会った父子世帯は、三階建ての事務所兼自宅を開放して、単身者との集住を実践していた。離婚後、なるべくたくさんの人の手で子どもたちを育て上げたいと思ったのが開設のきっかけであったという。一階を事務所として使用し、二階、三階を自身と単身者用の個室として利用していた。各階にキッチンや風呂などの水回りがあるので、集住のストレスもなく、プライバシーも大きく損なわれないという。現在は、開設者と二名の子ども、単身の男女四名の七名で生活をしている。居住者は、友人関係を頼って募り、それぞれ好きな趣味を持ちながら、気兼ねすることなく暮らしていた。

⑷　個人でシェアハウスを立ち上げる

かつて、中野から徒歩三分の場所に、「沈没ハウス」という多世代型のシェアハウスがあった。同ハウスは、一九九五年に、二組の母子世帯の呼びかけにより、東京都中野区に開設されている。当時の母子世帯は既に退去し、現在は、若者のシェアハウスになっているが、幸い、創設者の一人に話を聞くことができたので、開設の経緯やそこでの暮らしぶりなどを少し紹介したい。

当時、それぞれ二歳と四歳の子を抱える彼女らは、育児問題を集住することにより解決できないかと考えたという。中野区に住まいのあった二人は、子ども達の保育所の都合から、その周辺で、物件探しを開始した。しかし、時はバブル、しかも、非血縁関係にある母子世帯がともに暮らすという奇妙な相談に応じてくれる家主はそういなかったという。

苦戦を強いられる中で、なんとか確保できたのが、一階がガレージ、二階には、ＬＤＫと風呂、便所があり、三階に一〇畳、三畳の個室、四階に四・五畳が三部屋、五階が屋上という建物だった。月家賃は一棟で二〇万円。店子を五世帯集めれば、一世帯あたりおおよそ四万円の負担で採算が合う計算だった。構想段階から、母子世帯のみの生活では閉塞感が漂い、人間関係に広がりが見いだせないため、多様な世帯を集めたハウスというコンセプトは出来上がっていた。さしあたり、口コミで入居者を集めようと、チラシを作った。キャッチフレーズは、「他人の子を一緒に育ててみませんか？」という衝撃的なものである。入居者は口コミで募り、最終的に呼びかけ人の母子二組、単身の男女二名とサークルの拠点として利用したいという学生グループの五世帯での集住をスタートさせた。

生活の共同については、すべて居住者の話し合いによって決定されていた。必要な日用品はそれぞれが持ち寄り、不足分は相談して新たに共同購入した。光熱費は月々決まった額を徴収し、余剰が出ればストックする、足りなければ、ストックから賄うという方法でやりくりした。食事や掃除については、特別なルールを設けずに、やれる人がやるという緩やかなものであった。しかし、入浴の順番だけは就寝時間の早い子どもが優先されるというルールが守られていたという。トラブルや課題が発生すれば、入居者会議を開催して、解決するまで議論するという方法で乗り越えた。

入居者の入れ替わりは定期的にあり、多い時で三組の母子世帯が入居していた。最も興味深いのは、居住者の手を借りての育児のみならず、外部保育者を招き入れての育児を実践した点である。創設者の理念はあくまでも、「育児をしてもらっている」という消極的なものではなく、あくまでも「一緒に楽しく子育てをしよう」という積極的なものであり、多様な人々が他人の育児にかかわるという一種の社会実験めいたものであったようである。当初、保育者は居住者の関係者から募ったが、口コミによりその数は次第に増大し、ピーク時には総勢二〇名強がハウスでの育児に携わった。保育者は年齢、性別、職業、育児経験を問わず多種多様であった。月に一度は保育者会議を開催し一カ月分のシフトや育児の問題について話し合った。育児者は無償でこれに参加し、タイミングが合えば、夕食にありつけるという程度の報酬で納得していたという。

「他人の子を、しかも男性が、無償で?」と驚く筆者に、創設者は、「単身の男性の中には、これからも子どもを持つことがないだろうから、育児ができることは貴重とか言ってる人がいましたけど」と笑う一方で、グループに所属することに価値を見出していた人が多くいたことは事実かもしれないと回想する。

やはり、創設者のコンセプトや求心力に惹きつけられたからこそ、これだけの人々が無償で集まったのだろうと、筆者は推測している。

また、創設者は、集住の最大のメリットとして、母親自身の孤独の解消を挙げた。一般に、シングルマザーは日々の生活に追われ、他者とプライベートな時間を持つ時間的余裕がない。沈没ハウスにはソトに開かれたリビングがあり、そこに行けば誰かと「大人の時間」を共有することができた。これが自身の心の安定や成長に繋がったのだという。もちろん、集住は育児負担の軽減にも大きなメリットをもたらしたと話す。保育所の送迎を依頼すれば、時間外労働も可能で、出張もこなすことができたという。共有スペースには、常時、大人がいて、自然に子どもを見守っているという環境があった。こういった実践により育児を原因とする母子世帯の就労問題は回避されたのである。

では、なぜ、沈没ハウスは終わりを迎えたのであろうか。最大の原因は、居住者間でハウスの理念が共有できなくなったことによる。退所者が出ると、それぞれの家賃負担が増大するため、退所者が次の入所者を紹介するというルールが自然と定着していた。しかし、新たな入居者が、集住や育児に興味があったかというと必ずしもそうではない。なかには、立地と低家賃という側面に惹かれて入居してくるものもいた。入居者の理解のレベルが一定に保てなくなったこと、子の成長により育児の必要がなくなったことなどから、二〇〇四年に最後の母子世帯が退所したことで、子育て型沈没ハウスは終焉を迎えたのである。

5．営利企業にのみ事業を任せることのリスク

低所得母子世帯の住まいの事業を、営利企業が運営する場合には、そのリスクも想定しておかなければならない。二〇〇八年、有料学童保育を運営する企業が千葉県柏市に母子世帯向けシェアハウスを開設している。同企業は、母子世帯の貧困問題が、安価な住宅の供給と、同じ境遇である母子世帯同士の生活の共同化によって、ある程度緩和されるのではないかという期待を抱き、元社員寮を転用する形でハウスを開設した。一九室ある建物の賃料は月四〇万円。家賃は共益費込で五万五千円。八世帯が入居すれば損は出ない計算であった。敷金や保証人は不要とし、

集客は、母子世帯の生活支援を担うＮＰＯ団体が無償で行った。同団体は、日ごろから母子世帯の住まいの問題を目の当たりにしており、「母子世帯のためになるならば」という思いから、ハウスの宣伝を行ったという。

入居相談は全国から寄せられ、時には、海外からの問い合わせもあったという。しかし、立地の悪さと保育所の空きがないなどの理由から集客が思うようにいかなかった。入居の際には、シェアハウスという住まい方についての事前説明はなく、共同生活をする上でのルールも設けられていなかった。そのため、いざ、入居者が集まっても、助け合うどころか、下駄箱や冷蔵庫の利用方法を巡っていざこざが絶えず、それを仲裁する第三者も存在しなかった。入居者は多い時で八世帯、総入居者は二〇名であったが、最終的に定住できたのは、たったの四世帯である。八世帯のうち、半数はハウスを利用して仕事を確保し、その後、安定的な住まいを確保できたが、残る半数は生活をうまく立て直すことができなかった。

仕事が確保できない、仕事に就いても育児のために長続きしない、保育所が確保できない。さまざまな生活問題を抱え、実家に戻った者もいる。その後も、思うように、入居者が定着せず、厳しい財政難とソフト面の支援を担う人材不足を理由に、開設から九カ月目にハウスの閉鎖が決定した。しかし、仕事と保育を確保し、ようやく自立に向けての第一歩を踏み出したばかりの居住者にとって、退去宣告はあまりにも理不尽なものであった。周辺に住まいを確保しようにも、高額な一時金が支払えない等の課題が挙がる。事業者側は、退去を急がすばかりで、対案を示すことはなかった。仲介役のＮＰＯは、近隣に安価な賃貸住宅を借り上げ、それを当初の家賃額でサブリースすることによって、彼女らの行き場を確保するほかなかったという。

母子世帯向け公的住宅制度が機能不全に陥っている中で、企業によるハウスの開設は喜ばしい傾向である。現存する母子世帯向けのシェアハウスの仕組みは、保証人が不要で、即日入居ができ、退去が柔軟にできる、新生活に必要な要素がパッケージ化されているなどの点で、母子世帯の居住ニーズにマッチしている。さらに、そこに形成されるコミュニティは、関係の貧困に陥りがちな母子世帯にとって大きな支えとなる可能性は高く、そこから享受できるゆるやかな助け合いが母子世帯の自立に有利に働くことは間違いがない。

反面、彼女らの住まいを市場にのみゆだねることのリスクも同時に想定しておく必要があるだろう。経済的に困窮し、子を抱えるがゆえに、流動的な動きができない母子世帯をエンドユーザーとして扱うことの責任は重い。こういったハウスを安定的に提供していくためには、企業が同事業に参入するにあたってのガイドラインやマニュアル、ひいては、行政からの資金援助などが必要となってくるだろう。

6. 住みたい地域で住み続けるために

地域で互いの関係を紡ぎなおすことの重要性が盛んに議論されはじめている。二〇一三年八月に出された社会保障制度改革国民会議報告書においても、高齢者が住み慣れた地域で住み続けることの実現に向けて、介護、医療等のケアの部分の仕組みづくりとあわせて互助の重要性が指摘されており、こういった基盤は、高齢者のみならず、子ども、子育て支援、障がい者福祉、困窮者支援にも貴重な社会資源になるうることが明示されている。

二〇一六年に改正された住生活基本計画では、要配慮者の住まいの問題に対して、既存ストックの活用、つまり、空き家の利活用を軸にした制度の方向性が明確に示された。その一つの方策として、耐震性を満たした空き家等を公営住宅に準ずる住宅、いわゆる「準公営住宅」として指定し、要配慮者等への対応を行うという仕組みも検討され始めていると聞く。これが実現すれば、従来の公営住宅のように地域に縛られることなく、住み慣れた地域で少しでも低家賃の住宅を確保できる可能性が出てくる。

本章では、空き家解消とケアの課題を一気に解決しうるシェアハウスの可能性について提示した。紹介した事例以外にも、社会福祉法人が福利厚生の一環として母子世帯向けシェアハウスを創設した事例や、持家を所有する死別母子世帯宅に留学生をマッチングさせる可能性を模索している企業もあり、今後、さまざまなタイプのハウスが展開されることが予測される。他方で、自分の住む地域にハウスがない、企業型のハウスは高額で手が届かない、個人で立ち上げるにしてもノウハウがなくどうしていいかわからないといった問題も多く聞かれる。確かに、個人が建物の確保やシェアメイトの選定、入居後の管理運営を担うことはあまりにも負担が重い。かといって、供給を市場に委ねれば、住居費は高額になりがちであるし、採算が合わなければその継続も危ぶまれる。ひとり親を含め、住宅確保要配慮者向けにシェアハウスを広く安定的に浸透させるには、行政からの資金援助をはじめ、管理運営を手助けするＮＰＯの存在などが不可欠になってくるだろう。

他方で、介護職不足や少子高齢化に歯止めをかけようと、母子世帯の地方移住を奨励する自治体も出てきた。島根県浜田市では、介護職に就くことを約束する母子世帯に対し、転宅資金、家賃補助（一二カ月）、養育支援金（一二カ月）、さらには、中古車の無償提供を行っている。また、一年の研修期間を終え、翌年も継続してそこで働く母子に対しては、事業者から一〇〇万円の報奨金まで用意されている。この支援で注目すべきは、就労、住まい、育児などの生活に必要なインフラをパッケージ化して提供している点である。とりわけ住まいについては、職場に近接する地域の空き家を開拓し、移住者と家主との間に行政が介入し、入居までを支援している。さらに、移住を決める母子世帯に対しては、現地見学、事業者とのマッチング、数日の研修期間、地方暮らしにまつわる情報提供など、時間をかけて支援をするほか、移住後も地域の世話役や行政が定期的にコンタクトをとりアフターフォローを行うという。もちろん、地方暮らしに慣れず、ドロップアウトするケースもあるが、「母子世帯への理解や実情を知った上で受け入れてくれたので安心して働ける」や「移住して生活が安定した」という声も挙がっている。

住みたい地域に住み続けるために。シェアハウスや地方移住支援事業等の取り組みに加え、安心安全の住まいをいかに恒常的に供給していくか。これからの住宅政策に残された課題は大きい。いずれの取り組みも、まだ始まったばかりであり、乗り越える課題も少なくないが、これらが定着すれば、ひとり親の住まいの選択肢も大幅に増大すると予測される。

注

(1) 「住宅確保要配慮者に対する賃貸住宅の供給の促進に関する法律」。

(2) 厚労省老健局［二〇一一］。

家族の申し込み理由については、ほかに、本人の状態が変化し、自宅での生活が困難になってきたためが七〇・五％、家族(介護者)が介護を続けることが困難になってきたためが六七％ある。また、居宅ケアマネージャーの判断については、ほかに、自宅での生活が難しくなっているため施設への入所が望ましいが四三・三％と高い割合を示している。

(3) 平成二五年度の高齢者住宅財団の報告書によると、食費を除いた平均金額は、八万八八八二円である。サ付の登録戸数は、国土交通省［二〇一七］。

(4) 更生施設は生活保護法によって規定されている「身体上又は精神上の理由により養護及び生活指導を必要とする要保護者を入所させて、生活扶助を行うことを目的とする施設」で、就労による社会復帰を目指した支援が提供される施設である。二〇一一年度現在、全国に二一カ所、定員数一七四四人である。

(5) 二〇一一年六月から一〇月にかけて、全国一九カ所の更生施設職員に対する一～三時間の聞き取り調査、および関係資料の収集を行った。なお、調査結果は、堀江尚子、葛西リサ、奥村健［二〇一二］にまとめている。

(6) 堀江、葛西、奥村［二〇一二］。

(7) 大阪市にある更生施設Yの退所者二五名を対象に自宅訪問調査を実施した。調査の内容は、一～三時間の聞き取り調査および住宅の実測に基づく住まい方調査である。

(8) 堀江、葛西、奥村［二〇一二］。

(9) 近藤民代、葛西［二〇一二］。

(10) 葛西、室崎千重［二〇一六］。

（11）同前。

参考文献

厚生労働省老健局［二〇一一］「特別養護老人ホームにおける待機者の実態に関する調査研究事業——待機者のニーズと入所決定のあり方等に関する研究〈説明資料〉」（http://www.mhlw.go.jp/stf/shingi/2r98520000002axxr-att/2r98520000002ay1l.pdf　二〇一六年五月九日にアクセス）

厚生労働省雇用均等・児童家庭局［二〇一二］「平成二三年度全国母子世帯等調査結果の概要」（「政府統計の総合窓口」http://www.mhlw.go.jp/seisakunitsuite/bunya/kodomo/kodomo_kosodate/boshi-katei/boshi-setai_h23/）

国土交通省［二〇一七］「サービス付き高齢者向け住宅登録状況（平成二九年二月末時点）」サービス付き高齢者向け住宅　情報提供システム（http://www.satsuki-jutaku.jp/doc/system_registration_01.pdf　二〇一七年三月一四日にアクセス）

総務省［二〇一三］『住宅・土地統計調査』

一般財団法人高齢者住宅財団［二〇一三］『サービス付き高齢者向け住宅等の実態に関する調査研究』

社会保障制度改革国民会議［二〇一三］「社会保障制度改革国民会議報告書——確かな社会保障を将来世代に伝えるための道筋」

葛西リサ、室崎千重［二〇一六］「ケア相互補完型集住への潜在的ニーズの把握と普及に向けた課題——地域に住み続けるためのケアと住まいの一体的供給の可能性」『住総研研究論文集』第四二号、一九一～二〇二頁

近藤民代、葛西リサ［二〇一二］「母子世帯の居住要求を満たすシェア居住の可能性」『都市住宅学』第七九号、七七～八一頁

マーサー・A・ファインマン著、穐田信子、速水葉子訳［二〇〇九］『ケアの絆——自律神話を超えて』岩波新書（Martha Fineman. *The autonomy: myth A Theory of Dependency.* The New Press. 2004）

堀江尚子、葛西リサ、奥村健［二〇一二］「施設を退所した貧困独居高齢者の住生活実態と支援策の検討——更生施設退所事例よりトワイライトホープレスの改善への一考察」『住宅総合研究財団研究報告集』第三八号、一九九～二一〇頁

おわりに

母子世帯の住まいをテーマに研究を始動したのは、二〇〇〇年ごろからだったと記憶している。当時、修士課程の指導教官だった和歌山大学の大泉英次教授に渡された文献がきっかけだった。何かの国際学会での報告のようだったが、米国における女性の住宅事情をリサーチしたもので、低所得母子世帯の住まいの問題が克明に記録されていた。これに興味を持った私は、日本国内で、女性の住宅政策について扱ったものはないかと探し始めた。もちろん、母子世帯については、旧母子寮における女性たちの実態を扱ったものや、婦人保護施設の施設環境に関するものは存在したが、一般の母子世帯がどのような住宅に住まい、そこでどのような生活を営んでいるのかなどを把握できる調査研究は皆無に等しかった。諸外国の文献の整理や既存統計調査を統合して、なんとか、母子世帯の住まいというテーマで修士論文をまとめ上げた私は、そのテーマをもって、神戸大学大学院自然科学研究科の塩崎賢明教授のもとで指導を受けることとなった。二〇〇一年のことである。

塩崎教授は、一貫して、現場に立脚した研究スタンスを取っており、私にも、母子世帯の生の声を集めてその実態に迫ることを要求した。思えば、そこからが苦悩の連続であった。あらゆる関連機関の門をたたいたが、そうやすやすと世間知らずの一学生に研究フィールドを与えてくれる団体などはどこにもなかった。どうしたものかと思案する私に、ドメスティックバイオレンスのシェルターであれば、母子世帯の声が聞けるかもしれないと紹介してくれた人があった。そこに電話し、調査協力を依頼すると、予測に反して一喝された。命がかかった現場に、そんな軽い気持ちで入ってくるのかと。今思えばしごく当然のことである。なんの知識も持たない一学生が、ずかずかと、デリケートな現場に入ってこようとしているのである。途方に暮れる私に、そのシェルターの代表はボランティアであれば受け入れてもよいと助け船を出してくれた。住まいの問題に興味があるということで、代表が私に課した役割は、被害者の住宅探しの同行であった。そこで、困窮する女性たちがどんな惨めな状態に置かれているのか、肌で感じてこいというのである。荷の重い仕事に当初は困惑したが、この経験は、のちの研究活動に多大な影響を与えることとなった。私が担当した女性たちはみな、シェルターを出て、駅前の不動産屋に足を運ぶだけでもたいへん辛そうに見えた。加害者に見つかるのではないだろうかという不安から、子どもの手を強く握りしめ、何度も後ろを振り返り安全を確認する人。見つからないようにと帽子を目深にかぶり、うつむいたまま、無言で足早に目的地を目指す人。そんな事情を知らない不動産業者は容赦なく、彼女たちに質問をぶつける。オープンな空間の中で、誰かに話の内容を聞かれているのではないかと、おどおどする被害者は、緊張からうまく状況を説明することができない。仕事もなく、貯蓄もない。いずれは生活保護を受給するかもしれないなど、条件はまずいものばかりである。今のように、空き家も多くなく、生活保護受給者を忌み嫌う家主も少なくなかった。なかには、うまみのない店子だと察知した途端、あからさまに嫌な顔をする事業者もいた。

いわずもがなだが、出される物件はいずれもお粗末なものばかりである。内見も一緒に足を運んだが、中に入るなり子どもたちが「お化けが出そう」、「お母さん家に帰ろう」と言った言葉が今でも耳に焼き付いている。

なかでも、絶対に忘れられない、忘れてはいけないエピソードがある。ある日の夕方、住宅探しがうまくいかず、シェルターに帰宅する道すがら、私たちは夕立に降られた。駅の構内にて雨宿りをすると、そこにファストフード店があった。食べたいとぐずる子どもたちに母親は「ごめん。お金がない」と言った。その途端、一〇歳の男の子が、大声で泣き出した。思い返すと、それを食べられないことが悲しいのではなく、置かれている状況の理不尽さに泣いたのではないかと筆者は推察している。それにつられて妹も泣き出した。母親も泣いていた。私も、どうしていいのかわからなくなり、逃げ出したい気持ちにかられながら、一緒に泣いた。その時、その母親は、「リサさん、絶対に偉くなって、私たちのような親子が救われるような世の中にしてよ」とすがるように言った言葉がその後の研究への糧となった。偉くはなれないけれど、理不尽な状態に置かれている女性たちの声を集めて公にしようと心に決めた瞬間だった。

その後、複数の母子世帯の当事者団体にお世話になり、実態調査を実現し、博士論文を書き上げることができた。なかでも、全国母子寡婦福祉連合会の足立元事務局長には、本当にお世話になった。母子世帯の住まいの実態を明らかにしたいという私の申し出に、真剣に耳を傾けて下さり、「母子世帯の住まいの問題は古くて新しい問題」と難しい状況の中、団体内にその必要性を説明し、調整を取り、アンケート調査の実施に踏み切ってくださった。

二〇〇六年ごろからは、自治体のＤＶ被害者支援の格差を明らかにする目的で、全国の民間シェルターを行脚させてもらった。訪れたシェルターは二九団体、数えきれない方々の温かさに触れた貴重な経験となった。「若い研究者でお金もないだろう」とシェルターの一室を提供してもらったことも少なくない。時には、数週間、シェルターで寝泊まりしたこともある。そこでは、一～二時間の形式的なインタビューではわかりえない、生の現場を目の当たりにすることができた。

そして何より、忘れてはならないのが、調査に応じて下さった、当事者の方々のことである。ただでさえ忙しい最中、思い出したくない過去を語るという作業は多大な苦痛が伴ったことであろう。時には、インタビューが数時間に及ぶこともあったし、共に涙を流したこともある。とりわけ、ドメスティックバイオレンス被害者への聞き取り調査は、筆者にとっても相当なストレスを伴うものであった。具体的な記載は差し控えるが、暴力の実態はあまりにも悲惨なものばかりであり、世間知らずの私には、信じがたい、想像を絶する世界がそこにはあった。死ぬほどの暴力をうけながら、安定した住まいやコミュニティも奪われ、いつ見つかるかわからない恐怖の中、息をひそめるようにして地獄を生きなければならない理不尽さ。もって行き場のない怒りと研究者として解決策を提示できないやるせなさに、何度もくじけそうになった。そのたびに支えてくれたのが、現場で身を削って支援をされる方々や当事者の方たちであった。「声を出せない私たちに代わって現状を訴えてください」と言ってくださるインタビュイーの方も複数おられた。

母子世帯と住宅政策というテーマは極めて新規性が高いが、言い換えれば、限りなくマイナーともいえる。これを追求して、研究者としてどこを目指すのか、幾度となく孤独なマラソンランナーのような境地に陥った。そんな私を、「お前がやらなくて誰がやる」と叱咤激励してくださったのが、元指導教官である、大泉先生、塩崎先生をはじめ、多くの先生方である。とくに、心の友である神戸大学大学院工学研究科の近藤民代さんには、本書の企画段階からアドバイスをいただき、苦しい執筆作業中には、昼夜問わず、毎日のように励ましの声をいただいた。

また、乳飲み子を抱えながらの執筆には、多くの苦労が伴ったが、それを影で支えてくれたのは、ほかでもない、両親や夫、そして長男の尋時である。今振り返ってみると、そのような多くの方々の支えがあって、本書をまとめ上げることができたと改めて感じている次第である。

住宅市場もこの十数年の間に大きく様変わりした。何より、空き家問題がクローズアップされたことで、住宅確保要配慮者への支援が大きく動き始めたことは劇的な変化といえるだろう。従来、高額な不動産を扱うことは、そのノウハウを持たないNPO等の民間事業者にとっては、ハードルの高いものであった。しかし、近年では、その入手が容易になり、それを活用した多様な取り組みが始まっている。筆者にも、さまざまな団体から、参画の声がかかり、これまで蓄積してきた知見を活かせる機会も増えてきた。今後は、これまで集めた声、そこから導き出された課題や当事者のニーズを実社会にフィードバックし、地域で、ひとり親が安心して生活できる環境を整備していけたらと考えているところである。

最後になったが、本書の出版のきっかけを作ってくださった日本経済評論社の清達二さん、筆の遅い私を辛抱強く待ち続けてくださった新井由紀子さんには大変お世話になった。この場を借りて、深くお礼を申し上げる。

なお、本書の大部分は、(一財)住総研の研究助成により実施した調査研究がベースとなっている。二〇〇四年以降、八度の助成をいただき、多角的な視点から母子世帯の住生活実態の把握が可能となった。また、その総まとめとしての位置づけにある本書に対しては、同財団より出版助成をいただいた。ここに記して謝意を表したい。

著者紹介

葛西リサ（くずにし りさ）

1975年生まれ
2007年 神戸大学大学院自然科学研究科 博士後期課程修了（学術博士）
2007〜08年 神戸大学大学院工学研究科 COE 研究員
2008年〜 大阪市立大学都市研究プラザ GCOE 研究員
2011年〜 大阪体育大学 非常勤講師（11年〜健康福祉学部 家族福祉論、NPO 論、15年〜 教育学部 家庭と社会）
2013〜15年 神戸女子大学家政学部 非常勤講師（生活経営学、15年〜 生活福祉学、ライフスタイル論）
2013〜15年 財団法人高齢者住宅財団 主任研究員
2017年４月〜 日本学術振興会 特別研究員

主要業績
上野勝代、吉村恵、室﨑生子、葛西リサ、吉中季子、梶木典子 編著『あたりまえの暮らしを保障する国デンマーク——DV シェルター・子育て環境』ドメス出版、2013年 ほか

専門分野：生活経営学、住宅政策、居住福祉、家族福祉、ジェンダー

母子世帯の居住貧困

2017年３月25日 第１刷発行 定価（本体2900円＋税）
2017年６月12日 第２刷発行

著　者　葛　西　リ　サ
発行者　柿　﨑　均

発行所 株式会社 日本経済評論社
〒101-0051 東京都千代田区神田神保町3-2
電話 03-3230-1661 FAX 03-3265-2993
URL: http://www.nikkeihyo.co.jp/
印刷：太平印刷社・製本：根本製本
カバーデザイン：オオガユカ（ラナングラフィカ）／装幀：徳宮峻

乱丁・落丁本はお取替いたします。 Printed in Japan

ISBN978-4-8188-2467-6